PANEMS

GESCHICHTE

VON BROT UND TOD II

Die Mockingjay Revolution

Joshua Beck

<u>Joshua Beck</u>

PANEMS GESCHICHTE VON BROT UND TOD II

Die Mockingjay Revolution

Snowfall
Band 2

Bibliographische Informationen der Deutschen Nationalbibliothek:
Die Deutsche Nationalbibliothek verzeichnet diese Publikation in der
Deutschen Nationalbibliographie; detaillierte bibliographische Daten sind
im Internet über http://dnb.dnb.de abrufbar

© 2021 Joshua Beck
Covergestaltung mit pixabay.com
Herstellung und Verlag:
BoD – Books on Demand, Norderstedt
ISBN 978-3-7562-4100-2

»Einerseits ist der Mensch mit vielen Tierarten insofern verwandt,
als er mit seinen eigenen Artgenossen kämpft. Andererseits jedoch
ist er unter den Tausenden von Arten, die Kämpfe ausfechten, der
einzige, bei dem diese Kämpfe zerstörend wirken. Die menschliche Spezies ist als einzige eine Spezies von Massenmördern, und
der Mensch ist das einzige Wesen, das seiner eigenen Gesellschaft
nicht angepaßt ist.«

– Nikolaas Tinbergen[2]

»Der babylonische Schöpfungsmythos berichtet von einer siegreichen Rebellion der männlichen Gottheit gegen Tiamat, die Große
Mutter, die das Weltall regierte. Sie schließen ein Bündnis gegen
sie und wählen Marduk zu ihrem Führer in diesem Kampf. Nach
einem erbitterten Krieg wird Tiamat getötet, aus ihrem Körper
werden Himmel und Erde gebildet, und Marduk herrscht als
oberster Gott.«

– Erich Fromm[3]

Inhalt

Danksagung

Aus einem Brief an meinen früheren Englischlehrer, dem ich danken möchte dafür, dass er mein Interesse an Collins Werk geweckt hat:

<u>Betreff:</u> »Grüße aus Panem« und ein kleiner »Brief aus dem Rosengarten«

Lieber Herr E.,
[.] Die aktuellen Entwicklungen in politischer Dimension sind leider wenig erfreulich. Vieles erinnert mich an die *Tribute von Panem* und in diesem Kontext habe ich mich auch unserer gemeinsamen Englischstunden erinnert. Die Filme haben mich seit über fünf Jahren nicht mehr losgelassen und nun habe ich motiviert durch Collins Viertes Buch begonnen – da es weder Freizeitgestaltung mit Freunden oder ein freudiges, erfolgreiches Studieren gibt – aus der Not eine Tugend zu machen und also ein Buch darüber zu schreiben. Es ist aktueller denn je, mit Blick auf die totalitäre Trump-Bewegung in den USA als auch katalysiert durch die Corona-Schrecken global.
  Sutherland schreibt in seinen/seinem (?) *Letters from Rose Garden*:

Power. That's what this is about? Yes? Power and the forces that are manipulated by the powerful men and bureaucracies trying to maintain control and possession of that power? Power perpetrates war and oppression to maintain itself until it finally topples over with the bureaucratic weight of itself and sinks into the pages of history (except in Texas), leaving lessons that need to be learned unlearned.

Seine Analyse, so schlicht und kompakt sie auch daherkommen mag, ist vortrefflich zutreffend. Die Mechanismen der Macht, ihre Manifestierung in Machtverhältnissen und also auch in den daraus gebildeten Machtstrukturen zu entschlüsseln, ist eine fast unmögliche Aufgabe, aber ich habe das Gefühl, nach vielen Jahren des Nachdenkens, Sortierens und Analysierens langsam einen Durchblick zu erhalten, Collins Werk also dechiffrieren zu können.
  Auch wenn es eine Banalität sein mag, ohne Ihr Eigeninteresse, das Verhalten der Charaktere verstehen zu wollen und uns Schülerinnen und Schüler nach einer Erklärung für viele Absurditäten zu fragen, das Werk also zum Gegenstand des literarischen Diskurses

im Unterricht zu machen, hätte es dieses meine Interesse vermutlich so nie gegeben. [.]

*****

Einen besonderen Dank möchte ich auch meinem Freund Steven Schwarz widmen, der mich als Historiker und Politikwissenschaftler in vielerlei Fragen beraten hat, sowie Iris Pilling, mit der ich vor der Veröffentlichung des Manuskriptes intensive Gespräche über die aufgegriffenen Inhalte und erarbeiteten Thesen und ihre Form führen konnte.

Für Fragen der Psychologie und Psychoanalyse danke ich Christine Preißmann, Meike Miller und Julia Klimek sowie für zeitgenössische Erfahrungsberichte, die mir Stefan Sauerwein und Marcel Dehmer zugetragen haben. Aber auch meiner Tante Renate Beck danke ich für den Austausch über kulturgeschichtliche Begebenheiten.

Besonders danken muss und möchte ich aber sechs bedeutenden Denkern, ohne die dieses Buch in dieser Form niemals hätte entstehen können: Hannah Arendt, Elias Canetti, Erich Fromm, Michel Foucault sowie Noam Chomsky und Stephen Hawking, deren Werke mich stark im Denken beeinflusst haben, auch wenn letztere beiden an dieser Stelle nicht direkt Eingang hierin finden.

Der hauptsächliche Dank aber gebührt Suzanne Collins sowie all denen, die an der Verfilmung dieses großartigen Gesamtkunstwerkes mitgearbeitet haben. Dieses Werk hat das Potential, die Welt zu verändern. Für viele Panem-Fans hat das Werk längst ihr Leben ein Stück weit verändert.

J.B., Mai 2021

Vorrede

Wie oft ich die die Filme der *Tributen von Panem*-Reihe mittlerweile schon gesehen habe, weiß ich gar nicht so genau. Jedes Mal habe ich erneut das Gefühl, wieder ein völlig neues, bisher mir entgangenes Detail zu entdecken. Und mit dem Verständnis des Geschehens der ganzen Filmreihe sowie den Büchern als Beiwerk konnte ich so langsam einen roten Faden entdecken.

Es ist wie eine unendliche Aufgabe, eine unendliche Geschichte in allerlei möglichen Dimensionen nachzuschreiben. *Die Tribute von Panem* erzählen von einem Staat, dem Leben und Überleben, von Politik, Unterdrückung, Revolution, aber auch Liebe, menschlichem Verhalten und unseren Urbedürfnissen.

Die Deutungen können staatsphilosophischer, psychoanalytischer, religiöser, literarisch-metaphorischer, kulturwissenschaftlicher, ökonomischer, historischer und gegenwärtiger Natur sein. All dies zu ordnen ist eine Aufgabe Vieler. Und mit diesem Buch möchte ich den ersten grundlegenden Anfang machen. Viele der Thematiken sind nicht zuletzt im Rahmen der Corona-Pandemie aktueller denn je geworden.

Die Zielsetzung meiner vorliegenden Arbeit ist mir zu Beginn nicht wirklich klar gewesen, es war mehr der Weg das eigentliche Ziel. Erst mit dem Schreiben und Denken habe ich so langsam eine Idee davon bekommen, was die Quintessenz sein könnte. (Hätte ich das aber schon vorher gewusst, hätte ich ja nicht zu schreiben brauchen.)

Das Werk habe ich aufgrund der Fülle an Themen und vielfältigen Gedanken in vier Bände aufgeteilt und in einem erweiternden Band – *Die Geschichte der Macht und die Macht der Geschichte* – wichtige »Grundlagen« für die bessere Verständlichkeit und Lesbarkeit des Gesamttextes von der Geschichte Panems in Fragestellungen der Macht, das Wesen des Faschismus und der Entstehung von Staaten ausgelagert. Der Schreibstil ist ein mehr philosophischer und die Gedanken darin sind durchaus wichtig, um Panem als Phänomen richtig begreifen zu können. Jedoch könnte es für interessierte, neugierige, aber etwas ungeduldige Leser den Lesefluss hemmen. Dennoch möchte ich den Band, in den ich auch neuere und aktuelle politische Entwicklungen unserer Zeit eingearbeitet habe, sehr empfehlen.

In der eigentlichen Hauptarbeit setzte ich mich im ersten und zweiten Buch mit der (fiktiven) Geschichte Panems und der *Mockingjay Revolution* in einer ausführlichen Szenenanalyse auseinander. Zu Beginn des ersten Bandes leiste ich aber noch etwas Vorarbeit, sodass es gelingen kann, Panems Vorgeschichte und die mythologischen Hintergründe von Collins Werk zu verstehen.

Im dritten Teil bemühe ich mich um eine zeitgenössische Einordnung in Form von Essays, in der ich auch gezielt Themen und Menschheitsfragen unserer Zeit beleuchte.

Abschließend setze ich mich im vierten Band intensiv mit dem biographischen Charakter von Präsident Coriolanus Snow auseinander.

Der Leser hat einen Anspruch an mich als Autor, dass ich ihm ein gelungenes Werk anbiete. Aber ebenso habe ich auch als Autor einen Anspruch an den Leser, sich auf eben dieses Werk offen einlassen zu können. Um diese Bereitschaft möchte ich bitten.

Ich wünsche viel Freude und Erkenntnisgewinn beim Lesen,

Joshua Beck, April 2021

Vorwort zum zweiten Band

In diesem zweiten Band habe ich mich intensiv mit der Trilogie der *Tribute von Panem* vom Dritten Jubel-Jubiläum im 75. Jahr der Spiele bis zur Revolution auseinandergesetzt. Für mich bieten die Bücher und Filme eine sehr gute Arbeitsfläche, um so etwa im Deutschunterricht die Felder Geschichte, Macht, Staat, Politik, Propaganda, Revolution und Krieg zu bearbeiten. Im Rahmen meiner *Panem*-Forschung, welche ich nun schon seit mehr als einem halben Jahrzehnt betreibe, habe ich aber auch Beunruhigendes gefunden, da die Dystopie eines untergegangenen Amerikas und einer infantilen, sadistischen und totalitären Gesellschaft keinesfalls mehr als *absolut* unerreichbar erscheint. Daher ist der Band auch außerhalb des Schulunterrichtes durchaus sehr lesenswert.

4. Gefährliche Liebe – CATCHING FIRE

Nach den 74. Hungerspielen kommt es in mehreren Distrikten zu Ausschreitungen. Friedenswächter werden attackiert und zusätzliche Sicherheitskräfte müssen mobilisiert werden. Präsident Snow ist alarmiert und sucht das Gespräch mit Katniss, die die Distrikte von ihrer Liebe zu Peeta auf der alljährlichen Tour der Sieger überzeugen soll. Da die kleinen Revolten gegen das Kapitol eine eigene Dynamik entwickeln, beschließt Snow auf einen Vorschlag des Obersten Spielemachers Plutarch Heavensbee hin, die Regeln für das Dritte Jubel-Jubiläum zu ändern. Die Tribute sollen aus dem bestehenden Kreis der Sieger ausgewählt werden, sodass Katniss erneut in die Arena muss. Es werden diesmal völlig andere Spiele mit einem für fast alle Beobachter in Panem unvorhersehbaren Ausgang.

4.1 Die Tour der Sieger

4.1.1 Freund und Feind

Katniss ist zum Jagen in die Wälder gegangen, wo sie von Gale überrascht wird, der nun an sechs Tagen die Woche im Bergwerk schuften muss. Aller Repressionen zum Trotz und neuen Indoktrinationen scheint es ein Erbe der christlich geprägten USA zu sein, am siebten Tag der Schöpfung zu ruhen. Katniss ist seit den Spielen psychisch stark instabil, neigt zu Panikanfällen und ist sehr schreckhaft. Bei der Jagd auf Truthähne erliegt sie der Einbildung, auf einen Tribut zu schießen. Gale gelingt es nur mit Mühe, sie zu beruhigen.

An ihm liegt Katniss etwas, jedoch fand er ihre Liebe zu Peeta »ziemlich gut« gespielt. Sie rechtfertigt sich, sie hätte keine Wahl gehabt, da sie überleben wollte. Gale befürchtet, dass sich Katniss und Peeta auf der *Tour der Sieger* näherkommen werden, er will ihr »wenigstens einmal« einen Kuss gegeben haben. »Küssen ist das, was Menschen tun, wenn Worte einen Ort erreicht haben, dem sie nicht mehr entkommen können. Es ist der Schalter zu einer anderen Sprache.«[4]

Als Katniss in das *Dorf der Sieger* zurückkehrt, wird sie von der Katze angefaucht; diesmal aber geht sie kommentarlos am Kater vorbei. Katniss geht zu Haymitch, der gerade seinen Rausch ausschläft. Sie kippt ihm einen Kübel Wasser über und stellt eben etwas alkoholisches zu Trinken auf den Tisch, woraufhin er kalt aus dem Schlaf gerissen entgegnet: »Du bist ein irritierend unsympathischer Mensch... aber du hast durchaus deine Vorzüge.«

Als Peeta dazustößt, wird offenkundig, dass sich beide noch »aufwärmen« müssen, bevor die *Show* losgeht. Als Katniss zu sich nach Hause kommt, wird sie gleich von ihrer Mutter begrüßt, die sie fragt, wie der Spaziergang gewesen sei. Katniss versteht nicht recht und meint, sie sei draußen gewesen. Ihre Schwester Prim unterbricht sie schnell: »Wir haben Besuch.«

Zwei Männer in schwarzen Lederjacken begleiten Katniss in das Arbeitszimmer des Hauses. Dort erblickt sie Präsident Snow, der am Schreibtisch steht und sie erwartet, während er sich das Ende der 74. Hungerspiele auf einem Hologramm ansieht. Für Katniss ist dies ein schockierender Anblick: »Für [sie] gehört Präsident Snow vor Marmorsäulen und riesige Flaggen. Es ist verstörend, ihn hier im Zimmer inmitten alltäglicher Dinge zu sehen. Als würde man den Deckel von einem Topf nehmen und darin statt Suppe eine Viper mit aufgerissenem Maul vorfinden.«[5]

»Weil nun aber die Schwäche der Menschen es unmöglich macht, dass alle sich in einem vereinigen, so bietet die Klugheit, dass ein Fürst jene Laster, welche ihn um seinen Thron bringen könnten, vermeide und sich nach Möglichkeit vor den übrigen hüte. Ist dies nicht möglich, kann er sich bei einiger Vorsicht gehen lassen.«

– Niccolo Machiavelli[6]

Canetti: *Das Stehen*

»Der Stolz des Stehenden ist, daß er frei ist und sich an nichts lehnt. Ob im Stehen eine Erinnerung an das erstemal hineinfließt, da man als Kind allein stand; ob der Gedanke einer Überlegenheit über die Tiere mitspielt, von denen kaum eines auf zwei Beinen frei und natürlich steht: es ist immer so, daß der Stehende sich selbständig fühlt. Wer sich erhoben hat, steht am Ende einer gewissen Anstrengung und ist so groß, wie er überhaupt werden kann. Wer aber lange schon steht, drückt eine gewisse Widerstandskraft aus; sei es, daß er sich von seinem Platze nicht verdrängen läßt wie ein Baum, sei es, daß er ganz gesehen werden kann, ohne sich zu fürchten oder zu verbergen. Je ruhigerer steht, je weniger er sich wendet und in verschiedene Richtungen auslugt, um so sicherer wirkt er. Nicht einmal einen Angriff im Rücken fürchtet er, wo er doch keine Augen hat. (.)

Das Stehen macht den Eindruck noch unverbrauchter Energie, weil man es am Anfang aller Fortbewegung sieht: man steht gewöhnlich, bevor man sich zu gehen oder zu laufen anschickt. Es ist die zentrale Position, aus der man ohne Übergang, sei es in eine andere Position, sei es in irgendeine Form von Bewegung, hinüberwechseln kann. Man neigt also dazu, im Stehenden ein größeres Maß von Spannung anzunehmen, auch in Augenblicken, da seine Absichten ganz andere sein mögen; denn vielleicht wird er sich im nächsten Moment zum Schlafe niederlegen. Immer überschätzt man den Stehenden. Eine gewisse Feierlichkeit ist immer da, wenn zwei Männer einander kennenlernen. Stehend tauschen sie ihre Namen aus, stehend reichen sie einander die Hand. Sie erweisen einander damit Ehre, aber sie messen sich auch, und was immer dann später geschieht, ihre erste, wirkliche Berührung, ‹von Mann zu Mann›, war im Stehen.«[7]

Es war Usus und Psychotaktik, als Chef mit dem Rücken zum Fenster zu sitzen, wenn man mit untergebenen Angestellten im Büro sprach. Von hinten ist die Silhouette hell erleuchtet, das Gesicht bleibt dunkel und unerkannt. Snow zeigt keine Scheu fern ab seines Anwesens in Distrikt 12, mit dem Rücken zu einem unbewachten Fenster zu stehen. Er fühlt sich heimisch, wie zu Hause. Er drückt damit aus, dass all das, was Katniss nun gehört, eigentlich von ihm kommt und er nach wie vor frei darüber verfügen kann.

Collins beschreibt Snow als einen kleinen Mann mit weißen Haaren und Schlangenaugen, von dem ein Rosenduft und zugleich der Geruch von Blut ausgehe.[8] In diesem Moment, so Collins, lese er in einem Buch und erhebt den Finger, um in Ruhe zu Ende lesen zu können. Collins&Co beschreiben hingegen, dass Snow eine Tasse Tee in der Hand hält, als Katniss das Zimmer betritt. Snow begrüßt sie nicht, sondern beginnt, über sie zu sinnieren: »Solch eine Tapferkeit, solch ein Kampfgeist, solch... eine Verachtung. (.) Meine Liebe, wir ersparen uns so viele Komplikationen, wenn wir uns darauf einigen, einander nicht zu belügen. Wie siehst du das?« Katniss stimmt dem zu, um Zeit zu sparen. Er duzt sie,[*] spricht sie jedoch zugleich als *Miss* an. Es vermittelt Respekt und Förmlichkeit, aber auch Intimität – eine unfreiwillig erzwungene Intimität gegenüber Katniss. Snow fährt fort:

»Ich habe ein Problem, Miss Everdeen; ein Problem, das in dem Augenblick begann, als du in der Arena die giftigen Beeren herausgeholt hast. Hätte der Oberste Spielemacher Seneca Crane nur ein bisschen Hirn im Kopf gehabt, hätte er dich sofort in die Luft gejagt in tausend Stücke. Aber du bist noch hier. Ich nehme an, du kannst dir vorstellen, wo er ist.«

Seine Missachtung von Crane wird hier offenkundig. Seine Äußerung ihm gegenüber im Rosengarten, er würde ihn schätzen, stellt sich als Lüge heraus. Es ist eine Lüge der Höflichkeit, um Menschen durch gutes Zureden so zu manipulieren, dass sie das tun, was er möchte, was sie tun sollen. Snows Manipulationstechniken sind sehr subtiler Art und unendlich *gut* getarnt, darin zeigt sich sein Machiavellismus, denn »indes ist es die Grundregel, dass man die Menschen entweder durch Freundlichkeit gewinne oder aus der Welt schaffe; denn wegen geringfügiger Kränkungen können sie sich rächen, wegen schwerer aber sind sie dazu außerstande. Beleidigt man sie aber, dann muss man es ihnen auch unmöglich machen, sich rächen zu können.«[9]

Snow fährt fort: »Nach diesem Fiasko blieb uns nichts anderes übrig, als dich dein Spielchen zu Ende spielen zu lassen. Und du warst wirklich gut«. Die Vorstellung eines »völlig vernarrten Schulmädchens« war beeindruckend, »ganz im Ernst«. Die Menschen im

---

[*] Dies ist erst in der Übersetzung des englisch-sprachigen Originals in der Bedeutung herausgearbeitet worden.

Kapitol seien davon überzeugt gewesen, aber in den Distrikten sei nicht jeder darauf hereingefallen. Das kann Katniss natürlich nicht wissen, aber man wertet ihren Trick mit den Beeren als »Akt der Herausforderung«, nicht als einen »Akt der Liebe«. Und wenn ein Mädchen aus Distrikt 12 das Kapitol herausfordern kann, was hält sie davon ab, sich daran ein Beispiel zu nehmen und einen Aufstand anzuzetteln, der zu einer Revolution führen kann: »Und ehe man sich versieht, wird das komplette System zusammenbrechen.«

Katniss spottet: »Es muss ein brüchiges System sein, wenn eine Hand voll Beeren es zum Einsturz bringen kann«, wodurch sie Snow provozieren will und erstaunlichen Mut beweist, denn »ohnehin wagen es die Menschen weniger, jene zu beleidigen, welche sie fürchten, als jene, welche sie lieben. Liebe wird bloß durch das Band des Anstandes erhalten, welches die Menschen, da sie schlecht sind, jedes mal zerreißen, wenn sie ihren Vorteil anderwärts finden; Furcht aber gründet sich auf die Vorstellung eines zu erwartenden Übels, und diese hört niemals auf.«[*10]

Snow aber gibt ihr Recht: »Ja, das ist das in der Tat. Aber nicht so, wie du es dir vorstellst… Stell dir vor, dass tausende und abertausende deiner Leute mit dem Leben bezahlen, dass von deiner Stadt nur ein Haufen Asche übrig bleibt, dass sie ausgelöscht ist, atomar verseucht, verschüttet unter Dreck, als hätte sie niemals existiert, sowie Distrikt 13. Du hast hart gekämpft in den Spielen. Aber es waren Spiele. Möchtest du einen richtigen Krieg erleben? (.) Ich nämlich auch nicht.«

Das, was Katniss besonders beunruhigt haben muss, ist nicht das, *was* Snow sagt, sondern vielmehr die selbstgewisse Bestimmtheit, *wie* er es sagt. Er sagt es weniger als Drohung, als mehr ein unumgehbares deterministisches Ergebnis einer Kette von Ereignissen. Was ihr Angst macht, ist nicht, dass er mit einem totalen Vernichtungskrieg droht; was Katniss Angst macht, ist, dass selbst der

---

* *Gekürzt:* »Doch muss eine solche Furcht, welche ein Fürst sich verschafft, von der Art sein, dass man ihn, wenn auch nicht liebt, doch auch nicht hasse. Beides verträgt sich sehr gut zusammen und er wird es erzielen, wenn er seiner Untertanen Vermögen und Weiber unangetastet lässt. Wird er auch hie und da in die Notwendigkeit versetzt, jemand das Leben zu nehmen, so darf dieses doch nicht eher geschehen, als bis ein hinreichender Grund und offenkundiger Rechtsfall vorliegt und nie darf er das Vermögen dieser Opfer angreifen; denn leichter vergisst der Mensch den Mord seines Vaters, als er den Raub und Verlust seines Erbteils verzeiht.«

mächtige Präsident Snow sich gänzlich außerstande sieht, diesen zu verhindern, oder wie Sutherland trefflich formulierte: »Das Böse von Snow zeigt sich in Form der selbstgefälligen Bedrohung, die in seinen Augen immer vorhanden ist. Seine entschlossene Stille.«

Snow nimmt die Entwicklungen in den Distrikten sehr ernst. Aus dem gemütlichen und gutmütigen Großvater der Nation, dem *Weihnachtsmann*, ist ein Raubtier hervorgegangen mit freien, gespitzten Ohren und geschärften Sinnen. Seiner Aufmerksamkeit entgeht nichts. Snow beherrscht das schnelle Umschaltspiel von sanfter zu harter Hand. Die liberale Steuerungstechnik des *Nudgings* hat bei Crane versagt; nun herrscht der Zwang der totalitären Gewalt. In allen späteren Szenen wird Snow Befehle erteilen, statt Ratschläge zu geben. Er hilft anderen nicht mehr, sich zu retten; er wird in der Propaganda des Kapitols selbst zum Erlöser.

Snow nimmt einen der Kekse, die Peeta gebacken hat. Er lächelt: »Er ist ein wunderbarer Junge.« Katniss Blick ist erstarrt und regungslos. Als sie gefragt wird, wann Peeta den vollen Umfang ihrer Gleichgültigkeit ihm gegenüber erkannt habe, verneint sie, dass er ihr egal sein. »Lüg nicht, du hast es versprochen«, geht Snow sie mit fester Stimme an. Daraufhin isst er den Keks, und drückt damit seine Macht aus, die er über Katniss durch seine Allwissenheit hat.

Canetti: *Das Essen*

»Alles, was gegessen wird, ist Gegenstand der Macht. Der Hungrige fühlt leeren Raum in sich. Das Unbehagen, das ihm diese innere Leere verursacht, überwindet er, indem er sich mit Speise füllt. Je voller er ist, um so besser ist ihm zumute.«[11]

Der Mächtige isst, in dem er genießt. Der Ohnmächtige leidet Hunger. Ist sein existenzieller Hunger gestillt und sein Hunger nur metaphorisch zu verstehen, isst er nicht, er *frisst*. Das maßlose Verschlingen von Nahrung gibt ihm ein machtähnliches Gefühl, er sucht dadurch seine eigene Ohnmacht und innere Leere zu kompensieren. Snow genießt seinen Keks, er ist mächtig, er braucht weder Kohlköpfe noch die Massen an Essen, an das er dennoch unentwegt denkt.

»Warum töten sie mich nicht gleich?«, fragt Katniss konfrontativ. Snow erklärt ihr, dass er sie nicht töten möchte, sondern will, dass sie Freunde werden oder zumindest Verbündete. Auf der Tour soll Katniss lächeln, sie soll dankbar sein und vor allem soll sie mit »wahnsinniger, todesverachtender Inbrunst verliebt sein«.

Snow: »Meinst du, du bekommst das hin?«
Katniss: »Ja.«
Snow: »Ja was?«
Katniss: »Ich werde alle überzeugen.«
Snow: »Nein, überzeuge mich.«

Snow kennt Katniss sehr gut, zwischen beiden entsteht eine Spannung aus Respekt, aber auch gegenseitiger Furcht voreinander. Snow weiß um Katniss bockige Art und ihren Dickkopf. Seine subtilen Manipulationsversuche führten bei Crane nicht zu Erfolg; angesichts dessen, was in den Distrikten geschieht, versucht er es bei Katniss offenbar durch die direkte Konfrontation. Snow selbst ist Katniss größter Kritiker und ihr schärfster Richter. Als er hinausgeht, übergibt er ihr eine weiße Rose. Er zeigt ihr das Videomaterial, welches den Kuss von Gale und ihr festgehalten hat: »Überzeuge mich um derer Willen, die du liebst.«

Die Effektivität dieser Strategie versteht sich nicht von selbst. Katniss könnte bereit sein, auf ihr Leben zu verzichten. Das würde jedoch bedeuten, dass Snow seine Macht über sie verlieren würde. Er muss mit ihr also etwas tun, was das Kapitol mit den Distrikten seit längerem tut: Er muss sie absolut kontrollieren können. Im Großen erweist sich kollektive Hoffnung auf eine bessere Zukunft insbesondere für die nachfolgenden Generationen als die Karotte, die man einem Zugtier vor die Nase hält, sodass es den Karren immer weiter nach sich zieht. Dieses kollektive Massenbewusstsein fällt in Bezug auf ein einzelnes Individuum weg.

Ein Individuum ist aber keine Insel, und eben dies macht sich Snow zunutze. Katniss kann für sich selbst entscheiden, ihr Leben zu lassen. Eine Entscheidung zu treffen, die jedoch dazu führt, dass jemand anderes sein Leben lassen muss, insbesondere, wenn dieser jemand ihr besonders nahe steht, hat eine völlig andere Tragweite. Denn nun betrifft es nicht mehr nur sie selbst, sondern sie wird unfreiwillig in den Rang eines Richters über Gedeih und Verderb eines anderen Menschen gehoben, den sie eigentlich liebt und der ihr sehr viel bedeutet.

Der effektivste Weg, jemanden dazu zu bringen, das zu tun, und zwar bedingungslos das zu tun, was man von ihm verlangt, ist nicht selbst auf ihn Druck in Form von Gewalt auszuüben, sondern Druck in Form der Drohung ausgeübter Gewalt auf Dinge und insbesondere Menschen, die jemand liebt und die ihm am meisten bedeuten. Dies dürfte dem Gezwungenen erstaunlich leicht fallen, denn da er ja seine Familie und seine Lieben beschützt, handelt er im Namen des Gute und Notwendigen; es gibt ihm vielleicht sogar ein heroisches Gefühl. Es ist eine kleine Analgie zum Aufbau der Spiele, die nun auch außerhalb der Arena ausgefochten werden.

4.1.2 There is no buisness like show business

Effie und ihr Team erreichen das Dorf der Sieger: »Dieser Ort steckt voller Geschichte. Saugt es in euch auf.« An den Geruch müsse man sich natürlich gewöhnen. Cinna ist im Kapitol ein Mode-Star geworden; ihn wiederzusehen, freut Katniss am meisten. Die TV-Show beginnt. Caesar schwärmt von der Liebesgeschichte des Paares, dessen Leid man als Nation geteilt habe. Effie bringt die Monstrosität auf den Punkt, als sie Katniss nach draußen zu den Kameras schickt: »Sie ist fertig, sie ist entzückend, wir müssen das Monster füttern.« *Das Monster* hat in diesem Fall die Gestalt von autonomen Kameras, welche ein aufwendiges Filmteam überflüssig machen.

Katniss und Peeta versuchen das Liebespaar vorzuspielen, wirken aber noch etwas eingerostet. Katniss schwärmt: »Dank der Großzügigkeit des Kapitols sind wir beide uns so nah wie noch nie.« Peeta fügt hinzu: »22 Meter, um genau zu sein«, und dies ist nicht nur ironisch zu verstehen, da sie sich eigentlich nach wie vor nur so nahe sind, wie ihre beiden Haustüren voneinander entfernt sind. Sie beglückwünschen sich gegenseitig nach ihrem ersten Auftritt,

»gut gespielt« zu haben. Peeta gibt zu, dass er fast dachte, der Kuss sei echt gewesen.

4.1.3 Distrikt 11 und die Deindividuation

Effi trommelt, man wolle in zehn Minuten hier raus sein. In zwölf Tagen werden die beiden Sieger mit dem Zug alle zwölf Distrikte besuchen und schließlich auch das Kapitol. Es wird Partys geben, Feierlichkeiten, sie werden der Menge zuwinken und es genießen, im Rampenlicht zu stehen. Katniss stellt ärgerlich fest, dass sie sich all diese Privilegien dadurch erarbeitet haben, indem sie Leute getötet hatten. Verärgert verlässt sie das Zugabteil, wo sie zum ersten Mal einen kurzen Blick auf eine Karte Panems in einem kleinen Kontrollraum erhaschen kann.

Peeta läuft ihr nach. Er möchte, dass sie aufhört, ihn so anzusehen, all sei er verletzt, denn dann könne er aufhören, sich so zu verhalten. In der Tat gibt es psychologische Modelle, denen zufolge sich jemand so verhält, wie man es von ihm erwartet, weil man ihm eine bestimmte Rolle aufgezwungen hat, und der Philosoph Peter Bieri erklärt: » Vieles, was ich will, geht darauf zurück, daß andere mir etwas gesagt und auf diese Weise dafür gesorgt haben, daß ich bestimmte Dinge glaube, fühle und will.«[12]

Peeta bietet Katniss Freundschaft an. Er wisse von ihr nur, dass sie stur sei, aber eine gute Bogenschützen ist. »Mehr gibt es auch nicht zu wissen«, stellt Katniss fest und klammert sich weiterhin an ihre Verschlossenheit. Für Peeta gehört zur Freundschaft, jemandem zu erzählen, was einem im Innersten bewegt, das beginnt auch bei der Lieblingsfarbe, was Katniss jedoch schon zu weit geht. Es gelingt ihm jedoch, die Antwort »Grün« aus ihr herauszuholen, seine ist Orange. Der Zug passiert einen Tunnel, dessen Tore sich dahinter schließen. Katniss sieht im Vorbeifahren ein Symbol an der Tunnelwand. Es sieht aus wie ein Spotttölpel.

»Festungen werden erbaut, um sich vor den Feinden oder vor den Untertanen zu sichern. Im ersten Fall sind sie nicht nötig, im zweiten schädlich. (.) denn erstens machen sie dich verwegene und gewalttätiger gegen die Untertanen, und zweitens bieten sie dir nicht die Sicherheit, die du dir einbildest. Denn alle Gewalt und alle Zwang, um ein Volk im Zaun zu halten, ist unnütz (.) Um dein Volk im Zaume zu halten, kann es (.) kann es nichts unnützeres geben als eine solche Festung. Denn sie macht dich geneigter und unbedenkliche das Volk zu unterdrücken, und diese Unterdrückung macht es so entschlossen zu deinem Untergang und entflammt bis zu solcher Wut, dass die Festung, die Ursache dieses Hasses, mehr schützen kann.«[13]

– Niccolo Machiavelli

Als sie den Tunnel verlassen, blicken sie rückwärts auf eine »mindestens zehn Meter« hohe Mauer.[14] Am menschenleeren Bahnhof von Distrikt 11 werden sie lediglich von Friedenswächtern empfangen. Die Friedenswächter haben nun eine andere Ausrüstung als noch ein Jahr zuvor. Am auffälligsten ist, dass ihre Visiere nun verdunkelt sind. Dies ist nicht ohne massenpsychologische Funktion.

Unter Deindividuation versteht sich das sozialpsychologische Phänomen, dass ein Individuum in einer bestimmten Situation in einer Gruppe weniger stark entsprechend den gesellschaftlichen Verhaltenseinschränkungen handelt, als wenn es alleine in der Situation wäre. Es ist wie ein »Lockern der normalen Verhaltenseinschränkungen«,[15] es kommt vermehrt zu impulsiven und von der gesellschaftlichen Norm abweichenden Handlungen. Das Individuum vollzieht in der Gruppe Handlungen, die es alleine nicht ausüben würde. Gewalttätige Ausschreitungen im Sinne einer Gruppendynamik sind von Hooligans bei Fußballspielen bekannt. Zwei Parameter spielen bei der Entstehung von Deindividuation eine wichtige Rolle, nämlich die Anonymität und die Gruppengröße. Je mehr Friedenswächter sich hinter Masken »verstecken« können und so anonym werden, desto eher sind diese zu Gräueltaten bereit, sodass rebellierende Distrikte härteren Repressionen ausgesetzt werden können.

Peeta bietet Katniss an, für sie zu sprechen, wenn sie den gefallenen Tributen Tresh und Rue gedenken. Er beginnt jedoch frei zu sprechen, was Effie nervös macht, da sie für die Reden eigentlich Karten vorbereitet hatte. Das nostalgische Ablesen von Karten ist überdies ein sehr schönes Beispiel für das Verschwimmen der Zeithorizonte, sodass Panem sowohl modern als auch traditionell ist – eben ein Land, welches zu jeder Zeit existieren könnte. Aber es markiert auch die Unterwerfung unter das Bedingte. Das gilt auch für Snow, der ebenfalls von Karten Gebrauch macht, und Coin, die ihre Reden oft auswendig gelernt vorträgt. Das freie Sprechen, das Peeta hier bevorzugt, ist das Spontane.

Ohne Tresh und Rue seien Katniss und er heute nicht hier und als Beweis der Dankbarkeit gibt Peeta bekannt, spenden sie einen Monatsanteil ihres Preises an die Familien der gefallenen Tribute in Distrikt 11: »Jahr für Jahr, solange wir leben.« Haymitch, Cinna und Elfi trauen ihren Ohren kaum.

> *Haymitch:* »Scheiße.«
> *Cinna:* »Kann er das machen?«
> *Haymitch:* »Kann er nicht, hat er aber gerade.«
> *Effi:* »Wieso hält er sich denn nicht an die Karten…«

Die Gefahr dieser Geste besteht darin, dass sich Solidarität zwischen den Distrikten bildet. Als Katniss emotional wird und doch noch das Wort ergreift, um über Rue zu sprechen, führt dies zu einer solidarischen Geste der Menge durch das Zeigen des Pfadfinderzeichens. Die Friedenswächter ziehen den Mann heraus, der das Zeichen als erster zeigte. Es geht darum, der *Schlange den Kopf abzuschlagen* und mit einer öffentlichen Exekution ein Exempel zu statuieren, wie Frech schreibt:

>»Die Menschen haben ihre Sicherheit für den Preis der Freiheit ertauscht und somit die Macht und Kontrolle über ihr Leben in die Hände einer Einheit, dem Kapitol, gelegt (.) Der Begriff des Friedenswächters ist ein Paradoxon, das Kapitol möchte durch sie (.)[*] die absolute Macht und die dadurch mögliche Kontrolle den Bewohnern Panems demonstrieren und durchsetzten. Dies tun sie mit den brutalen Mitteln wie Auspeitschen, an den Pranger stellen oder auch Tötung.«[16]

Haymitch holt Katniss auf den Boden der Tatsachen zurück; sie hatte eine einfache Aufgabe. Katniss erklärt, dass es nicht so einfach sei, da Snow sie unter Druck gesetzt habe. Sie wollte lediglich ihre Familie beschützen und hat es deshalb auch geheim gehalten, um niemand anderen zu gefährden. Peeta geht sie an, auch er habe eine Familie zu beschützen und hätte das wissen müssen. Haymitch fragt, was mit den Leuten da draußen sei, wer diese Menschen beschütze? Katniss fleht Haymitch an: »Bitte hilf mir, diese Reise zu überstehen.«

»Wach auf«, schnippst er mit den Fingern: »Diese Reise ist nicht zu Ende, wenn ihr nach Hause kommt. Ihr werdet niemals aus diesem Zug aussteigen.« Peeta und Katniss sind ab jetzt Mentoren, was bedeutet, dass sie jedes Jahr aufs Neue rausgezerrt werden als Ablenkung, um die Menschen vergessen zu machen, was die tatsächlichen Probleme des Landes sind. Katniss und Peeta sollen einfach lächeln und die Karten vorlesen, die Effie ihnen gibt.

---

[*] Die These, dass Friedenswächter zu früheren Zeiten dem Erhalt des Friedens verschrieben waren, habe ich bereits im Vorfeld erörtert. Die allgemeine Feststellung Frechs, dass die Friedenswächter » keinesfalls Schutz vor äußeren Gefahren bieten oder den inneren Frieden wahren«, halte ich hier für zu kurz gegriffen und habe das Zitat entsprechend gekürzt.

4.1.4 The show must go on

Die Tour der Sieger führt durch das ganze Land Panem. Es ist interessant zu sehen, welche Überbleibsel einer untergegangenen Zivilisation sich in das Landschaftsbild einfügen.

Ein Mädchen sieht zu Katniss auf und sagt ihr, sie wolle sich auch eines Tages freiwillig melden, genau wie sie. Dann wacht Katniss aus einem Traum auf und Peeta legt sich zu ihr. Ob das Mädchen nur im Traum zu ihr gesprochen hat, oder in einem anderen Distrikt real zu ihr sprach, bleibt spekulativ.

Die Tour der Sieger entwickelt sich immer mehr zu einer Farce. An alten Fabriken sind Graffitis zu sehen: »Das Glück ist <u>nie</u> mit uns.« Katniss liest artig ihre Karten vor: »Wir alle, Sieger wie Besiegte, sind vereint, weil wir einer gemeinsamen Aufgabe dienen: die Macht und Größe des Kapitols zu mehren.« Die Masse ist unruhig, eine Frau ruft: »Sag, dass du das nicht wirklich denkst!«

Snow gefällt das alles gar nicht. Er beobachtet das Geschehen aus seinem Anwesen heraus, als er mit seiner Enkelin zu Mittag ist: »Deine Haare sehen sehr hübsch aus Liebling. Wann hast du angefangen, sie so zu tragen?«

»In der Schule tragen sie jetzt alles so, Großvater«, antwortet seine Enkelin. Snow, der eben noch eine Meeresfrucht aß, bleibt diese sozusagen im Halse stecken. Die Selbstverständlichkeit, mit der seine Enkelin ihm mitteilt, dass Katniss ein Vorbild für die Jüngsten ist, wie es keines sonst gibt, überfährt ihn an dieser Stelle sichtlich. In dieser Szene zeigt sich aber auch Snows Fürsorglichkeit und Fähigkeit zu lieben. Aber auch das Grüne und Lebendige der Gärten bildet einen Gegensatz zu den Betonbauten einer nekrophilen Gesellschaft im Kapitol.

Katniss schlägt unterdessen vor – da Snow vermutlich nicht zufrieden mit ihnen ist –, dass sie und Peeta heiraten könnten; da sie ohnehin nicht aus dem Zug entkommen könnten, würde »es« ohnehin irgendwann passieren. Haymitch konstatiert: »Es wäre eine Botschaft, so viel ist sicher.«

Caesar schwärmt im Fernsehen über ein »märchenhaftes Ende«, als Peetas Heiratsantrag live übertragen wird. Auch in Distrikt 12 findet die Übertragung statt und Gale fühlt sich bestätigt, denn zum Abschied sagte er zu Katniss, dass in zwei Wochen viel passieren könne. Ein bisschen scheint er sich über sich selbst zu ärgern, dass er es genau wusste, aber doch auf einen anderen Verlauf hoffte.

Der Kontrast zwischen dem mittelalterlichen Bergwerk und den High-Tech-Medien kommt in dieser Szene sehr gut zur Geltung.

4.1.5 Die Party des Jahres und das Mahagoni

»Die Menschheit, die die Welt als ‹Wegwerf-Welt› behandelt, behandelt auch sich als ‹Wegwerf-Menschheit›.«

– Günther Anders[17]

»Depression ist die Unfähigkeit, zu fühlen. Depression ist das Empfinden, tot zu sein, während der Körper am Leben ist. Sie ist überhaupt nicht das gleiche wie Schmerz und Trauer, ja, sie hat nicht einmal einen Bezug zu ihnen. Der depressive Mensch ist ebenso unfähig, sich zu freuen, wie er unfähig ist, traurig zu sein. Die Depression ist ein Mangel an jeder Art Gefühl, ein Empfinden von Totsein, das für den, der depressiv ist, ganz und gar unerträglich ist. Gerade die Tatsache, nichts fühlen zu können, macht die Depression so unerträglich. (.)

Menschen, die in unseren Tagen eine Depression bekommen, sind vermutlich gerade nicht weniger unlebendig, von sich selbst entfremdet und ohne Kontakt zur Wirklichkeit als der Rest von uns, doch haben wir eine bessere Abwehr als die, die an einer Depression erkranken. Es gibt eine Fülle von Abwehrformen gegen das Gefühl, das sich ergibt, wenn man nicht lebendig ist. Unsere Unterhaltungsindustrie, unsere Arbeit, unsere Cocktail-Partys, unser Geschwätz, unsere ganzen Gewohnheiten sind alles Abwehrformen gegen diesen furchtbaren Augenblick, in dem wir wirklich spüren könnten, daß wir nichts fühlen. Auf diese Weise schützen wir uns, von der ‹Melancholie› erfaßt zu werden.«

– Erich Fromm[18]

Die *Party des Jahres* findet im Präsidentenpalast statt. Sie bildet den Abschluss der Tour der Sieger. Effis Begeisterung ist ungebrochen: »Ihr müsst das in euch einsaugen, Kinder.« Dies betont Effie nun schon zum zweiten Male. Geschichte soll gelebt werden, wird tatsächlich aber nur stumpf konsumiert und weder gelernt, gelehrt noch gelebt. Als die Sieger zum Präsidentenpalast die Treppe emporsteigen, kommt es zu einer fast nebensächlichen, aber doch bedeutenden Szene. Auch als Sieger kann man offenbar nach freiem Belieben betatscht werden. Es geht hier weniger um eine sexistisch-chauvinistische Einstellung, als vielmehr um eine generelle Entmenschlichung der Distrikt-»Menschen«, die sich auch in früheren

Szenen offen gezeigt hat. Offenbar scheint man zu glauben, es handele sich hier um eine Tierausstellung oder einen Streichelzoo. Darüber schreiben Dunn et Michaud:

»Entmenschlichung – jemandem das Attribut des ‹Menschseins› abzusprechen – ist eine von Unterdrückern eingesetzte Taktik, die der Bevölkerung die Freude am Unglück anderer schmackhaft machen soll. Im zwanzigsten Jahrhundert führten die Nazis neue perfide Techniken der Entmenschlichung ein, um in der Bevölkerung Unterstützung für die Auslöschung der Juden zu gewinnen. Sie nutzten Massenmedien, Plakate und den Schulunterricht, um die Botschaft zu verbreiten, die Juden wären Untermenschen. ‹Die Nazis wussten genau, dass weitverbreitete Grausamkeit die [überzeugende] Behauptung voraussetzt, die Opfer der Grausamkeit wären keine vollwertigen Menschen›, schrieb der zeitgenössische Geisteswissenschaftler John Portmann. ‹Viele Gesellschaften nehmen Außenseiter, Feinde und Straftäter als Personen wahr, die jenseits des ‹Gesellschaftsvertrags› anzusiedeln sind. Überzeugt, dass sie nicht mit der gleichen Achtung behandelt werden müssen, die Angehörigen des Systems gebührt, schreiben diejenigen, die sich am Unglück der Außenseiter weiden, die gewöhnlichen moralischen Bedenken in den Wind.›

Dass ein Opfer als Untermensch gilt, heißt jedoch nicht, dass die Zuschauer ihr Leid genießen. Einigen Nazis, die sich darauf beriefen, lediglich ihre Pflicht erfüllt zu haben, hatte die Ermordung der Juden nach eigener Aussage wenig Freude bereitet. Doch sobald ein Opfer auf den Status eines Untermenschen reduziert wird, fällt es vielen leichter, ihrer Schadenfreude freien Lauf zu lassen. Wir wissen nicht, welche Rolle die Propaganda des Kapitols bei der Entmenschlichung der Distriktbewohner spielt, weil keiner der Kapitolbewohner seine aufrichtige Meinung dazu äußert. Aber wir wissen, dass sie die Tribute genau wie den Rest der Bevölkerung als ‹Barbaren› betrachten. Das ist teilweise auf ihr äußeres Erscheinungsbild zurückzuführen. Die Grubenarbeiter aus Distrikt 12 haben beispielsweise gebeugte Schultern, geschwollene Knöchel, abgebrochene Fingernägel und eingefallene Gesichter. Die Bewohner der Distrikte sind außerdem natürlich behaart im Vergleich zu den Bürgern des Kapitols, wodurch sie in deren Augen eher

Tieren als Menschen gleichen. Das Vorbereitungsteam gibt sich große Mühe, die Tribute zu enthaaren: Katniss wird einer Ganzkörperrasur und einer Wachsbehandlung unterzogen, um jedes Härchen zu entfernen und ihr ein ‹menschliches› Aussehen zu verleihen. Nachdem sie für die Spiele hergerichtet und angekleidet wurde, ruft Flavius, ein Mitglied ihres Vorbereitungsteams, aus: ‹Ausgezeichnet! Jetzt siehst du fast aus wie ein Mensch!›«[19]

Effie führt Katniss und Peeta an der Bibliothek vorbei: »feinstes Mahagoni«. Unklar bleibt, ob sie von den Bücherschränken oder von den Papierseiten der Bücher selbst sprach, jedoch erwähnte sie das »Mahagoni« bereits im Vorjahr im Zug, als Katniss zornig das Messer zwischen Haymitchs Finger in den Tisch rammte. Dies ist nach erneuter Erwähnung eine nähere Betrachtung wert. Amerikanisches Mahagoni war ursprünglich nur in Latein- und Südamerika verbreitet. Um 2000 herum verkleinerte sich das Verbreitungsgebiet auf den Amazonas Regenwald. Dies wirft zwei Fragen auf:

1. Haben klimatische Veränderungen dazu geführt, dass in einzelnen Teilregionen in Nordamerika ebenfalls Mahagoni angesiedelt werden konnte oder zumindest in eigens vorgesehenen Gewächshäusern gezüchtet werden kann?
2. Gibt es außerhalb von Panem ein »Außen« und wurde das Mahagoni eventuell aus Südamerika importiert?

Im ersten Fall wäre das Mahagoni wie im zweiten sehr edel und teuer. Im zweiten Fall jedoch würden sich zusätzlich die Fragen nach internationalen Beziehungen Panems stellen. Diese sind bisher vollkommen unbelichtet geblieben, was im Sinne der Abschottung im totalitären Staat Panem durchaus gewollt ist. Über internationale Verflechtungen des Kapitols kann allenfalls spekuliert werden – ganz auszuschließen sind diese jedoch nicht. Gewiss scheint Mahagoni auch im Kapitol etwas sehr Seltenes und Wertvolles zu sein. Doch es ändert nichts daran, dass Holz totes Leben ist und die Geschichte, die auf dasselbe gedruckt ist, dadurch nicht lebendiger wird.

Nach der Bibliothek führt Effie die beiden Sieger zum Fest, auf dem nicht »jeder«, sondern »alles, was Rang und Namen hat« vertreten ist. Der Bankettsaal hat eine zehn Meter hohe Decke und ist in einen Nachthimmel verwandelt worden, was bemerkenswert ist, da es in der Stadt immer zu viel Licht gebe, als dass man die Sterne tatsächlich sehen könnte.[20] Auch hier zeigt sich in gewisser Weise Snows

Naturverbundenheit; sein Drang, sich von dem Künstlichen und Toten zu lösen, das ihn von allen Seiten her umgibt.

Canetti: *Die Festmasse*

»Es ist sehr viel vorhanden auf einem beschränkten Raum, und die vielen, die sich auf diesem gewissen Areal bewegen, können alle daran teilhaben. Die Erträgnisse, welcher Kultur immer, werden in großen Haufen zur Schau gestellt. Hundert Schweine liegen in einer Reihe gebunden da. Berge von Früchten sind aufgetürmt. In mächtigen Gefäßen ist das beliebteste Getränk zubereitet worden und wartet auf die Genießer. Es ist mehr vorhanden, als alle zusammen verzehren könnten, und um es zu verzehren, strömen immer mehr Menschen hinzu. Solange etwas da ist, nehmen sie davon zu sich, es sieht aus, als könnte es nie ein Ende nehmen. Es ist ein Überfluß an Weibern da für die Männer und ein Überfluß an Männern für die Weiber. Nichts und niemand droht, nichts treibt in die Flucht, Leben und Genuß während des Festes sind gesichert. Viele Verbote und Trennungen sind aufgehoben, ganz ungewohnte Annäherungen werden erlaubt und begünstigt. Die Atmosphäre für den einzelnen ist eine der Lockerung und nicht der Entladung. Es gibt kein Ziel, das für alle dasselbe ist und das alle zusammen zu erlangen hätten. Das Fest ist das Ziel, und man hat es erreicht.

Die Dichte ist sehr groß, die Gleichheit aber zum guten Teil eine der Willkür und des Genusses. Man bewegt sich durcheinander und nicht miteinander fort. Die Dinge, die aufgehäuft daliegen und von denen man bekommt, sind ein wesentlicher Teil der Dichte, ihr Kern. Sie sind zuerst gesammelt worden, und erst wenn sie alle beieinander sind, sammeln sich die Menschen um sie. Es kann Jahre dauern, bis alles vorhanden ist, und man mag lange Entbehrung für diesen kurzen Überfluß erleiden. Aber man lebt auf diesen Augenblick hin und führt ihn zielbewußt herbei. Menschen, die sich sonst selten zu Gesicht bekommen, sind feierlich und gruppenweise eingeladen worden. Das Eintreffen der einzelnen Kontingente ist kräftig markiert, es steigert in Sprüngen die allgemeine Freude. Es spielt in diesem Zustand das Gefühl hinein, daß man durch gemeinsamen Genuß bei diesem Fest für viele spätere Feste sorgt. Durch rituelle Tänze und dramatische Darbietungen wird früherer Gelegenheiten derselben Art gedacht. Ihre Tradition ist in der Gegenwart dieses Festes mitenthalten. Ob man der ursprünglichen Stifter dieser Veranstaltungen gedenkt, der mythischen Urheber aller Herrlichkeiten, deren man sich erfreut, der Ahnen oder, wie in kälteren, späteren Gesellschaften, bloß der reichen Spender – auf jeden Fall scheint einem eine künftige Wiederholung ähnlicher Gelegenheiten verbürgt. Die Feste rufen einander, und durch die Dichte der Dinge und Menschen vermehrt sich das Leben.«[21]

Während sich das Leben auf Festen vermehrt – was in nekrophilen Gesellschaften gewiss nur unter einer aufgesetzten Maske geschieht, verhungert das Leben in den festfreien Distrikten. Peetas drei mittlere Finger seiner linken Hand sind lackiert – ein rebellischer Akt, solidarisiert er sih doch mit dem antikapitolistischen Pfadfindergruß. Er ärgert sich, dass während »die Menschen in 12 hungern«, sie im Kapitol spezielle Getränke schlucken, von denen sie »kotzen« müssen, »damit mehr reinpasst« und sie noch mehr *fressen* und auch ja alles probieren können. Doch diese Festmasse ist nur scheinbar festlich, fröhlich und glücklich.

»Tatsächlich kompensiert der ängstliche, gelangweilte, entfremdete Mensch seine Angst durch zwanghaftes Konsumieren, das als allgemeine Krankheit, oder genauer als ein Symptom der ‹Pathologie der Normalität›, von niemandem als Krankheit empfunden wird. Der Begriff ‹Krankheit› wird ja immer nur dann erlebt, wenn man kränker ist als die anderen. Wenn jedoch alle an derselben Krankheit leiden, dann taucht der Begriff Krankheit im Bewußtsein überhaupt nicht auf. Diese innere Leere, diese innere Angst wird also symbolisch durch zwanghaftes Konsumieren geheilt. Dieser Mechanismus hat sein Vorbild im Eßzwang. Erforscht man, warum gewisse Menschen unter Eßzwang leiden, dann findet man in der Tat, daß hinter diesem Eßzwang, der als solcher bewußt ist, etwas Unbewußtes steckt, nämlich Depression oder Angst. Der Mensch fühlt sich leer, und um diese Leere gleichsam symbolisch auszufüllen, füllt er sich an mit anderen Dingen, mit Dingen, die von außen kommen, um so das Gefühl der inneren Leere und der inneren Schwäche zu überwinden. Viele beobachten an sich selbst, daß sie, wenn sie ängstlich sind oder sich deprimiert fühlen, eine gewisse Neigung haben, sich etwas zu kaufen oder zum Eisschrank zu gehen und etwas mehr zu essen als gewöhnlich und daß sie sich dann etwas weniger deprimiert, etwas weniger ängstlich fühlen.

Der ängstliche, entfremdete Mensch muß auf der einen Seite zwanghaft konsumieren, weil er ängstlich ist. Auf der anderen Seite hängt das Problem sehr eng mit der ökonomischen Struktur der modernen westlichen Gesellschaft zusammen, die ökonomisch auf der Tatsache des vollendeten, absoluten und immer wachsenden Konsums beruht. Was die Wirtschaft zu ihrem eigenen Funktionieren braucht, ist vor allem, daß die Menschen kaufen, kaufen und wieder kaufen, denn sonst fehlt die ständig wachsende Nachfrage nach den Waren, die die Industrie produzieren kann und in immer steigendem Maße auch produzieren muß, wenn ihr Kapital selbst reproduzieren will. Darum nötigt die Industrie den Menschen mit allen Mitteln der Verführung mehr zu konsumieren.

Im 19. Jahrhundert war es unmoralisch, etwas zu kaufen, wofür man das Geld nicht hatte. Im 20. Jahrhundert gilt es als unmoralisch, etwas nicht zu kaufen, wozu man nicht das Geld hat, denn man kauft und reist ja sogar auf Abzahlung. Mit einem ungeheuer raffinierten Reklameappart verführt die Wirtschaft den Menschen dazu, immer mehr zu konsumieren. Der Mensch wird ängstlich und entfremdet durch die Produktionsweise des kapitalistischen Systems: weil dieses System immer größere wirtschaftliche und bürokratische Giganten hervorbringt, denen gegenüber der einzelne Mensch sich klein und hilflos fühlt; weil der einzelne Mensch immer weniger aktiv an den Ereignissen der Gesellschaft teilnehmen kann, weil in weiten Schichten eine ungeheure Angst besteht, nicht aufzusteigen, die erreichte Position wieder zu verlieren, die Angst, daß man von der eigenen Frau und von den eigenen Freunden als ‹Versager› eingestuft wird, wenn man nicht das erreicht, was die anderen erreichen. (.)

Der Mensch, der in diesem System ängstlich wird, konsumiert. Aber auch der Mensch, der zum Konsum verführt wird, wird ängstlich, weil er ein passiver Mensch wird, weil er immer nur aufnimmt, weil er nichts in der Welt aktiv erlebt. Je ängstlicher er wird, desto mehr muß er konsumieren, und je mehr er konsumiert, desto ängstlicher wird er. So kommt es zu jenem Kreislauf, in dem sich der Mensch um so ohnmächtiger fühlt, je mächtiger seine Maschinen werden, je mächtiger also das wird, was er produziert; und all das kompensiert er durch einen ständigen und nie aufhörenden Konsum.«[22]

»Konsumieren ist eine Form des Habens (.) Es vermindert die Angst, weil mir das Konsumierte nicht weggenommen werden kann, aber es zwingt mich auch, immer mehr zu konsumieren, denn das einmal Konsumierte hört bald auf, mich zu befriedigen. Der moderne Konsument könnte sich mit der Formel identifizieren: *Ich bin, was ich habe und was ich konsumiere.*«[23]

Man könnte mit Huxley sagen: »Konsum ist *die* Bürgerpflicht.« Die Festlichkeiten selbst dienen ähnlich wie im absolutistischen Frankreich dazu, auch höher gestellte Gesellschaftsschichten mit Feiern von der Politik abzulenken, etwa durch die »Hofkultur von Versailles. In ihr werden die immer gefährlichen Adligen durch Zeremoniell, Intrigen, Feste und das ständige Hoftheater beschäftigt gehalten. (.) Der König selbst verfügt über absolute, durch niemanden kontrollierte Macht. In Zeiten, in denen ständig mörderische Bürgerkriege drohen, ist das ein Preis, den die Untertanen für den Frieden gern bezahlen. Dafür sind sie zur totalen Unterwerfung bereit. [Die] Entfaltung der Hofkultur [war die] Liturgie der neuen Religion des Staates: Statt Kirchen werden Schlösser gebaut, statt der Gottesdienste werden Hoffeste veranstaltet, an die Stelle von Eucharistie und Sakramenten treten der Auftritt und die Anbetung des Königs durch seinen Hof. Der Hof Louis wird zum Modell aller Höfe Europas. Damit wird der europäische Adel französisiert. Am Hofe des russischen Zaren spricht man ebenso französisch wie später am Hofe Friedrichs des Großen von Preußen.«[24]

Alles, »*was* Rang und Namen hat«, ist auf der Party des Jahres anwesend. Aber sind die reichen und berühmten Menschen wirklich glücklich? »Die Renaissance war keine Kultur von kleinen Geschäftsleuten und Kleinbürgern, sondern eine Kultur reicher Adliger und Großbürger. Diesen gab ihre wirtschaftliche Tätigkeit ein Gefühl der Freiheit und Individualität. Aber auch sie hatten zugleich etwas eingebüßt, nämlich die Sicherheit und das Zugehörigkeitsgefühl, das ihnen die mittelalterliche Gesellschaftsstruktur geboten hatte. Sie waren frei, aber sie waren auch einsamer. Sie benutzten ihre Macht und ihren Reichtum dazu, dem Leben das letzte an Lust abzugewinnen; aber dabei mußten sie sich, um die Massen zu beherrschen und den Konkurrenten in der eigenen Klasse gewachsen zu sein, skrupelloser Mittel bedienen – von der körperlichen Folter bis zur psychologischen Manipulation.

Dieser wilde Kampf auf Leben und Tod um die Erhaltung von Macht und Besitz vergiftete alle menschlichen Beziehungen. An die Stelle der Solidarität mit den Mitmenschen (.) trat eine zynisch reservierte Einstellung; man sah im anderen ein ‹Objekt›, dessen man sich bediente und das man manipulierte oder das man auch bedenkenlos vernichtete, wenn es dem eigenen Vorteil diente. Der einzelne war von einer leidenschaftlichen Egozentrik, von einer unersättlichen Gier nach Macht und Besitz erfüllt. Die Folge war, daß auch die Beziehung des Erfolgreichen zu seinem eigenen Selbst, sein Gefühl der Sicherheit und sein Selbstvertrauen vergiftet wurden.

Das eigene Selbst wurde für ihn ebenso zum Objekt der Manipulation wie andere Menschen. Es steht zu bezweifeln, ob die mächtigen Herren des Kapitalismus der Renaissance sich wirklich so glücklich und sicher fühlten, wie sie oft hingestellt werden. Die Freiheit scheint ihnen zweierlei eingebracht zu haben: ein wachsendes Gefühl der Stärke und zugleich größere Vereinsamung, Zweifel und Skepsis und als Folge von all dem – Angst. Denselben Widerspruch finden wir auch in den philosophischen Schriften der Humanisten. Neben der Betonung der Würde des Menschen, seiner Individualität und seiner Stärke zeigen sie in ihrer Philosophie auch Unsicherheit und Verzweiflung. (.) Wenn der Sinn des Lebens zweifelhaft geworden ist, wenn die Beziehung zu anderen Menschen und zur eigenen Person keine Sicherheit mehr bietet, dann ist der Ruhm ein Mittel, die Zweifel verstummen zu lassen.«[25]

Effie stellt nach Collins&Co Katniss Plutarch Heavensbee als neuen Obersten Spielemacher vor. Plutarch ist ein Mensch mit Humor, der auch über sich selbst lachen kann. So begrüßt ihn Peeta: »Dann drücken wir mal die Daumen.« Effie maßregelt ihn wie eine Mutter, die stolz auf ihre Vorzeigekinder sein will, entspannt sich aber, als Plutarch auch zu lachen beginnt. Plutarch möchte gerne mit Katniss tanzen und verwickelt sie in ein kleines Gespräch.

Plutarch:	»Wie gefällt Ihnen die Party?«
Katniss:	»Sie ist etwas überwältigend.«
Plutarch:	»Sie ist widerlich, aber wenn man die Moral beiseiteläasst, kann man hier Spaß haben.«

Katniss kommt auf Crane zu sprechen und ob *das* nicht sein Verhängnis gewesen sei, »zu viel Spaß«. Plutarch erklärt: »Seneca Crane hat sich entschieden, das Atmen einzustellen.« Katniss reagiert etwas ungläubig auf diesen Euphemismus, Plutarch ergänzt: »Vielleicht waren es auch die giftigen Beeren…« Seine Bemerkung ist doppeldeutig, weil Katniss eigentlich nicht weiß, *wie* Crane gestorben ist und sie Plutarchs Anspielung somit auf ihre giftigen Beeren beziehen muss, so als habe sie in gewisser Weise Cranes Tod zu verantworten; ob Plutarch um die näheren Umstände Cranes Tod weiß, ist nicht überliefert, aber zu vermuten.

Plutarch erklärt, *Oberster Spielemacher* sei noch nie der sicherste Job der Welt gewesen, aber er habe sich freiwillig gemeldet. Er habe Ehrgeiz und will den Spielen Bedeutung verleihen. Katniss fällt ihm ins Wort: »Die Spiele bedeuten gar nichts, sie sollen uns bloß Angst einjagen.« Aber Plutarch zeigt sich unbeirrt: »Vielleicht haben Sie mich ja dazu inspiriert wiederzukommen.«[26]

Collins beschreibt, dass Plutarch bereits ein Beobachter der 74. Spiele war und rückwärts vom Stuhl kippte, als Katniss den Pfeil abschoss:

»Plutarch tritt einen Schritt zurück und zieht eine goldene Taschenuhr aus der Westentasche. Er klappt den Deckel auf, und als er sieht, wie spät es ist, runzelt er die Stirn. ‹Ich muss gleich gehen.› Er dreht die Uhr so herum, dass ich das Zifferblatt sehen kann. ‹Um Mitternacht geht es los.› ‹Das ist aber spät für …›, setze ich an, doch da fällt mir etwas auf. Plutarch fährt mit dem Daumen über das Kristallglas der Uhr und ganz kurz flackert ein Bild auf. Es ist ein Spotttölpel, genau wie die Brosche an meinem Kleid. Nur, dass dieser wieder verschwindet. Plutarch klappt die Uhr zu. ‹Das ist eine sehr schöne Uhr›, sage ich. ‹Oh, sie ist mehr als schön. Sie ist einmalig›, sagt er. ‹Falls jemand nach mir fragen sollte, sagen Sie bitte, ich sei zu Bett gegangen. Die Besprechungen sollen geheim bleiben, doch ich dachte mir, Ihnen könnte ich davon erzählen.› ‹Ja. Ihr Geheimnis ist bei mir gut aufgehoben›, sage ich. Als wir uns die Hände reichen, verbeugt er sich leicht, eine übliche Geste hier im Kapitol. ‹Nun denn, wir sehen uns im nächsten Sommer bei den Spielen, Katniss. Alles Gute für Ihre Verlobung (.)›«[27]

Interessant ist, dass Plutarch Katniss nach amerikanischer Konvention beim Vornamen anspricht, was eine gewisse Vertraulichkeit und Sympathie erweckt, jedoch siezt er sie;* damit geht er ein diametrales Verhältnis zu ihr ein als Snow. In dem Gespräch mit Plutarch finden sich viele Andeutungen wieder, die in der Rückschau als banal erscheinen. Katniss jedoch ist in diesem Moment unfähig, diese Anspielungen von der »geheimen Spotttölpeluhr« über »anvertraute Geheimnisse« bis zu den nächsten »Spielen im Sommer« zu verstehen.

---

* Das Duzen und Siezen ist im englisch-sprachigen Original dabei unerheblich und ist erst durch die Übersetzung in der Bedeutung hervorgehoben worden.

4.1.6 Ein unerklärter Propaganda-Krieg

Präsident Snow empfängt die Gäste. Seine Geste erinnert dabei an die Symbolik, wie sie Jesus bei seiner Bergpredigt geformt haben soll.

»Heute, am allerletzten Abend ihrer Tour, möchte ich unsere beiden Sieger willkommen heißen. Diese zwei jungen Menschen verkörpern unsere Ideale von Stärke und Tapferkeit. Und ich beglückwünsche sie zu etwas ganz Besonderem: Nämlich zur Bekanntgabe ihrer Verlobung. Eure Liebe hat uns inspiriert, und ich weiß dass diese Liebe uns noch künftig inspirieren wird. *Tag für Tag, solange ihr lebt.*«

Snow auf seinem Balkon und Jesus Bergpredigt[28]

Bereits in dieser Szene, so nebensächlich es auch erscheinen mag, beginnt bereits ein Propagandakrieg zwischen Snow und den beiden Siegern. Snow betont »Tag für Tag, solange ihr lebt« ganz bewusst als Gegensatz zu Peetas »Jahr für Jahr, solange wir leben«. Seine Botschaft ist klar: *Einmal im Jahr habt ihr euren großen Moment, aber an allen anderen Tagen im Jahr seid ihr Mein. Für den Rest eures Lebens.*

Strategisch ist dieses Vorgehen nicht unwichtig. Snow stellt als Präsident eine Punktmasse mit hoher Dichte und also hoher Masse dar; seine Gravitation ist enorm. Katniss und Peeta bewegen sich in seinem Aktionsradius, sodass er Macht über sie hat, wie nach Canetti die Katze über die Maus Macht hat. Peeta jedoch hat mit seiner Regelmissachtung den Fluchtmodus eingeschaltet, sodass beide bestrebt sind, sich aus Snows Macht zu entziehen. Dem gebietet er unverzüglich Einhalt, indem er eine klare Grenze aufzeigt, bis zu der sie zu fliehen versuchen können, aber schlussendlich in seinem Einflussradius gefangen sind.

Nachdem Snow seinen Toast gesprochen hat und das Feuerwerk den Nachthimmel in allen erdenklichen Farben erleuchtet, läuft Blut aus seinem Mund zurück in sein Glas. Jedoch erschreckt es ihn nicht, er zeigt keinerlei Verwunderung noch lässt er erkennen, dass er Schmerzen hat. Katniss blickt zu ihm und sein leichtes Kopfschütteln sagt ihr, dass sie ihn nicht hat überzeugen können.

4.1.7 Das Swan House

Das *Swan House*, 130 West Paces Ferry Road NW im Norden Atlantas[29]

Snows Anwesen ist das Swan House, ein für einen allmächtigen Diktator einer atomaren und technologisch-fortgeschrittenen Übermacht seltsam klein wirkendes Haus. (Über unterirdische Gänge und Räume kann nur spekuliert werden.) Es liegt im Bereich des Möglichen, dass die Sterne, die Katniss am Himmel sah, tatsächlich echt waren und nicht bloß an der Decke eines riesigen Bankettsaales projiziert wurden. Videomaterialien zeigen, dass der Empfang des Präsidenten im Freien stattgefunden hat, was bedeuten würde, dass es keineswegs »zehn Meter« hohe Decken in dem Gebäude geben würde. Es würde zu Snows Art passen, es würde seine Naturnähe widerspiegeln. Überdies erscheint es unplausibel, weshalb jemand, der ansonsten zurückgezogen lebt, alle möglichen Menschen durch sein Haus laufen lassen sollte. Nur wenige exklusive Gäste dürfen das Haus betreten; für alle wäre es schlicht zu klein. Andere hohe, aber wenige exklusive Gäste verbringen die Feier im Vorgarten des Anwesens.

Ich vermute daher, dass Katniss einer Täuschung anheimgefallen ist, da sie sich nicht vorstellen konnte, tatsächlich echte Sterne zu sehen. Die spannende Frage ist nun aber, was es über Snow aussagt, nicht wie andere Staatsoberhäupter und mächtige Regierungschefs in einem gewaltigen Palast oder Schloss zu leben, sondern zurückgezogen in einer für die Dekadenz der übrigen Gesellschaft geradezu bescheidenen Bescheidenheit.

Zunächst fällt auf, dass das Anwesen auf einer leichten Anhöhe errichtet wurde. Besucher in den Gärten müssen zu Snow aufsehen; dies drückt das herrschende Machtgefälle aus. Snow selbst kann aus dem Gebäude heraus leicht auf seine Gärten herabblicken und immer den Überblick behalten. Er hat sich eingenistet in einer kleinen grünen Oase der Idylle und Natürlichkeit, fernab von all den nekrophilen Betonbauten.

Snow ist mit sich selbst im Reinen. Er muss sich nicht wie andere hinter einer Maske verstecken, sich schminken und bemalen, auffällige Frisuren kreieren oder sich selbst über und über mit Orden behängen. Er schmückt sich mit einer weißen Rose, nicht mit Abzeichen, die von seinen angeblichen Heldentaten als Präsident Panems zeugen sollen. Die Inneneinrichtung ist überdies sehr traditionell und für die Lebensverhältnisse anderer Kapitolisten bemerkenswert schlicht. Überall stehen Bücher, das Wissen der Geschichte steckt in jeder Ritze. Es ist wie in einer anderen Welt zu einer anderen Zeit.

In diesem kleinen Haus verfügt Snow über alles, was er braucht, um alltäglich leben, regieren und herrschen zu können. Fast autistoid erscheint sein Rückzugsdrang in eine absolute Privats- und Intimitätssphäre. Es ermöglicht ihm die Kontrolle über das Geschehen im Blick zu behalten. In einem Palast mit hunderten oder gar tausend Zimmern ist man nie ganz allein, immer ist jemand anderes dort am Werkeln, Reinigungspersonal ebenso wie Sicherheitspersonal, die das Anwesen bewachen. All das läuft Snow zu wider. Wenn er nach einem Tag zu Bett geht, will er wissen, wer um ihn herum ist, wer in seinem Haus ist, wer was wie wann und wo macht.

Das alles zeigt auch einen starken Kontrollzwang, wie er für einen Sadisten nicht untypisch ist. Doch in seinem privaten Lebensbereich sei ihm dies absolut zugestanden. Alles in Panem kann er nicht kontrollieren, aber wenigstens in seinem kleinen Anwesen *ist* er nicht nur absolut mächtig, sondern er *hat* die absolute Macht. Snow lässt sich nicht treiben von dem hektischen Geschehen der Regierung und der Machteliten. Er will nicht in ein eigenes, nach der Rebellion der Dunklen tage neu und prachtvoll errichtetes Regierungsgebäude verlagert werden, wo er selbst rund um die Uhr beobachtet wird; er macht sein kleines Paradies selbst zum Zentrum der Macht.

4.2 Die Idee der Revolution

»Wenn man einen Aufstand machen will, muss man gegen das Gesetz verstoßen, sich der Obrigkeit widersetzen.«

– Katniss[30]

4.2.1 Das Ablenkungsmanöver

Nachts im Zug auf der Heimfahrt nach Distrikt 12 kann Katniss nicht schlafen. Sie erhascht einen Blick auf Übertragungen aus den Distrikten. Sie kann Aufstände beobachten. Die Friedenswächter schießen in die Mengen, aber die Menschen haben sich gewehrt, wird sie Gale später erzählen.

Zur gleichen Zeit verfolgt auch Snow mit großer Sorge die Entwicklungen. Er bittet Heavensbee um Rat. Die Leute würden Katniss für eine Anführerin halten, aber sie wolle nur ihre eigene Haut retten; so einfach sei das. Heavensbee stimmt Snow in dieser Einschätzung zu. Katniss sei ein Zeichen der Hoffnung geworden und müsse eliminiert werden, konstatiert Snow. »Revolutionen brechen nicht dann aus, wenn es den Leuten am schlechtesten geht, sondern dann, wenn sie glauben, nur wenig trenne sie davon, daß es ihnen besser geht; wenn eine Stimmung aufkommt, daß etwas faul ist, daß die Regierten die Nase voll haben und die Regierenden ihre eigene Ideologie nicht mehr glauben; und wenn man einen Haken findet, an dem sich die Revolte aufhängen läßt.«[31]

»Ich stimme Ihnen zu, dass sie sterben muss, aber auf die richtige Art und zur richtigen Zeit. Es geht um Züge und Gegenzüge«, erklärt Heavensbee. Das ist von dem geheimen Revolutionär Plutarch nicht einmal gelogen gewesen. Fakt ist: Katniss wird sterben müssen. Auf welche Art und zu welcher Zeit sind gewiss Umstände für sich, was er jedoch sogar offen betont.

In gewisser Weise nutzt Plutarch die Strategie des *offenen Visiers*. Er täuscht durch Offenheit. Man kann sich bei einer Hausdurchsuchung vorstellen, bei der es um wichtige Dokumente geht, die beschlagnahmt werden müssen, dass der letzte Ort, wo man suchen würde, der Schreibtisch ist. Man nimmt eher an, wichtige Dokumente können unmöglich offen herumliegen, sie müssen irgendwo versteckt sein, vielleicht sogar in einem Koffer, der in die Wände eingemauert worden ist. Aber niemals auf dem Schreibtisch. Plutarch legt die Dokumente nicht nur auf den Schreibtisch, er hält sie offen in der Hand. Aber Snow bemerkt nicht, wie Heavensbee dadurch verhindert, dass ihn jemand fragen könnte, was das eigentlich für Papiere seien, die er demonstrativ mit sich rumtrage. So gelingt Plutarch die geschickte Manipulation von Snow, der Heavensbees Motive und Ziele nicht mehr hinterfragt.

Snow soll den Menschen zeigen, dass Katniss nicht eine von ihnen sei, sondern ab jetzt zum Kapitol gehöre. Sie sei ein Symbol und es würde reichen, ihr Symbol zu zerstören, den Rest mache das Volk. Die Strategie ist, ganz Panem zu einer Arena zu machen und allen Hass auf Katniss zu lenken. Dann würde das Volk, wie die Tribute in den Spielen, in vorauseilendem Gehorsam bereit sein, einander und ihres Gleichen zu töten. Auch wenn es keine Revolution geben würde, so würden die Distrikte sich gegenseitig bekämpfen. Damit wäre eine Folie gegeben, um die Spiele grundlegend zu hinterfragen, da sie nun nicht mehr als abschreckende Mahnung wirken, sondern als destruktiver Auslöser von Gewalt. Auch damit wäre ein Fortschritt in Richtung Frieden denkbar.

Heavensbee schlägt Snow vor, die Schwarzmärkte zu schließen und den Menschen das Wenige an Besitz zu entziehen, was sie noch haben, sowie Auspeitschungen und Hinrichtungen zu verdoppeln. Das alles solle live im Fernsehen übertragen werden: »Säen Sie Furcht, mehr Furcht.« Snow ist skeptisch: »Furcht hilft uns nicht; sie zeigt keine Wirkung, solange es Hoffnung gibt und Katniss Everdeen gibt den Menschen diese Hoffnung.«

»Sie ist verlobt, darum muss ich einfach alles drehen«, fährt Heavensbee fort: »Welches Kleid wird sie tragen? – Auspeitschung. Wie wird die Torte aussehen? – Hinrichtung. Wer wird anwesend sein? – Furcht. Dauerberichterstattung. Reiben Sie es den Menschen unter die Nase. Irgendwann werden die Leute sie aus purem Hass selbst umbringen.« Damit gelingt es ihm, Snow zu überzeugen. Dieser ist des Lobes: »Genial.« (»brilliant«)

Canetti: *Der Machthaber*

»Der Machthaber kann seine Zweifel nur beruhigen, indem er ein Exempel setzt. Er wird eine Hinrichtung um ihrer selbst willen verfügen, ohne daß es so sehr auf die Schuld des Opfers ankommt. Er wird von Zeit zu Zeit Hinrichtungen brauchen, desto mehr, je rascher seine Zweifel wachsen. Seine sichersten, man möchte sagen seine vollkommensten Untertanen sind die, die für ihn in den Tod gegangen sind. Denn jede Hinrichtung, für die er verantwortlich ist, verleiht ihm etwas an Kraft. Es ist die Kraft des Überlebens, die er sich so verschafft. Seine Opfer müssen nicht wirklich gegen ihn angetreten sein, aber sie hätten gegen ihn antreten können. Seine Angst verwandelt sie – vielleicht erst nachträglich – in Feinde, die gegen ihn gekämpft haben. Er hat sie verurteilt, sie sind erlegen, er hat sie überlebt. Das Recht, Todesurteile zu fällen, wird in seiner Hand zu einer Waffe wie jede andere, aber viel wirksamer.«[32]

Die Todeslisten oder Vorgaben für die Zahl an Hinrichtungen sind nicht neu. Auch Stalin führte streng vorgegebene Listen, von denen er je nach Laune den ein oder anderen Namen streichen konnte, um damit mit nur einem Federstrich über Leben und Tod eines Menschen verfügen konnte. Heavensbee lenkt Snows Beobachtung ganz bewusst auf Katniss. Sie ist eine Ablenkung. Heavensbee verfolgt die Strategie, dass die Zustände erst schlechter werden müssen, damit sie sich bessern können, oder um mit Machiavelli zu sprechen: »Wenn einem Heere die Lebensmittel fehlen und es nur die Wahl zwischen Schlacht und Hungertod hat, so entscheidet man sich stets für die Schlacht.«[33] Heavensbee will, dass Snow den Menschen alle Hoffnung nimmt, denn erst ab dann sind sie bereit, lieber *zu sterben als hungrig zu überleben*. Erst dadurch können genug Kräfte für die Revolution mobilisiert werden.

Snow verliert seinen *Kompass der Hoffnung*, ohne es jedoch zu merken, weil er sich voll und ganz auf Katniss konzentriert. Snow übersieht, dass durch diese harten Repressionen aus der Macht ein *Schein von Macht* wird, welcher nur noch durch die Androhung von Gewalt und Psychoterror aufrecht erhalten wird, und durch einige Maßnahmen sogar zu physischer Gewalt führt, wodurch die Macht selbst endet.

Dabei legt Plutarch seine Eier keinesfalls ausschließlich in einen Korb. Der Plan, Katniss erneut in die Arena zu schicken und dann aus der Arena rauszuholen, sollte schließlich funktionieren. Wäre dieser Plan gescheitert, weil Katniss selbst Verbündete getötet hätte, wäre sie tatsächlich zu einem Hassobjekt geworden. Snow ist ganz auf Katniss konzentriert und schließt von sich auf sie, indem er annimmt, auch sie würde bereit sein, Verbündete zu töten, um sich selbst zu retten. Dass sie in den 74. Spielen bewiesen hat, eben genau dies nicht zu tun, übersieht er.

Weil Snow so auf Katniss fokussiert ist, sieht er nur den aufkommenden Hass auf sie, aber er hinterfragt nicht, was geschehen würde, wenn die Menschen Katniss tatsächlich selbst aus »purem Hass« töten würden. Denn Katniss gehört in diesem Szenario zum Kapitol und der Hass würde nicht einfach mit ihrem Tod verschwinden. Die Menschen würden sie als Verräterin im Kampf gegen das Kapitol sehen, aber der auf sie bezogene Hass würde nach ihrem Tod wahrscheinlich auf das Kapitol selbst katalysiert werden, sodass die Rebellion auch in diesem Fall angeheizt werden würde. Diese Szene ist deshalb von Bedeutung, weil Plutarch hier Snow so manipuliert, dass dieser sich in die Hände von Heavensbee begibt und übersieht, welche Probleme es abseits von Katniss zu beachten gibt.

4.2.2 Das Ende der Hoffnung

»Wenn ich mich einfach umgebracht hätte, wäre das alles nicht passiert.«
- Katniss[34]

»Eine weitere, viel drastischere Folge zerstörter Hoffnung sind Destruktivität und Gewalttätigkeit. Eben weil der Mensch nicht ohne Hoffnung leben kann, haßt einer, dessen Hoffnung völlig zerschlagen wurde, das Leben. Da er kein Leben schaffen kann, will er es zerstören – auch dies ist ein kaum kleineres Wunder, das aber viel leichter zu bewerkstelligen ist. Er will sich für sein ungelebtes Leben rächen und tut dies, indem er sich der Destruktivität völlig in die Arme wirft, so daß es kaum noch darauf ankommt, ob er andere vernichtet oder selbst vernichtet wird. (.) Die destruktive Reaktion auf zerstörte Hoffnung findet sich gewöhnlich bei Menschen, die aus sozialen oder wirtschaftlichen Gründen vom Komfort der Menschheit ausgeschlossen sind und die gesellschaftlich oder wirtschaftlich keinen festen Platz haben. Primär führt nicht der wirtschaftliche Mißerfolg zu Haß und Gewalttätigkeit; auch die Ausweglosigkeit der allgemeinen Situation und immer wieder gebrochene Versprechungen können ebenso leicht Gewalt und Destruktivität zur Folge haben. Tatsächlich besteht kaum ein Zweifel daran, daß Gruppen, die so von allem ausgeschlossen und mißhandelt werden, daß sie nicht einmal mehr hoffnungslos sein können, weil ihnen Hoffnung überhaupt kein Begriff ist, weniger zur Gewalttätigkeit neigen als jene, die eine Möglichkeit zu hoffen sehen und gleichzeitig erkennen, daß die Umstände ihnen die Verwirklichung ihrer Hoffnungen unmöglich machen.

Psychologisch gesprochen ist die Destruktivität die Alternative zur Hoffnung, genauso wie das Hingezogensein zum Toten die Alternative zur Liebe zum Leben und wie die Freude die Alternative zur Langeweile ist. Nicht nur der einzelne lebt von der Hoffnung, auch Nationen und gesellschaftliche Klassen leben von der Hoffnung, vom Glauben und der Seelenstärke, und wenn sie dieses Potential verlieren, so verschwinden sie entweder durch ihren Mangel an Vitalität oder aufgrund der irrationalen Destruktivität, die sie dann entwickeln.«

– Erich Fromm[35]

Katniss ist unterdessen in Distrikt 12 angekommen. In einer geschnittenen Szene beim Aussteigen aus dem Zug flüstert sie sowohl ihrer Schwester als auch ihrer Mutter zu, sie sollen ihre Sachen packen, sie würden gehen. Später spricht sie auch mit Gale darüber, dass sie in die Wälder fliehen will, denn Snow drohe ihr. Daher müsse sie auch Peeta heiraten, anderenfalls ist anzunehmen, dass er ihre Familien töten wird. Gale bohrt nach: »Es sei denn was?« Katniss betont nachdrücklich: »Ohne ein *es sei denn*.«

Katniss denkt nur noch an ihre Angst, für etwas anderes ist kein Platz; daher kann sie Gale auch nicht sagen, dass sie ihn liebt. Sie ist sich aber sicher, dass Snow nicht »blufft«, »nicht bei dem, was in den Distrikten los ist«. Sie erzählt Gale, dass sie Kämpfe gesehen hat und wie Friedenswächter in die Mengen geschossen haben, aber die Menschen haben sich gewehrt. Gale ist überwältigt: »Es passiert. Es ist soweit, es passiert.« Katniss meint, sie hätte in der Arena sterben sollen, dann könnten alle sicher weiterleben. »Sicher weiterleben?«, fragt Gale: »Weiter verhungern? Weiter wie Sklaven schuften? Die Menschen müssen sich wehren.«

Solange Menschen das Gefühl haben, sie können in einem System – so repressiv es auch sein mag –, besser leben denn als Sammler und Jäger, werden sie sich nicht dagegen erheben. Ein System ist besser als kein System, weil es Ordnung schafft.*

---

* Sehr interessant ist in dieser Hinsicht eine zeitaktuelle Entwicklung in Afghanistan nach dem Abzug westlicher Truppen. Nachdem das *Nation Building* versagt hat und zu Korruption führte, wandten sich die Menschen vielfach von der Idee der Demokratie ab. Die Taliban hingegen bieten ein stabiles System, auch wenn es repressiv und auch menschenrechtsfeindlich ist.

Für Gale ist es klar, dass wenn die Menschen sich nicht gegen die Gewalt und Unterdrückung des Kapitol erheben, sich nichts ändern würde. Sie müssen sich wehren, um nicht zuzulassen, dass sie weiter ausgebeutet und ihre Kinder in der Arena ermordet werden. Wenn sich alle gegen das Kapitol stellen, könnten sie das System stürzen oder doch zumindest in Würde und Ehre unterliegen, nicht wehrlos untergegangen zu sein. Alles, was das Kapitol an Unheil über die Menschen bringt, geschieht auch deshalb, weil die Menschen es einfach hinnehmen.

Man unterschätzt unendlich, wie sehr Menschen aus reiner Bequemlichkeit fähig sind, sich an Bedingungen und Lebenslagen zu gewöhnen, die eigentlich unerträglich sind, statt diese zu verändern oder zumindest den Versuch zur Veränderung zu wagen. Die Bequemlichkeit kann aber auch als Symptom der Angst verstanden werden. Jede Veränderung birgt ihre eigenen Risiken. Wirft man einen Frosch in heißes Wasser, so springt er sofort heraus, um nicht zu verkochen. Ein Frosch aber, der in einem Kochtopf mit Wasser sitzt, wird darin sitzen bleiben, wenn das Wasser langsam erhitzt wird. Er glaubt vielleicht, es werde bestimmt bald wieder kühler oder die Hitze sei leichter zu ertragen, als zu befürchten ist. Seine Hoffnung ist die, seine Tortur durch Nichtstun oder dem Folgen von Anweisungen zu überleben. Solange, bis er tot ist. Menschen verhalten sich oft nicht anders.

Zu Beginn des 20. Jahrhunderts lebten etwa elf Millionen Juden in Europa. »Bevor Millionen von europäischen Juden durch die nationalsozialistische Verfolgung und Vernichtung ihre Heimat, ihren Besitz oder ihr Leben verloren, war Europa das wichtigste Zentrum jüdischen Lebens weltweit. Das europäische Judentum war höchst vielfältig in seinen Traditionen, Kulturen, Sprachen, Berufsausrichtungen, politischen Orientierungen und Formen der Religionsausübung.«[36] Während der NS-Diktatur wurden gut sechs Millionen von ihnen in Konzentrationslagern und durch Erschießungskommandos in Osteuropa, mit denen der Holocaust in der Tat zuerst begann, ermordet.

Aber es gibt einem Land Ordnung und Sicherheit. Dieser latente Rückhalt, auch innerhalb der afghanischen Streitkräfte, führte schließlich dazu, dass nur wenige Wochen nach dem Truppenabzug die Taliban nach zwei Jahrzehnten wieder die Macht übernehmen konnten, ohne dass es nennenswerte Widerstände aus der Bevölkerung gab.

Hannah Arendt beschrieb den Bürokraten Eichmann, der für die Deportationen zuständig war, nicht als das »radikale Böse«, sondern als die »Banalität des Bösen« und war erzürnt über seine »empörende Dummheit« und Gedankenlosigkeit, zu keiner Zeit sich damit beschäftigt zu haben, welche Funktion er im NS-Apparat eigentlich erfüllte. Eichmann nämlich, so stellt sie fest, habe keinen Gräuel gegen seine Opfer empfunden, er soll sogar eine jüdische Geliebte in Wien gehabt haben. Dennoch war er bereit, für seine Ideologie alles und insbesondere jeden zu opfern.

»In einem Brief an Karl Jaspers vom 23. Dezember 1960 schreibt Arendt, sie habe die Befürchtung, ‹daß Eichmann [in seinem Prozess] demonstrieren wird, in welchem ungeheuren Ausmaß die Juden mitgeholfen haben, ihren eigenen Untergang zu organisieren. Dies ist zwar eine nackte Wahrheit, aber diese Wahrheit, wenn sie nicht wirklich erklärt wird, könnte mehr Antisemitismus erregen als zehn Menschenraube. Es ist leider eine Tatsache, daß Herr Eichmann persönlich keinem Juden ein Haar gekrümmt hat.›«[37]

Mit ihrem Buch *Eichmann in Jerusalem* löste sie zweifelsohne den größten Skandal aus, »den ein Buch in Jahrzehnten hervorgebracht hat.«[38] Ihren *Bericht* und ihre *Urteile* über Eichmann legte sie jedoch in dem Bewusstsein ab, dass »beide umstritten sein würden.«[39]

Arendt warf also offen die Frage auf, ob die jüdische Gemeinschaft in Deutschland (und Europa) in ihrem Widerstand gegen das NS-Regime »versagt« hätten, ja sogar Beihilfe zu ihrer eigenen Ermordung geleistet hätten. Das brachte ihr den Vorwurf einer »Verniedlichung des Holocaust«, der Schoah ein.[40] Historisch richtig ist aber, dass viele Juden Hitler und die Nationalsozialisten unterschätzt haben. Sie vertrauten in Institutionen, was sich als Denkfehler erweisen sollte. »Einige deutsche Juden stimmten [im November 1933] so ab, wie die NS-Führung es von ihnen wollte, weil sie hofften, dass diese Geste der Loyalität das neue System ihnen gegenüber verpflichten werde. Diese Hoffnung war vergebens.«[41]

Im Falle der Juden ist es unmöglich, darüber zu sinnieren, ob ein »Versagen« in ihrem Widerstand festzustellen ist; im Falle der Distrikte erscheint möglich – Das eine ist historisch geschehen, das andere eine Fiktion. Aber selbst wenn ein »Versagen« – in welchem Fall auch immer – vorliegen würde: Reicht ein »Versagen« im Widerstand jedoch aus, eine Mitschuld zu erkennen? Die Karrieros wurden zum Kampf ausgebildet und meldeten sich freiwillig – besteht hier überhaupt ein Anlass zur Schuldfrage? Wie freiwillig aber war »freiwillig«, wenn Eltern ihre Kinder bereitwillig in den Tod schicken, um selbst von den Profiten der Sieger profitieren zu können?

Diese Frage möchte ich an dieser Stelle nicht erneut aufwerfen, aber es ist eine vergleichende Überlegung in Bezug auf Gales Verständnis von der Notwendigkeit, dem Recht und sogar der Pflicht zur Selbstverteidigung und zur selbstbehauptenden Aggression wert.

Katniss aber will nicht, dass jemand auf sie blicke, denn sie können niemanden helfen. Gale will in Distrikt 12 bleiben und nicht mit ihr in die Wälder fliehen. Er will kämpfen. Sie werden überrascht, als zusätzliche Friedenswächter Distrikt 12 erreichen. Commander Thread tritt als einziger neuer Friedenswächter ohne Maske auf. Der bisherige Oberste Friedenswächter wird »entsorgt«, da er zu »lasch« war. Die Friedenswächter handeln auf Schwarzmärkte und den Grenzzaun kann man passieren, wie man will. Damit ist nun Schluss. Thread beginnt sofort damit, Angst und Schrecken zu verbreiten, um die Menschen kontrollieren zu können. In aller Offenheit und vor den Augen der Bewohner wird der frühere Oberste Friedenswächter drangsaliert, und die Menschen fragen sich: *Wenn Thread nun schon so mit Friedenswächtern umgeht, die sich nicht an die Vorgaben halten, wie wird er dann mit uns erst umgehen?*
Die Schwarzmärkte werden niedergebrannt und alles Entflammbare aufgetürmt und ebenfalls verbrannt. Katniss kümmert sich um eine verletzte Frau; Gale attackiert den Commander, als dieser auf einen wehrlosen Bewohner einprügeln will und wird daraufhin öffentlich ausgepeitscht. Katniss geht dazwischen und wird selbst attackiert, sie fängt sich ein blaues Auge ein. Der Commander droht damit, sie zu erschießen, wenn sie sich nicht zurückziehe.
Haymitch schreitet ein: »Sie wollen sie nicht erschießen. Sie sind neu hier, ich versuche, Ihnen zu helfen.« Er erklärt den Commander, dass Katniss der *Liebling des Kapitols* sei. Sie habe zwar einen Friedenswächter behindert, aber dass sie klug sei, habe er nie behauptet. Auch Peeta geht dazwischen. Das nutzt Haymitch als starkes Druckmittel gegenüber Thread aus, denn Snow wolle ganz sicher keine drei toten Sieger, und dass Katniss ein blaues Auge habe, sei schon schlimm genug vor der großen Hochzeitsfeier. Thread lenkt ein, verhängt aber eine Ausgangssperre bei Anbruch der Dun-

kelheit: Wer dann noch draußen sei, werde ohne Vorwarnung erschossen. Das Terrorelement dieser Repressionen ist unverkennbar. Gale wird notdürftig versorgt. Als Katniss Schnee holt, um seine Schmerzen zu lindern, gesellt sich Prim zu ihr. Katniss fragt ihre Schwester: »Wie können wir so ein Leben führen? Wie kann irgendjemand so ein Leben führen?« Prim erklärt ihr:

»Es ist kein Leben, aber seit den letzten Spielen ist etwas anders geworden. Ich kann es sehen. Hoffnung.«

Die Menschen haben durch Katniss Hoffnung auf ein besseres Leben erhalten, welches in Reichweite ist und welches sie selbst erlangen können. Sie haben erkannt, dass sie kein Leben haben, dass dieses Leben nur ein Überleben ist, welches nicht lebenswert ist. Aber sie haben auch erkannt, dass sie das Kapitol unter Druck setzen können, wenn sie deutlich machen, dass sie bereit sind, ihr Überleben zu opfern. *Sie sind lieber tot als hungrig*, wie es schon die alten Plebejer gesagt haben sollen, an einem Ort, der sich selbst Rom nannte.

Katniss ist das alles zu viel. Sie will keine Anführerin sein, sie will nur noch ihre Ruhe haben. Wenn sie das Gefühl hat, jemandem nicht helfen zu können, fühlt sie sich hilflos. Sie fühlt sich nicht gerne hilflos, sie will kämpfen. Vor der Hilflosigkeit läuft sie davon.

4.2.3 What ever it takes

Snow ist unterdessen beunruhigt, weil die Übertragung von Gales Auspeitschung möglicherweise nicht rechtzeitig abgebrochen wurde, sodass man in den Distrikten gesehen hat, wie Katniss die Auspeitschung verhindert hat. In einer geschnittene Szene spricht Snow über die Bedeutung des Spotttölpels; es ist eine sehr bedeutende Szene.

Der Spotttölpel sei ein Produkt der eigenen Nachlässigkeit (»neglect«);* er ist eine Spezies, die gar nicht existieren dürfte. Der

---

* Sehr interessant ist hier das englisch-sprachige Original. *Neglect*, vom lateinischen non legere, »nicht lesen«, meint nicht nur Unwissenheit oder Unachtsamkeit, sondern ist auch ein pathologischer Begriff. Neglect »wird in der Neurologie eine Störung der Aufmerksamkeit bezeichnet, die durch eine Schädigung im Gehirn (Hirnläsion) hervorgerufen wird und die dadurch charakterisiert ist, dass der Betroffene die der Hirnläsion gegenüberliegende Seite seiner Umgebung bzw. des eigenen Körpers nicht oder

Schnattertölpel wurde als *Waffe* geschaffen, als *biologischer Spion*. Aber nachdem das Spionageprogramm nach der Rebellion der Dunklen Tage beendet war, wurde der Befehl zur Vernichtung der Vögel nur nachlässig ausgeführt. Einige Vögel entkamen so in die Wälder, wo sie sich mit der Spottdrossel paarten und so den Spott-tölpel hervorbrachten. Während er mit Heavensbee darüber spricht, atmet er oft tief ein, um Luft zu holen; er isst nicht mehr in diesen Momenten.

Wenn das Essen ein Ausdruck der Macht ist, so ist das Nicht-Essen zunächst ein Ausdruck von Ohnmacht. Dem Einatmen kommt aber eine ganz eigene Bedeutung zu. Der Jäger, als Raubtier auf der Jagd, ist ohne Nahrung. Er ist ohnmächtig. Aber er versucht seine Beute zu erschnüffeln; er atmet tief ein, um Gerüche und Fährten aufzunehmen. Er ist bereit, seine Beute zu jagen und zu erlegen, um an Nahrung zu gelangen.

Snow ist ohnmächtig, aber er ist zu allem bereit, was auch immer nötig ist, um seine Macht zu erhalten. In diesem Moment, als Heavensbee Snow so zu lesen weiß, weiß er, dass Snow alles tun würde, auch mit der Urtradition zu brechen und die Spiele zu verfälschen. Die Spielregeln wurden von den Gründern der Hungerspiele für jedes Jahr beschrieben, fast bis in alle Ewigkeit. Für jedes Jahr gibt es vorgegebene Rahmenbedingungen für die Spiele.

Snow ermahnt Heavensbee, wer auch immer es sei, aber »entweder *einer* zügelt Katniss Everdeen oder ich werde sie liquidieren müssen«. Sämtliche Sieger würden als »Spezies eine Bedrohung darstellen, weil sie sich nun als unbesiegbar fühlen. »Welches Spiel Sie auch zu spielen meinen, eines steht fest: Die da draußen werden nicht mitspielen.« Snow wirkt zunehmend verzweifelt und von den gesellschaftspolitischen Umbrüchen, die ins Rollen geraten, überwältigt. Da zeigt ihm Heavensbee einen Hoffnungsschimmer auf. »Es gibt noch einen Weg zu gewinnen. Unter Spielemachern würde

---

nur schlecht wahrnimmt bzw. missachtet.« (Wikipedia: Neglect. Zul.abg.: 17.10.2021; 01:15 MEZ)
Die Unfähigkeit zur umsichtigen Kontrolle zeigt sich besonders bei Eskapismus, Bequemlichkeit und besonders bei Angst. (Wobei erstere beiden als Reaktionen oder Ausflüchte vor dieser verstanden werden dürfen.) Aber auch Hochmut und Hybris können zum Neglect führen, wenn man sich narzisstisch zu sicher ist, alles unter Kontrolle zu haben, und wesentliche Problemfelder übersieht. Damit fällt Snow eine sehr scharfe, auch selbstkritische Diagnose.

man es als *Kniff* bezeichnen.« Snow folgt Heavensbee in seiner Verzweiflung und Hilflosigkeit blind. Er gebiet sich voll und ganz in dessen vermeintlich schützende Hände.

Im Angesicht der zerfallenden Ordnung hätte man auch darüber nachdenken können, den Staatsvertrag neu auszuhandeln und die Spiele abzuschaffen oder zumindest in ein nicht tödliches *BigBrotherTV*-Format umzugestalten. Da die Menschen im Kapitol daran gewöhnt wurden, dass es *normal* ist, dass Tribute einander umbringen, so hätte man sich überlegen müssen, wie man diese Polung hätte ändern können. Auch dies wäre möglich gewesen, indem man die bisherigen Sieger erneut als Tribute einsetzt. Zu ihnen besteht eine Bindung und so hätte man den Menschen die Brutalität der Spiele aufzeigen können, die bisher verdrängt und blind übersehen wurden. Dann hätte es nach dem Dritten Jubel-Jubiläum keine tödlichen Spiele mehr gegeben, ohne dass Medienmogule sich dem entgegengestellt hätten, da sie ja eine neue spannende Show bewerben können.

Das Problem in Panem waren aber nicht die Spiele, auch wenn Plutarch später betonen wird, dass dies von entscheidender Bedeutung sei bei dem Versuch, die Distrikte zu vereinen. Das Problem in Panem waren die ökonomischen Verhältnisse und die herrschende Machtelite wäre gewiss nicht bereit gewesen, auf friedlichem Weg von Macht und Besitz abzulassen. Ihre Gier, die ihre innere Leere kompensieren soll, hätte dies verhindert. Dazu kommen ideologische Prägungen und totalitäre Erfahrungen, die kleine Kinder in ihren Allmachtsphantasien bestätigt haben.

Die Staatsordnung in Panem war nach hundert Jahren schon vor den Dunklen Tagen so festgefahren, dass Panem nicht ohne Revolution aus diesem künstlichen Koma erwacht wäre, welches gewiss ein echtes geworden ist. Plutarch wusste darum. In diesen Abhängigkeiten war auch Snow gefangen und daher riet Heavensbee diesem auch nicht dazu, den Staatsvertrag an sich zu überdenken, um *eine* Ordnung im Land zu erhalten. Heavensbee legte alles auf eine Revolution an, welche unvermeidlich erschien und es meiner Einschätzung nach auch war. Beide, Plutarch und Snow, waren bereit, alles zu tun, was immer nötig erschien, um ihre Weltvorstellung durchzusetzen.

4.2.4 Die Spezies der Sieger

Als Snow die Sieger selbstverständlich als Spezies bezeichnete, konnte ihm Heavensbee nicht recht folgen. Versteht Snow die Sieger als eigene Spezies und nicht als Menschen? Ist die *Rassenlehre* ad acta gelegt worden, aber in einer *Artenlehre* neu aufgegangen? Unter einer Spezies, lateinisch »Art«, versteht sich zunächst eine allgemeine Erscheinungsform. In der Biologie ist eine Spezies ein Resultat einer Artbildung. Dies sagt nicht über die Wertigkeit einer Spezies aus. Es mag sein, dass für Snow das Nutzen von Siegern für seine Zwecke durch die Einordnung zu einer anderen Spezies moralisch leichter wird.

Für Snow sind Sieger jedoch eine eigene neu entstandene Art; sie wurde von Menschen geschaffen, nämlich durch das Festlegen der Regeln der Hungerspiele. Durch die fortgeschrittene Gentechnik ist es leicht geworden, neue Arten zu züchten. Der Mensch spielt also Gott, wenn er neue Arten züchtet, da er Leben auch neu initiiert. Für Snow sind Sieger ebenso wie Mutationen von Menschen gemacht und mit dieser Auffassung liegt er auch richtig. Die Verdrängung der eigenen Destruktivität findet nun Eingang dadurch, dass Menschen mit Mutationen gleichgesetzt werden, indem sie als eigenständige Spezies bezeichnet werden, wodurch sie sich von gewöhnlichen Menschen abgrenzen.

Snows Furcht, dass sich die Sieger – von Menschen geschaffen und nicht ausreichend kontrolliert – sich wie die Schnattertölpel gegen ihre eigenen Schöpfer wenden werden, wenn man sie nur nachlässig kontrolliert, und ihnen dadurch die Möglichkeit zu *evolutionären Mutationen* gibt. Für diesen Kontext ist die geschnittene Szene, in der Snow über die Spotttölpel spricht, von besonderer Bedeutung.

4.3 Das Dritte Jubel-Jubiläum

4.3.1 Regeländerung im Spiel als *Kniff*

Es sind die 75. Hungerspiele, also ist es das Dritte *Jubel-Jubiläum*, welches alle 25 Jahre ausgetragen wird und ganz besonders sein soll. Snow verkündet, dass die Tribute diesmal aus dem bestehenden Kreis der Sieger ausgewählt werden sollen »zum Gemahnen, dass auch die aller Stärksten die Macht des Kapitols nicht überwinden können«. Es ist Heavensbees Geniestreich gewesen, der in aller

Stille die vorgegebenen Regeln der 75. Spiele ausgetauscht hat und den Originalvorschlag verbrannte, wie eine geschnittene Szene zeigt.

»Wer von den Massen bewundert werden will,
muss sie stets in Distanz halten.«

– Gustave Le Bon[42]

Für alle Sieger ist das ein Schock; es ist ein Gefühl von Taubheit, Wut, Panik Verzweiflung. Katniss kann nicht mehr kämpfen, sie ergreift zum allerersten Mal außerhalb der Arena die Flucht und rennt panisch in den Wald. Sie will einfach nur wegrennen, egal wohin, Hauptsache weg. Der *Fluchtinstinkt* siegt über den *Kampfgeist*.

Heavensbees *Geniestreich* besteht in einer vollständigen Vernichtung aller Hoffnung der Menschen in den Distrikten. Die Spiele betrafen bisher nur Kinder zwischen zwölf und 18 Jahren; war man älter, war man sicher. Bekam man Kinder, so war man solange sicher, bis diese zwölf Jahre alt waren. Dann folgte eine schmale Zeitspanne von sechs Jahren Zittern und Bangen. In Wesentlichen waren die Erwachsenen also sicher, nur ein kleiner Teil der Bewohner konnte ausgelost werden. Die Wahrscheinlichkeit, einmal im Leben gezogen zu werden, war sehr gering. Da dies jedoch den (fast) sicheren Tod bedeutet hätte, war die Angst berechtigt. Natürlich gibt es Freundschaften, Verwandtschaften und Bekanntschaften.

Aber die meisten Menschen blieben unberührt, sie konnten sich mit den Regeln arrangieren. Viele Menschen interessieren sich erst dann wirklich für ein Problem, wenn es zu ihrem eigenen wird. Und eben genau dafür sorgt Heavensbee: Wenn selbst Sieger als Tribute gewählt werden können, dann können es auch andere Erwachsene sein, also kann es potenziell alle betreffen. Damit schafft es Heavensbee, dass alle Bewohner der Distrikte sich hinter ein und derselben Idee versammeln können: die *Idee der Revolution*.

Nach einer Weile kehrt Katniss aus dem Wald zurück und sucht zunächst Haymitch auf. Dieser spottet über sie, Peeta sei schon 45 Minuten früher da gewesen und sie würde ihn nicht in hundert Leben verdienen. Sie rechtfertigt sich: »Niemand mit Anstand gewinnt die Spiele.« »Überhaupt niemand gewinnt die Spiele. Ende. Es gibt Überlebende, keine Gewinner«, resigniert Haymitch. Er ist überzeugt, dass es in diesem Jahr »völlig andere Spiele werden«. Katniss möchte, dass er alles tut, um Peetas Leben zu retten. Sollte Peetas Name gezogen werden, würde sich Haymitch freiwillig melden; im umgekehrten Fall könnte er jedoch nichts tun.

Gale bereut mittlerweile die Entscheidung, nicht doch mit Katniss in die Wälder geflohen zu sein.

4.3.2 Die Große Parade

Die Namensziehung von Katniss es ist eine Farce und auch Effie wirkt stark mitgenommen. Als Haymitchs Name gezogen wird, meldet sich Peeta freiwillig, ihn kann keiner davon abbringen. Ohne Verabschiedung werden beide direkt zum Zug gebracht. Auch Effie ist nicht mehr fröhlich, sondern tief traurig. Sie will sich etwas überlegen, damit man im Kapitol sieht, dass sie ein Team sind. Haymitch bereitet Katniss und Peeta auf die Spiele vor. Er erklärt ihnen, dass sie Außenseiter sind, denn die anderen Tribute würden sich mitunter schon seit Jahren kennen und eng befreundet sein. Katniss will wie üblich keine Verbündeten, aber Haymitch erklärt ihr, dass es nicht um Vertrauen geht, sondern darum nicht zu sterben. Alles läuft diesmal rasant schnell ab, wie in einem Rausch – ganz anders als noch vor einem Jahr, als sich alles in einem Zustand der Taubheit und Benommenheit wie in Zeitlupe hinzog.

Ein Avox ist im Hintergrund zu sehen, also jemand, dem man die Zunge abgeschnitten hat zur Bestrafung einer Untat. Er dient als stiller Diener im Kapitol. Auch die Kleidung macht deutlich, wie entmenschlichend das Kapitol mit Menschen umgeht. Nicht nur das Gesicht wird verborgen, durch die Wegnahme der Stimme verliert der Mensch seine *Person*.

Avox setzt sich zusammen aus dem lateinischen *vox*, »Stimme«, und der griechischen Negation *a-*. Avox bedeutet also so viel wie »jemand, der keine Stimme hat« oder wörtlich »keine Stimme«. Da der Klang der Stimme einem Menschen Persönlichkeit verleiht und zu einer *Person* werden lässt, wie es das lateinische *per sonare*, »durch Klang«, ausgedrückt wird, so ist ein Avox also auch eine *Nicht*-Person.[*]

In William Shakespeares Tragödie *Titus Andronicus* wird die Tochter des römischen Feldherrn Titus von seinen gotischen Feinden vergewaltigt. Um zu verhindern, dass sie jemandem die Namen ihrer Peiniger verrät, schnitten sie ihr die Zunge heraus, hackten ihr die Hände ab und befestigten an ihrer Stelle abgestorbene

---

[*] Für Stephen Hawking wurde nach dem Verlust seiner Sprachfähigkeit die Stimme seines Sprachcomputers zu seinem Markenzeichen, welches untrennbar mit seiner *Person* verbunden war.

Äste. So erleidet Lavinia in ihrer Jugend eine schwere Tragödie und verliert ihre Stimme, so wie Lavina, das Avox-Mädchen.

Vor der Parade wird Katniss von Finnick angesprochen. Er ist Sieger der 65. Hungerspiele im Alter von 14 Jahren geworden. Er stammt aus Distrikt 4 (Fischerei) und seine Waffe ist der Dreizack. Er stellt fest, dass Katniss aus ihrem Mädchenkleid herausgewachsen sei. Sie hätte im Kapitol »absahnen« können, ergänzt er mit einem gewissen Zynismus. Für ihn ist die teuerste Währung ein *Geheimnis*.

Cinna möchte, dass Katniss und Peeta nicht winken und nicht lächeln und den Leuten zeigen sollen, dass sie Sieger sind: Blick geradeaus nach vorn richten, als seien die anderen Leute weit unter ihnen. Katniss meint, das dürfte nicht schwer fallen. Als sie in Snows Sichtweite ist, löst sie die Flammen aus, was er jedoch schon erwartet hat und mit einem sanften Lächeln quittiert. Die Menge skandiert frenetisch Katniss Namen und bejubelt sie. Katniss und Peeta fahren als einzige ohne Gruß an Snow ihre Runde, Snow und Katniss tauschen nur verachtende Blicke aus.

4.3.3 Sabotage und die Mayflower

Nach der Parade stellt Katniss fest, dass die Tribute »richtig durch-geknallt« seien. Kurz darauf gesellt sich Johanna Mason im Aufzug zu Katniss, Peeta und Haymitch. Sie kommt aus Distrikt 7: Holzver-arbeitung. Mit ihrer Stylistin ist sie sehr unzufrieden und sie hätte große Lust, »ihr eine Axt in den Schädel zu hauen«. Sie bittet Peeta, ihren Reißverschluss zu öffnen; es kommt zu einer unfreiwillig ko-mischen erotischen Szene.

Im Trainingscenter beginnen Katniss und Peeta, durch ein Aus-schlussprinzip nach Verbündeten zu suchen. Sie wollen feststellen, wem sie am meisten misstrauen und sich so weiter vorarbeiten. Kat-niss erklärt Wiress und Beetee, wie man Feuer macht. Dabei bemer-ken sie, dass ihre Beobachter durch ein Kraftfeld von ihnen abge-schirmt sind, sodass sie nicht mehr attackiert werden können, wie von Katniss im Vorjahr. Die Hologramme flackern jedoch aufgrund des hohen Energieverbrauchs. Beetee erkennt: »Einen Schwach-punkt hat jedes System.«

Nach dem ersten Tag hat die Hälfte der Tribute ein Interesse da-ran, Katniss als Verbündete zu wählen. Sie will aber nicht auf Max verzichten, die frühere Mentorin von Finnick, welche alt und schwach ist und sich für Annie freiwillig gemeldet hat, die Finnicks Geliebte ist. Dieser zeigt Katniss in einer geschnittenen Szene, wie man einen Knoten in der Arena *richtig* benutzt, nämlich um sich eine Schlinge um den Hals legen zu können.

Bei der Bewertung der besonderen Fähigkeiten malt Peeta ein Bild von Rue. Katniss statuiert ein Exempel, indem sie eine Puppe aufhängt mit der Aufschrift »Seneca Crane«. Mit einer Spotttölpel-verbeugung verabschiedet sich Katniss und auch hier reagiert Heavensbee mit einem Grinsen.

Auch die TV-Show am Abend ist eine völlig andere. Caesar findet es »so aufregend«, dass man sowas »niemals« wieder erleben werde wie beim Dritten Jubel-Jubiläum. Die omnipräsente, doch stets verdeckte Langeweile, der Durst nach dem Drama einer an Langeweile erstickenden Masse von bedeutungslosen Automaten ist unübersehbar.

Haymitch meint, dass die Sieger wütend seien und alles sagen würden, um die Spiele zu verhindern. Sie sind auch nicht auf die Gunst der Sponsoren angewiesen, weil sie selbst genug Geld haben und ohnehin gut vernetzt und beliebt sind im Kapitol. Es ist eine Mischung aus emotionalen Auftritten von Trauer bis Wut. Beetee, von dem Caesar nicht weiß, ob er ihn oder sein Gehirn mehr vermissen werde, erklärt, dass das *Jubel-Jubiläums-Gesetz* von Menschen erlassen wurde, also könnten es Menschen auch annullieren. Caesar ist davon wenig angetan: »Ja, interessantes Konzept.« Tatsächlich ist es jedoch nicht ganz so einfach, da sich Dinge verselbstständigen können und es Achtsamkeit wie auch Bereitschaft zur Eigenverantwortlichkeit der Menschen braucht.

Ein Frosch, den man in heißes Wasser schuppst, wird sofort herausspringen. Sitzt er jedoch in lauwarmen Wasser, welches erhitzt wird, so wird er darin verweilen bleiben und schließlich in kochendem Wasser sterben. Es ist seine eigene Bequemlichkeit und die Vorstellung, sich mit den äußeren Umständen arrangieren zu können, sei weniger anstrengend, als sich daraus zu erheben. Erschwerend kommt hinzu, dass man in einer nekrophilen Gesellschaft nicht den Menschen, sondern das Gesetz und die Ordnung mehr achtet als alles andere. So schreibt Fromm über Eichmann:

»Der Nekrophile ist von einer zwanghaften pedantischen Ordnungsliebe. Eichmann hat der Welt eine solche nekrophile Persönlichkeit vor Augen geführt. Eichmann war von der bürokratischen Ordnung und vom Toten geradezu fasziniert. Seine höchsten Werte waren Gehorsam und das ordentliche Funktionieren der Organisation. Er transportierte Juden, wie er Kohle transportiert hätte. Dass es sich um menschliche Wesen handelte, nahm er kaum wahr. Daher ist die Frage, ob er seine Opfer hasste oder nicht, irrelevant.«[43]

Ob die Menschen im Kapitol und insbesondere Caesar die Tribute *hassen*, ist *irrelevant*. Sie lieben nur das Gesetz, die Ordnung und die bürokratischen Regeln. Auch Le Bon erkannte: »Die Menschen werden von Ideen, Gefühlen und Gewohnheiten geleitet, von Dingen, die in uns selbst sind. Die Institutionen und Gesetze sind die Offenbarung unserer Seele, der Ausdruck ihrer Bedürfnisse. Von dieser Seele ausgehend werden Institutionen und Gesetze sie nicht ändern.«[44]

Den emotionalsten Auftritt legt Johanna Mason hin, Siegerin der 67. Spiele: »Ich bin stinksauer, weil ich total über den Tisch gezogen werde. Es hieß, wenn ich die Hungerspiele gewinne, kann ich in Frieden leben. Jetzt wollt ihr mich schon wieder töten. Aber wisst ihr was: Darauf scheiße ich, ich scheiße auf jeden, der all das hier auch noch unterstützt.« Caesar hat Mühe, sie zu beruhigen und die Überleitung zum nächsten Tribut hinzubekommen: »Das war eine sehr persönliche Meinung.«

Hier kommt die Nekrophilie am deutlichsten zum Ausdruck. Einerseits in Caesars vorgespielter Empathie, der das Gesetz aber über das Leben stellt; andererseits in Johannas inflationärem Gebrauch des Wortes »scheiße«. Johannas Nekrophilie wurde auch in der Aufzugsszene deutlich. Vor den Hungerspielen konnte sie keiner Fliege etwas zu Leide tun; die Spiele haben sie zerstört. Da sie sich ihrer Angst nicht erwehren kann, fand sie Ausflucht in der Destruktivität und die Liebe zum Toten. Ihre Ganze Sprache ist auf Gewalt und Tod konzentriert. Insgesamt ist diese Filmszene sehr interessant zu beobachten. Obwohl eine Bindung zwischen den Siegern und dem Kapitol besteht, freut man sich über die bedingungslose Opferbereitschaft der Tribute. Es ist ein Ausdruck der Nekrophilie.

Snow möchte, dass Katniss ihr Hochzeitskleid trägt. Cinna hat jedoch einige Veränderungen vorgenommen. Johanna hadert mit Katniss; diese erklärt jedoch, dass sie von Snow dazu gezwungen werde. Johanna lächelt daraufhin und meint: »Dann musst du ihn dafür büßen lassen.«

Während der Vorstellung sitzt Snow in seinem Arbeitszimmer und liest dabei ein Buch, dessen Titel und Autor unbekannt bleiben. Es kann ein einfaches Hardcover-Buch sein, dessen Papierumschlag er zum Lesen abgenommen hat; es kann aber auch eine Entindividualisierung und Verstaatlichung von Wissen sein, sodass der Staat selbst Urheber des Werkes wird. Als er Katniss im Hochzeitskleid sieht, ist sehr erfreut. Katniss erklärt Caesar, dass Präsident Snow der Annahme war, jeder wolle sie in dem Kleid sehen, da die Hochzeit an sich ja schon ausfallen musste. Caesar stimmt zu: »Da hatte Präsident Snow wie üblich vollkommen Recht.«

Katniss beginnt, sich zu drehen und das Kleid geht in Flammen auf. Unter dem weißen Hochzeitskleid kommt ein schwarzes Spotttölpel-Kostüm zum Vorschein. Dies war ganz und gar nicht im Sinne Snows und Cinna gerät in dessen Visier. Er war über Katniss erfreut und wurde hinterlistig getäuscht; ihm wurde Sicherheit vermittelt, ehe die Falle zuschnappte. Das mag er gar nicht. Er klappt sein Buch zu. Was er denkt und fühlt, kann man sich vorstellen. Was *genau* er denkt und was *genau* er fühlt, hingegen nicht. Alles ist komplett still und unbeweglich.

»Zur Macht gehört eine ungleiche Verteilung des Durchschauens. Der Mächtige durchschaut, aber er läßt sich nicht durchschauen. Am verschwiegensten muß er selber sein. Seine Gesinnung wie seine Absichten darf keiner kennen.«

– Elias Canetti[45]

Peeta erklärt, die Hochzeit habe bereits heimlich stattgefunden, da ein Baby unterwegs sei. Die Menge ist empört: »Stoppt die Spiele!« Caesar versucht zu beschwichtigen: »Das hat niemand gewusst«, während Haymitch Peeta pointiert gratuliert zu diesem, wie er es nennt, »Geniestreich«.

Mit der letzten Geste der Sieger zeigen sie, dass sie ein Bündnis bilden und sabotieren damit vollkommen die Bedeutung der Spiele. Statt ein Mahnmal an die Destruktivität der gegenseitigen Selbstvernichtung zu sein, reanimieren die Tribute den *Geist der Mayflower*, indem sie als eine Gemeinschaft zusammenstehen, nicht nur in guten, sondern gerade in schlechten Zeiten.

Trotz der »Baby-Bombe« werden die Spiele nicht abgesagt. Am Vorabend verteilt Effie goldene Erkennungszeichen, sodass jeder etwas hat, was zeigt, dass sie ein Team sind. So bekommt Haymitch zum Beispiel einen goldenen Armreif. Er gibt Katniss den letzten Rat: »Bleib am Leben.« Dies ist mit Blick auf eine Differenzierung zwischen *Leben* und *Überleben* nicht ohne Belang. Er appelliert damit an sie, sich selbst treu zu bleiben und wird dies auch nochmal mit Nachdruck betonen. Katniss spricht hingegen von einem Überleben. Haymitch muss ihr Versprechen, dass er alles tun wird, dass Peeta *überlebt*; im Gegenzug möchte er von Katniss, dass sie sich in der Arena daran erinnert, »wer der wahre Feind ist«. Peeta ist der Einzige, mit dem Katniss zusammen sein möchte.

4.3.4 »Sie sollen alle sterben!«

»Die Paranoia ist, im buchstäblichen Sinne des Wortes, eine *Krankheit der Macht*.«

– Elias Canetti[46]

Die Tribute bekommen wieder einen Aufspürer injiziert und werden mit einem Hovercraft zu der Arena gebracht. Währenddessen verfolgen Heavensbee und Snow das Geschehen aus dem Kontrollzentrum heraus. Snow ist empört: »Sie halten sich an den Händen. Ich will, dass sie alle sterben.« Snows Respekt und sein Haß richtet sich besonders gegen Katniss, die ihm besonders »ins Handwerk« pfuscht. Snow will, dass alle Sieger sterben, denn Sieger sind Überlebende.

Canetti: *Herrscher und Überlebende*

»Der Augenblick des *Überlebens* ist der Augenblick der Macht. Der Schrecken über den Anblick des Todes löst sich in Befriedigung auf, denn man ist nicht selbst der Tote.[47] (.) Die Abneigung von Machthabern gegen Überlebende ist allgemein. Alles faktische Überleben betrachten sie als ihnen allein zugehörig, es ist ihr eigentlicher Reichtum, ihr kostbarster Besitz. Wer sich auf auffallende Weise erlaubt, unter gefährlichen Umständen, ganz besonders aber unter vielen anderen zu überleben, der pfuscht ihnen ins Handwerk, gegen den richtet sich ihr Haß.[48] (.) Die ganze Menschheit wird bestraft und ausgerottet, denn man hat sich erlaubt, *gegen* [den Machthaber] zu sein. (.) es ist die tiefste Tendenz in jedem ‹idealen› Machthaber, als der letzte am Leben zu bleiben. Der Machthaber schickt die anderen in den Tod, um selber vom Tode verschont zu bleiben: Er lenkt ihn von sich ab. Nicht nur ist ihm der Tod der andern gleichgültig; es treibt ihn alles dazu, ihn auf massenhafte Weise herbeizuführen. Ganz besonders greift er zu dieser radikalen Auskunft, wenn seine Herrschaft über die Lebenden angefochten ist. Sobald er sich bedroht fühlt, ist seine Leidenschaft, alle tot vor sich zu sehen, durch rationale Erwägungen kaum mehr zu bändigen.«[49]

Snow hat eine Enkeltochter, über seine Kinder ist aber nichts überliefert. Vielleicht hat er auch sie für seine Macht geopfert, vielleicht stehen sie bewusst im Abseits der Öffentlichkeit. Sutherland warf einmal die Frage auf, ob Snow und Katniss ein anderes Verhältnis hätten haben können, wenn sie aus dem Kapitol stammte. Snow braucht jemanden, der ihm nachfolgt und sein Erbe bewahrt. Seine Enkelin ist zu jung, seine Kinder möglicherweise tot. Katniss hätte eine Erbin für ihn sein können, ohne eine besonders relevante Bedrohung darzustellen, wie es möglicherweise seine eigenen Kinder mit zunehmendem Alter wurden.

Auch wenn Snow seine Kinder nicht getötet hat, so musste er sie doch politisch tot machen, sodass sie keine Bedrohung mehr für seine Macht darstellen konnten. Dies würde ihr öffentliches Abseits erklären. Über die Beziehung des

Canetti: *Der Machthabers und sein Nachfolger*

»Am eigentümlichsten ist die Beziehung des Machthabers zu seinem *Nachfolger*. Wenn es um eine Dynastie geht und der Nachfolger sein Sohn ist, wird die Beziehung zu diesem doppelt schwierig. Es ist natürlich, daß der Sohn ihn überlebt, wie jeder Sohn, und es ist natürlich, daß der Sohn die Passion fürs Überleben früh in sich steigert – er soll selbst ein Machthaber werden. Beide haben jeden Grund, einander zu hassen. Ihre Rivalität, die von ungleichen Voraussetzungen ausgeht, steigert sich eben an dieser Ungleichheit zu besonderer Schärfe. Der eine, der die Macht in Händen hat, weiß, daß er vor dem anderen sterben soll. Der andere, der die Macht noch nicht hat, fühlt sich des Überlebens sicher.

Der Tod des Älteren, der von allen Menschen am wenigsten sterben will – er wäre ja sonst kein Machthaber –, wird glühend herbeigesehnt. Andererseits wird der Regierungsantritt des Jüngeren mit allen Mitteln hinausgeschoben. Es ist ein Konflikt, für den es keine wirkliche Lösung gibt. Die Geschichte ist voll von Aufständen solcher Söhne gegen ihre Väter. Manchen gelingt es, die Väter zu stürzen, andere werden von ihnen besiegt und begnadigt oder umgebracht. Es ist zu erwarten, daß in einer Dynastie von langlebigen und absoluten Herrschern die Aufstände der Söhne gegen ihre Väter zu einer Art von Einrichtung werden.«[50]

Heavensbee rät zur Geduld, sobald der Startschuss falle, würde ein Blutbad beginnen und die die *Idee der Revolution* würde unglaubwürdig werden. Snow ist immer noch skeptisch, denn was sei mit der »Idee von ihr« und die »Idee des Spotttölpels«? »Ideen können zu mächtigen Kräften werden (.) in dem Maße, wie sie Antworten auf besondere menschliche Bedürfnisse eines speziellen Gesellschafts-Charakters sind.«[51] Je mehr Verbündete Katniss tötet und Freunde verrät, desto mehr würde sie selbst das Bild von sich zerstören, beschwichtigt Heavensbee. »Solange es so endet«, fordert Snow ein, »dass ihr Bild am Himmel erscheint und ein Kanonenschuss ertönt«, sei er zufrieden. Heavensbee bestätigt, so werde es enden, aber erstmal solle sie sich die »Hände schmutzig machen«.

4.4 Die 75. Hungerspiele

4.4.1 Die Uhr

Nachdem Cinna Katniss in die Aufzugkapsel verabschiedet hat, die sie direkt in die Arena bringt, stürmen Friedenswächter herein und greifen Cinna an. Katniss ist unterdessen in der Kapsel gefangen und muss alles hilflos mit ansehen. Es ist Snows Vergeltungsschlag für die Täuschung Cinnas durch Katniss Hochzeitskleid. Snow verzeiht Verrat nicht, er vergisst nicht und er ist nachtragend.

Unmittelbar nach diesem Schreck dauert es nur wenige Sekunden, bis die Spiele beginnen. Ein Wettrennen zum Füllhorn beginnt. Dabei schauen die Tribute nach links und nach rechts; es geht nicht darum schnell zu sein, sondern nur schneller als alle anderen zu sein. Haymitch hat Finnick seinen Armreif gegeben und ihn so als Verbündeten für Katniss ausgewählt. Diese akzeptiert das nur widerwillig, aber sie vertraut auf Haymitchs Urteilskraft. Immerhin ist mit Finnick auch Max in dem Viererteam, dem auch Peeta angehört.

Nach den ersten Schrecken der Spiele schlagen sie sich zu viert durch die Wälder und geraten schon bald an den Rand de Arena. Dort trifft Peeta auf ein Kraftfeld und wird durch einen starken Stromschlag getötet. Sofort greift Katniss zum Bogen, um sich zu verteidigen, jedoch beginnt Finnick gleich mit Reanimationsmaßnahmen. Tatsächlich gelingt es ihm, Peeta zurück ins Leben zu holen, der beim Aufwachen phlegmatisch warnt: »Vorsicht, da vorne ist ein Kraftfeld.«

Snows Enkelin ist von dieser Szene zwischen Katniss und Peeta gerührt: »Eines Tages möchte ich auch mal jemanden so lieben.« Snow
reagiert lieblich und ermuntert sie: »Das wirst du mein Engel, ganz
sicher.« Er lässt sie Träume träumen, die andere nicht mehr fähig
sind zu träumen. Aber anders als die destruktiven Neider zerstört
er ihr nicht die Illusion der *großen Liebe*, indem er sagt, das sei unmöglich, es gebe keine wahre Liebe und Männer und Frauen seien
seitjeher im Krieg miteinander. Er lässt ihr ihren Traum und erfreut
sich mit ihr an ihrer träumenden Freude. Ebenfalls an dieser Stelle
wird ersichtlich, dass Snow kein nekrophiler Mensch ist. So schreibt
Fromm über eine »Alltagsnekrophilie«:

»Beispiele für den nekrophilen Charakter finden sich jedoch keineswegs nur
unter den Inquisitoren, unter den Hitlers und Eichmanns. Es gibt Unzählige,
die zwar nicht die Gelegenheit und die Macht zum Töten haben, deren Nekrophilie sich aber auf andere und – oberflächlich betrachtet – harmlosere
Weise äußert. Ein Beispiel hierfür ist die Mutter, die sich nur für die Krank-
heiten und das Versagen ihres Kindes interessiert und die sich in finsteren
Prognosen für seine Zukunft ergeht; eine Wendung zum Guten macht ihr
dagegen keinen Eindruck; die Freude ihres Kindes lässt sie kalt, und dem
Neuen, das in ihm wächst, schenkt sie keine Beachtung. (.) Sie fügt ihrem
Kind keinen offenkundigen Schaden zu, aber sie kann nach und nach seine
Lebensfreude, seinen Glauben an ein Wachstum ersticken und wird es
schließlich mit ihrer eigenen nekrophilen Orientierung anstecken.«[52]

Am Rand der Arena beschließen die vier Tribute zu übernachten,
da sie von hinten nicht angegriffen werden können. Katniss klettert
auf einen Baum, um sich einen besseren Überblick über die Arena
zu verschaffen. Dabei kann sie der Versuchung nicht widerstehen,
einen Pfeil auf das Dach der Arena abzuschießen und die Stabilität
des Kraftfeldes auszutesten. Später in der Nacht ertönen zwölf
Schläge und Blitze schlagen in einen Baum in der Arena ein. Plötzlich taucht giftiger Nebel auf und zwingt die Gruppe zur Flucht.
Max jedoch, die nicht mithalten kann und von Finnick getragen
werden muss, entscheidet sich für den Freitod, um keine Last für
die anderen drei zu sein; sie opfert sich.

Nach dem Nebel tauchen Affen auf, welche sehr aggressiv sind
und die Gruppe angreifen. Am Strand kommt es zu einem Kampf,
Peeta überlebt nur, weil eine Morfixerin sich für ihn opfert. Aus ihrem Versteck wirft sie sich zwischen ihn und den Affen. Wie Katniss Rue vor ihrem Tod Beistand leistete, so kommt es auch hier

wieder zu einer sehr emotionalen Szene, als Peeta und ein paar andere Tribute die Morfixerin, deren Namen er nicht mal kannte, auf das Wasser hinaus gleiten lassen, während sie stirbt. Ihre Leiche wird von einem Hovercraft aufgesammelt.

»Der Sinn der Liebe war: Sie half dir beim Überleben. Und der Sinn der Liebe war, nicht immer nach Bedeutung zu suchen. Mit der Suche aufzuhören und mit dem Leben anzufangen. Die Hand des Menschen zu halten, den man liebte, und in der Gegenwart zu leben. Vergangenheit und Zukunft waren Mythen. Die Vergangenheit war nur gestorbene Gegenwart, und die Zukunft würde es ohnehin nie geben, denn wenn wir sie erreichten, war sie keine Zukunft mehr. Die Gegenwart war das Einzige, was wir hatten. Die sich ständig bewegende, sich ständig verändernde Gegenwart. Doch die Gegenwart war flüchtig. Man konnte sie nur fassen, indem man losließ.«
– Matt Haig: *Ich und die Menschen*[53]

Für Katniss ergibt das alles keinen Sinn. Kurz darauf strömt ihnen von der gegenüberliegenden Uferseite eine gewaltige Flutwelle entgegen und Beetee, Wiress und Johanna werden aus dem Dschungel ebenfalls Richtung Wasser getrieben. Das Hovercraft sammelt erneut eine Leiche auf, die sich auf einer Palme verfangen hat. Nicht körperlose Seelen steigen den Himmel empor, sondern seelenlose Körper.

Johanna berichtet von einem Blutregen, aus heißem und dicken Blut. Wirres ist völlig desorientiert und dehydriert. Sie murmelt immer nur »ticktack, ticktack.« Johanna ist davon sehr genervt und fährt Katniss an, sie habe sie nur für sie rausgeholt. Katniss kümmert sich um Wiress und wischt ihr das Blut ab. Dabei versteht sie, dass Wiress mit »ticktack, ticktack« sagen will, nämlich dass die Arena wie eine Uhr konstruiert ist und zu bestimmten Uhrzeiten bestimmte *Plagen* eintreten, so wie Nebel, Affen, Blutregen und Flutwellen. Der Uhr mit ihrem mechanischen Ticken kommt dabei eine eigene Bedeutung zu, wie Postman schreibt:

»In seinem großen Buch *Technics and Civilization* hat Mumford dargestellt, wie uns die Uhr, beginnend im 14. Jahrhundert, zunächst zu pünktlichen Zeit-Messern, dann zu Zeit-Sparern und heute schließlich zu Dienern der Zeit gemacht hat. Im Zuge dieser Entwicklung haben wir gelernt, der Sonne und den Jahreszeiten unseren Respekt zu entziehen, denn in einer Welt, die aus Sekunden und Minuten besteht, ist die Autorität der Natur abgeschafft. Mit der Erfindung der mechanischen Uhr, so kann Mumford zeigen, hörte die Ewigkeit auf, Maßstab und Fluchtpunkt menschlichen Erlebens und Handelns zu sein.

Es mag manchen überraschen, aber das unerbittliche Ticken der Uhren hat vielleicht mehr zur Schwächung der Allmacht Gottes beigetragen als sämtliche Traktate der Philosophen der Aufklärung; die Uhr erzeugte eine neue Form des Austauschs zwischen den Menschen und Gott, wobei Gott offenbar der Verlierer blieb. Vielleicht hätte Moses ein weiteres Gebot erlassen sollen: Du sollst dir keine mechanischen Nachbildungen der Zeit machen.«[54]

Am Füllhorn wird die Gruppe angegriffen und Wiress wird von Gloss aus Distrikt 1 getötet. Heavensbee lässt das Füllhorn wie ein Karussell um sich selbst drehen.

Weshalb quält Heavensbee die Tribute so? Man darf nicht darüber hinwegsehen, dass Heavensbee als Oberster Spielemacher immer noch eine gute Show liefern muss. Sollte der später offenkundige Plan der Rebellen scheitern, die Spiele zu sabotieren, will Heavensbee weiterhin ein *hohes Tier* im Kapitol sein, um für den Untergrund nützlich zu sein.

4.4.2 *Der Schrei*

Zurück im Dschungel wird die Gruppe von Schnattertölpeln überrascht. Katniss hört Prim schreien und Finnick hört Annie rufen. Es sind zwar nur Mutationen, aber Finnick meint, Schnattertölpel ahmten nach und es stelle sich die Frage, weshalb sie so klingen, wie sie klingen. Der Lärm der Schnattertölpel ist für Katniss und Finnick kaum auszuhalten und sie versuchen wegzurennen, sie werden jedoch von der Gruppe durch ein Kraftfeld getrennt. Es entsteht ein Innen und ein Außen und im Inneren gefangen sind sie den Schreien der Vögel schutzlos ausgesetzt, wohingegen im Außen nur absolute Stille vernehmbar ist.

Es scheint fast so, als handele es sich um eine reine Einbildung von Katniss innerem Seelenleben. Ihr Bild erinnert an Edvard Munchs *Der Schrei*. »Berühmt ist Munchs Der Schrei, in dem die Angst als Grundgefühl der Moderne zum Ausdruck gebracht wird, dargestellt von einem Zurückgelassenen, dessen Mund wie ein Loch klafft, dessen Augen keine Pupillen besitzen und dessen Hände den Kopf umgreifen wie eine Zange. Es ist eine prototypische Figur der vereinzelten Seele, gefangen in ihrer Furcht vor dem Leben.«[55]

Edvard Munch: *Der Schrei*[56]

Edvard Munch verlor mit gerade einmal sechs Jahren seine Mutter, später eine seiner Schwestern. Er entdeckte das Zeichnen als seelische Rettung. Sein Vater war mit der familiären Situation überfordert. Munch selbst soll depressiv gewesen sein.

Dominant ist im Bild die Person im Vordergrund, die schreit. Ihre Angst, Verzweiflung und innere Unruhe sind zu verspüren. Zwar sind im Hintergrund andere Gestalten zu erkennen, es ist aber nicht zu sehen, dass sie der schreienden Person helfen (können). Sie verschwinden eher im Hintergrundnebel. Die Beziehung zwischen ihnen bleibt daher auch unbekannt. Der rote Himmel verstärkt den Eindruck eines Zustandes katastrophalen Ausmaßes. Der ansonsten dunkle Hintergrund lässt nicht viel erkennen. Daher drückt das Bild ein Individualgrauen aus. Das Rot steht für den bevorstehenden inneren Kollaps, das Dunkle für die tiefen Abgründe der menschlichen Seele. Insgesamt lässt das Werk auch tief in Munchs Empfinden blicken. Unter der Berücksichtigung seiner persönlichen Verfassung kann man das Bild als Verarbeitungsprozess seiner familiären Schicksalsschläge verstehen.

Für den Expressionismus ist Munchs Werk nicht untypisch. Der Begriff Expressionismus leitet sich ab vom lateinischen *expressio*, »Ausdruck«. Expressionismus wird als »Kunst des gesteigerten Ausdrucks« übersetzt. Vordergründig ging es Künstlern des Expressionismus um den unmittelbaren Ausdruck ihrer eignen inneren Gefühle. Für Gewöhnlich stellte die Kunst bisher nur die rein äußerliche Betrachtung von Gefühlen dar. Den Impressionismus empfanden die Expressionisten als erstarrt. Sie verstanden den impressionistischen Stil so, dass er nur und zu wenig mit dem subjektiven Ausdruck des Künstlers zu tun hatte. Der impressionistische Ausdruck war den Expressionisten ein zu flüchtig und oberflächlich dargestellter Augenblick.

Die Expressionisten wollten den Betrachter ihrer Kunst emotional bewegen und innerlich ansprechen. Die Maler versuchten ihre leidenschaftlichen und elementaren Erlebnisse unmittelbar ins Bild umzusetzen. Enttäuschung, Trauer, Freude, Müdigkeit, Schmerz und Angst sind Beispiele von Gefühlen und Empfindungen des Malers, sie sollten sich in ihren Bildern widerspiegeln.

4.4.3 Die Grenzen der Macht

Während Finnick noch benommen ist, beruhigt Johanna Katniss, dass niemand ihrer Schwester etwas anhaben könne: »Das ganze Land liebt deine Schwester. Wenn die sich trauen würden, ihr irgendetwas anzutun... vergiss die Distrikte. Dann würde es Aufstände im verdammten Kapitol geben.« Sie spricht zu Snow: »Du weißt, du kannst unmöglich das komplette Volk hier reinstecken.« Die anderen aus der Gruppe sehen sie unglaubwürdig an, aber »er kann [ihr] nichts anhaben. Es ist niemand mehr da, den [sie liebt].« Johanna ist (wie später auch Boggs und Snow) *furchtlos*, auf ihre ganze eigene Weise. Fromm erklärt:

»Erstens kann jemand furchtlos sein, weil ihm nichts am Leben liegt; das Leben bedeutet ihm nicht viel, deshalb ist er ohne Furcht, wenn er in Todesgefahr gerät; aber während er sich vor dem Tod nicht fürchtet, kann er sich vor dem Leben fürchten. Seine Furchtlosigkeit beruht darauf, daß er das Leben nicht liebt; er ist gewöhnlich keineswegs furchtlos, wenn es nicht darum geht, sein Leben zu riskieren. Häufig befindet er sich geradezu auf der Suche nach gefährlichen Situationen, um seiner Furcht vor dem Leben, vor sich selbst, vor anderen Menschen zu entrinnen.«[57]

Diese Einsamkeit, nachdem Snow offenbar Johannas komplette Familie hat umbringen lassen, macht sie nun jedoch ein Stück weit unabhängig von äußeren Druckmitteln. Johannas Feststellung, dass man unmöglich ein ganzes Volk einsperren kann, erhält mit Blick auf Lockdown-Maßnahmen während der Corona-Pandemie eine bizarre Assoziation, ist doch mit den Ausgangssperren in 115 Ländern weltweit während der Corona-Pandemie Vereinzelung kein Phänomen mehr, wie Diana Kinnert feststellt, »sondern zum globalen Status quo avanciert«.[58]

4.4.4 Das große Finale

Beetee hat einen Plan ausgearbeitet. Er möchte den Baum, in dem die Blitze einschlagen, mit einem Draht verbinden und diesen Draht in das Wasser und den nassen Sand legen, um die Karrieros zu töten. Snow und Heavensbee verfolgen das Geschehen aus dem Kontrollzentrum heraus. Katniss mache sich bereit für den Kampf, so wie Heavensbee es vorhergesagt hat: »Es gibt Züge und es gibt Gegenzüge.« Heavensbee bietet Snow an, später gemeinsam anzustoßen; er solle es sich bequem machen.

Während Johanna und Katniss den Draht abrollen, werden sie von den Karrieros überrascht. Johanna stürzt sich auf Katniss, schneidet ihr den Aufspürer aus dem Arm und weist sie an, still am Boden liegen zu bleiben. Ihren Hals schmiert sie mit Katniss Blut ein, sodass es für die Karriere so aussieht, als habe Johanna Katniss getötet; dann flüchtet jene und lockt die Karrieros in den Dschungel. Als Katniss zu dem Baum zurückkehrt, um Peeta zu suchen, sieht sie, wie Beetee versucht, einen Pfeil in ein Kraftfeld zu rammen. Bei dem Versuch jedoch wird er gelähmt. Finnick, der zunächst Johanna gesucht hat, ist nun auf der Suche nach Katniss. Diese richtet ihren Pfeil auf ihn, aber er erinnert sie daran, nicht zu vergessen »wer der wahre Feind ist.« Snow starrt gebannt auf den Bildschirm: »Lass ihn fliegen, Miss Everdeen.«

Finnicks Mahnung ist jedoch der letzte Satz, den auch Haymitch zu Katniss gesagt hat und so entscheidet sie sich, den Pfeil nicht auf ihn abzuschießen. Stattdessen umwickelt sie ihn mit dem Draht und als der Blitz einschlägt, schießt sie den Pfeil auf das Kraftfeld am Himmel ab. Die Übertragung bricht ab.

Canetti: *Der Blitz*

»‹Die Macht des Herrschers›, heißt es in einem alten chinesischen Text, ‹ähnelt dem Blitzstrahl, wenn sie ihm auch an Wucht nachsteht.› Es ist erstaunlich, wie häufig Machthaber vom Blitzstrahl erschlagen werden. (.) Der Blitz wird hier als ein übernatürlicher Befehl aufgefaßt. Wenn er trifft, soll er treffen. Wenn er einen Mächtigen trifft, ist er von einem Mächtigeren entsandt worden. Er dient als die rascheste und plötzlichste, aber auch als die offensichtlichste Strafe. Er ist von den Menschen nachgemacht und zu einer Art von Waffe ausgebildet worden: die Feuerwaffe. Das Aufblitzen und Donnern des Schusses, das Gewehr und besonders die Kanone haben den Schrecken der Völker erregt, die sie nicht besaßen; sie sind von ihnen als Blitz empfunden worden.«[59]

4.4.5 Der Zusammenbruch des Systems

Snow ist perplex: »Das ist vollkommen unmöglich.« Diese deutsche Übersetzung ist sehr frei, bewahrt aber die Ambiguität. Im Original war der Wortlaut: »Sir, we lost power«; also: »Wir haben die Kraft/Energie verloren« im Sinne von: »Der Kontrollraum ist außer Betrieb«, aber auch zu verstehen als: »Wir haben die Macht verloren«, also die Macht und das System sind in sich zusammengefallen

und damit die Zivilisation; ein Krieg ist fast unvermeidlich geworden und ist ganz sicher unvermeidlich, wenn die Macht nicht als-
bald wiederhergestellt werden kann.

»Sir, das System ist zusammengebrochen.«

Wie in der Truman-Show kann die »Stimme von oben« als Stimme
Gottes gedeutet werden. Und Gott bescheinigt Snow sein Versagen,
den Zusammenbruch des Systems im Spiel und im Staat und insbesondere seinen eigenen Zusammenbruch, sein Ende. Der System-
zusammenbruch versteht sich gewiss in einer ambiguen Weise.

Wie Adam und Eva von der Schlange verführt und aus dem Paradies verbannt, so ähnlich muss sich auch Snow in diesem Moment
gefühlt haben, als es ihm wie Schuppen von den Augen fiel, dass er
verraten worden und auf dem Boden der bitteren Realität gelandet
ist.

Sein energischer und lautstarker Ausruf nach *Heavens*bee, was
sehr atypisch für ihn ist, bringt dies am deutlichsten zum Ausdruck.
Die Energie des Blitzes, die eingesetzt wurde, richtet sich gegen das

Kapitol selbst und zerstört es. Es ist eine strategische Kampfkunst, die Kraft des Gegners umzulenken und so gegen ihn selbst zu richten: *Je schwerer der Gegner, desto leichter ist es, ihn zu besiegen.*

4.4.6 Zweimal kleine *Hexenküche*

Katniss ist gelähmt vom Stromschlag, als sie von einem Hovercraft eingesammelt wird. Der Spotttölpel *wird* geflogen, während das Dach der Arena zusammenbricht.

Katniss wacht in einem Hovercraft neben Beetee auf. Sie hört Stimmen und bewaffnet sich vorsorglich mit einer herumliegenden Injektionsnadel. Im Nebenraum trifft sie auf Haymitch, Plutarch ach und Finnick, während Haymitch Plutarch erklärt, dass *sie* ohne Peeta nicht kooperieren werde. Eine Verschwörung witternd geht Katniss wütend auf Haymitch los, der sie gelassen abzuwehren weiß: »Du und eine Injektionsnadel gegen das Kapitol? Siehst du deswegen lässt dich keiner die Pläne machen.«

Haymitch gelingt es zunächst, Katniss zu beruhigen. Er erklärt ihr, dass sie ihr nichts sagen konnten, weil Snow sie die ganze Zeit beobachtet hat. Plutarch erläutert ihr, dass die Mission von Anfang an ihr gegolten habe und die Hälfte der Tribute mit involviert gewesen sei, genauer die Tribute aus den Distrikten 3, 4, 6, 7, 8 und 11.[60] Es ging von Anfang an darum, Katniss aus der Arena herauszuholen: »Das ist die Revolution. Du bist der Spotttölpel.«

Sie befinden sich auf dem Weg nach Distrikt 13. Katniss will jedoch nur wissen, was mit Peeta ist. Er und Johanna aber konnten nicht aus der Arena geholt werden und sind nun in den Händen des Kapitols gefangen. Wütend geht Katniss wieder auf Haymitch los, weil er sein Versprechen nicht gehalten hat. Plutarch injiziert ihr eine Beruhigungsdosis, sodass sie erst einige Tage später wieder aufwacht.

An ihrem Bett sitzt Gale, der ihr jedoch mitteilt, dass sie nicht zu Hause in Distrikt 12 sind, sondern in Distrikt 13. Es fällt ihm schwer, darüber zu sprechen, aber er konnte ihre Mutter und Prim »rausbekommen«. Nach den Spielen haben die Friedenswächter die Menschen in ihre Häuser getrieben und dann den Distrikt verlassen. Dann seien sie mit ihren Hovercrafts gekommen und haben Brandbomben abgeworfen. Distrikt 12 gibt es nicht mehr, er ist vollkommen zerstört. In Katniss Augen spiegelt sich Verzweiflung, Frustration und schließlich Aggression wider. Aggression setzt Frustration voraus und Frustration führt zu Aggression.

Für den aufmerksamen und kritischen Beobachter ist diese Wendung eine völlige Überforderung. Rückblickend erscheint vieles offensichtlich, aber im ersten Moment war es eine große Überraschung, dass Plutarch das Kapitol als Revolutionär unterwandert hat. Katniss schläft gleich zweimal ein und wacht zweimal auf. Auch Katniss begreift den geheimen Code: Brot am Tag drei, die Anzahl der Brötchen 24,[61] »der Vogel, die Brosche, das Lied, die Beeren, die Uhr, der Kräcker, das Kleid, das in Flammen aufgeht«.[62]

Das alles ist höchst verwirrend und zwischendurch weiß man nicht genau, ob sie das eine nicht doch nur geträumt habe. Für mich ist diese Szene eine doppelte kleine Hexenküche, weil ihre Absicht *Verwirrung* ist. Es ist der erste kleine Versuch, die *Rationalität* anzugreifen. Aber sie wird noch nicht zerstört wie in Goethes *faustischer Hexenküche*, die Grenzen des Rationalen werden hier ausgetestet.

Das Hovercraft selbst kam aus Distrikt 13, der existiert und Verteidigungswaffen besitzt, wie Katniss es vermutet hatte, als sie einmal zwei Frauen im Wald begegnete, Bonnie und Twill aus Distrikt 8. Haymitch war über all dies eingeweiht gewesen, schwieg jedoch. Sein Rat »bleib am Leben« und »vergiss nicht, wer der wahre Feind ist« erscheinen so in einem völlig neuen Licht.[63]

Die Begriffe *Rebellion* und *Revolution* werden zu dieser Zeit oft durcheinandergewürfelt. Zunächst kommt die Rebellion; gelingt diese, ist es die Revolution. Man ist bestimmt, dass die Rebellion gelingen wird und spricht von einer »Idee der Revolution«.

> »Solange du lebst, lebt die Revolution.«
> – Plutarch Heavensbee

5. Flammender Zorn – MOCKINGJAY I

In Distrikt 13 entscheidet sich Katniss, der Spotttölpel und das Gesicht der Rebellion zu spielen. Das Kapitol hat Distrikt 12 zerstört. In mehreren Distrikten kommt es zu Streiks und Aufständen, sodass die Friedenswächter zunehmend die Kontrolle verlieren. Ein Propaganda-Krieg entbrennt, in dem das Kapitol Peeta als Waffe einsetzt, um die Distrikte zur Einheit aufzurufen; dagegen setzt Distrikt 13 Katniss als Waffe ein, um die Distrikte von der Rebellion zu überzeugen. In weiten Teilen des Landes herrschen unlängst Bürgerkriegszustände; Kriegsverbrechen und systematische Lügen sind Normalität geworden.

5.1 Wie man Feuer entfacht

5.1.1 Distrikt 13

Canetti: *Die geschlossene Masse*

»Die geschlossene Masse verzichtet auf Wachstum und legt ihr Hauptaugenmerk auf Bestand. Was an ihr zuerst auffällt, ist die Grenze. Die geschlossene Masse setzt sich fest. Sie schafft sich ihren Ort, indem sie sich begrenzt; der Raum, den sie erfüllen wird, ist ihr zugewiesen. Er ist einem Gefäß vergleichbar, in das man Flüssigkeit gießt, es ist bekannt, wie viel Flüssigkeit hineingeht. Die Zugänge zum Raum sind gezählt, man kann nicht auf jede Weise hineingelangen. Die Grenze wird respektiert. Sie mag aus Stein, aus festem Mauerwerk bestehen. Vielleicht bedarf es eines besonderen Aufnahmeaktes; vielleicht hat man eine bestimmte Gebühr für den Eintritt zu entrichten. Wenn der Raum einmal dicht genug gefüllt ist, wird niemand mehr eingelassen. Selbst wenn er überfließt, bleibt immer noch als Hauptsache die dichte Masse im geschlossenen Raum, zu der die Außenstehenden nicht ernsthaft gehören. Die Grenze verhindert eine regellose Zunahme, aber sie erschwert und verzögert auch das Auseinanderlaufen. Was an Wachstumsmöglichkeit so geopfert wird, das gewinnt die Masse an Beständigkeit. Sie ist vor äußeren Einwirkungen geschützt, die ihr feindlich und gefährlich sein könnten. Ganz besonders aber rechnet sie mit Wiederholung. Durch die Aussicht auf Wiederversammeln täuscht sich die Masse über ihre Auflösung jedes Mal hinweg. Das Gebäude wartet auf sie, um ihretwillen ist es da, und solange es da ist, werden sie sich auf dieselbe Weise zusammenfinden. Der Raum gehört ihnen, auch wenn er Ebbe hat, und in seiner Leere gemahnt er an die Zeit der Flut.[64] (.)

Die geschlossenen Massen der Vergangenheit, von denen noch die Rede sein wird, waren alle zu vertrauten Institutionen geworden. Der eigentümliche Zustand, in den ihre Teilnehmer oft gerieten, schien etwas Natürliches; immer war man zu einem bestimmten Zweck beisammen, sei es religiöser, festlicher oder kriegerischer Art, und der Zweck schien den Zustand zu heiligen. Wer einer Predigt beiwohnte, war gewiß im guten Glauben, daß es ihm auf die Predigt ankam, und er wäre erstaunt und vielleicht auch empört gewesen, hätte ihm jemand auseinandergesetzt, daß die große Zahl der anwesenden Hörer ihm mehr Befriedigung gewähre als die Predigt selbst. Alle Zeremonien und Regeln, die zu solchen Institutionen gehören, haben es im Grunde auf ein Abfangen der Masse abgesehen: lieber eine sichere Kirche voll von Gläubigen als die unsichere ganze Welt. In der Gleichmäßigkeit des Kirchenbesuches, der vertrauten und genauen Wiederholung bestimmter Riten sichert man der Masse etwas wie ein gezähmtes Erlebnis ihrer selbst. Der Ablauf dieser Verrichtungen zu festgesetzten Zeiten wird zu einem Ersatz für Bedürfnisse härterer und heftigerer Art.«[65]

Distrikt 13 ist in einem unterirdischen System neu aufgebaut worden.

In der Behandlungsstation trifft Katniss auf Finnick, der bedauert, dass er Peeta nicht mehr retten konnte und sich wünscht, dass Annie tot sei, da sie so nicht dem Kapitol hilflos ausgesetzt wäre, wie bereits bei den 70. Hungerspielen. Er wünschte, dass alle tot wären und insbesondere er und Katniss. Es ist eine starke Depressivität bei ihm zu verspüren. Boggs, der Sicherheitschef in Distrikt 13, führt Katniss zu Präsidentin Alma Coin. Boggs erklärt ihr, dass sie als Soldaten gelernt hätten, unter der Erde zu überleben, trainiert und vorbereitet seien. Für die Menschen in Distrikt13 hätte der Krieg nie aufgehört. Katniss ist erstaunt über Distrikt 13. Alle tragen die gleiche, einheitliche Kleidung; ganz anders als im bunten Kapitol oder die in Distrikt 12 getragenen zerlöcherten Lumpen. Während im kapitalistischen Kapitol alles auf Konsum ausgerichtet ist, lebt man in Distrikt 13 in kommunistischer Gleichheit.

Jeder hat seine festen Aufgaben, eine zentrale Verwaltung um Präsidentin Coin weist Nahrung, Kleidung und Unterkünfte zu. Es gibt nur das Kollektiv, nicht das Individuum. Diese kommunistische oder vielleicht real-sozialistische Art zu leben ist in Kriegszeiten keinesfalls überholt. Es geht um Zusammenhalt, nicht Neid; um Einheit, nicht Unterschiedlichkeit. Die Repressionen in Distrikt 13 sind enorm, aber sie erscheinen notwendig, um das Überleben an sich sichern zu können. In diesem Sinne ist das politische System in Distrikt 13 historisch gewachsen, aber es darf zurecht die Frage gestellt werden, ob die befürchteten Bedrohungen immer noch real sind oder ob das System sich vielmehr selbst dient und die Menschen von einem kleinen Kreis mächtiger Menschen wie Sklaven in Erdlöchern gehalten werden. Etwas ähnliches mag in gewisser Weise auch für das vom Korea-Krieg gezeichnete Nordkorea gelten, eine demokratische Volksrepublik, welche wir als Diktatur verstehen. Bei dem Treffen mit der Präsidentin sind auch Beetee und Plutarch dabei, der sie als »Mädchen, das in Flammen steht« begrüßt und sie der Präsidentin als »Spotttölpel« vorstellt. Katniss war im Kapitol wie ein niederes Tier, das man betatschen und in eine Arena stecken kann; sie war kein Mensch. In Distrikt 13 ist sie ein Vogel, ein Symbol, aber immer noch kein Mensch.

Für Coin ist es eine Ehre, Katniss kennenzulernen. Sie hält sie für eine sehr tapfere Frau und könne es sich nicht vorstellen, wie es sei, in den Spielen teilnehmen zu müssen. Auch Plutarch liest wie Snow sehr viel und hat immer Bücher und Notizen bei sich.

»Hier wird Geschichte geschrieben. Direkt hier an diesem Tisch«, sagt Plutarch stolz und begeistert. Katniss ist etwas entsetzt darüber, dass Beetee nun an den Rollstuhl gefesselt ist, da seine Lähmung durch den Schlag des Kraftfeldes irreversibel ist. Coin kommt gleich zur Sache und fragt Katniss, ob sie sich darüber im Klaren sei, was passiert ist in dem Moment, als sie den Pfeil auf das Kraftfeld abgeschossen hat.

Katniss habe damit die ganze Nation »elektrisiert«, es gab Tumulte und Aufstände und Streiks in sieben Distrikten. Es müsste nun darum gehen, diese Energie aufrechtzuerhalten und die Distrikte gegen das Kapitol zu vereinen

Geht diese Energie verloren, vergehen vielleicht weitere 75 Jahre, bis sich wieder eine solche Chance bietet. Jeder in Distrikt 13 ist bereit, doch Katniss fragt nur, was mit Peeta sei. Plutarch ist ehrlich zu ihr, dass er es nicht weiß, weil er seine Kontaktleute im Kapitol nicht erreichen könne. Das erscheint durchaus nachvollziehbar, da die Leute, um sich zu schützen, den Kontakt nach außen selbst eingestellt haben, um nicht als Verräter entlarvt zu werden. Nach Plutarchs offenkundigem Verrat wird man im Kapitol paranoid nach Verrätern sucht. Plutarch erklärt Katniss, dass es nun darum ginge, den Leuten zu zeigen, dass der Spotttölpel »noch da und wohlauf« ist und sich dem Kampf anschließe. Sämtliche Distrikte müssten sich gegen das Kapitol erheben, so wie es Katniss getan habe. Daher werden sie eine Reihe von Propagandaspots drehen, die er auch gerne »Propos« nennt. Die Botschaft soll sein: »Das Feuer, dass der Spotttölpel entfacht hat, wird weiter geschürt.«

Katniss wirft ihnen aber nur vor, Peeta im Stich gelassen, ihn verraten und dem Tod überlassen zu haben. Wenn jemand hätte überleben sollen, dann hätte es Peeta sein sollen. Coin erklärt ihr, dass es bei dieser Revolution jedoch um alle ginge: »Es geht um jeden von uns und wir brauchen eine Stimme.« Katniss gerät in Rage und stürzt aus dem Besprechungszimmer: »Wieso haben Sie da nicht Peeta gerettet?«

Coin blickt spöttisch zu Plutarch; er hätte wirklich besser Peeta retten sollen. Dieser erklärt jedoch, dass nur Katniss »das« tun könne und sie verdrängt habe, wer der wahre Feind sei. Katniss hätte nichts mit den Schilderungen von Plutarch gemein, beurteilt Coin, daher will er es zu ihrem eigenen persönlichen Problem machen. Wie Snow weiß er darum, dass *es* für Katniss in erster Linie um eigene Belange geht und ihr Handeln nicht altruistisch motiviert ist. Er schlägt vor, Katniss nach Distrikt 12 zu schicken, um ihr zu zeigen, was das Kapitol mit ihrem Distrikt getan hat: »Zeigen geht über Erklären.« Er weiß um die Macht der Bilder. Coin fürchtet, dass Katniss das nicht ertragen können, weil sie die Hungerspiele zerstört hätten.

Dennoch gelingt es Plutarch, sie von diesem Schritt zu überzeugen: »Die Menschen präsentieren sich nicht immer so, wie wir sie uns wünschen, aber dieser Zorn, ihr von Zorn getriebener Trotz, den brauchen wir. Wir müssen ihn nur kanalisieren.« Es brauche Katniss als Galionsfigur, um Menschen zu vereinen, die seit Jahren nichts anderes tun, als sich in der Arena gegenseitig umzubringen.

Plutarch ist ein Meister der Manipulation durch Überzeugung, und ein Meister im versteckten Honigkuchenpferdgrinsen.

Coin lenkt ein und ist bereit, Katniss nach Distrikt 12 zu schicken. Im Hangar, wo ein Hovercraft wartet, trifft Katniss auf Gale. Sie ist erleichtert, ihn wiederzusehen. Auf dem Flug nach Distrikt 12 überfliegt das Hovercraft verwilderte Landschaften, aus denen vereinzelt Ruinen herausragen; auch eine zerstörte Brücke ist an einem Fluss zu erkennen.

Darüber, wo *genau* Distrikt 13 liegen könnte, lässt sich abenteuerlich spekulieren. Befinden sich die Ruinen unmittelbar über Distrikt 13, so würde dies gegen eine Verlegung des Distriktes Richtung Norden sprechen. Jedoch überfliegt das Hovercraft ein Gebiet, welches möglicherweise der ehemalige Distrikt 13 war, die Ruinen könnten auch um einiges älter und die Hinterlassenschaften einer untergegangenen Zivilisation sein. Sie könnten irgendwo zwischen Distrikt 12 und 13 liegen und sind nicht genauer zu lokalisieren.

Da der Krieg für die Menschen in Distrikt 13 aber nie aufgehört habe, ist es denkbar, dass auch nach einer Verlegung des Distriktes Richtung Norden es zu Bombenangriffen des Kapitols kam und man daher oder aus Vorsorgemaßnahmen vor solchen möglichen Angriffen den Distrikt unter der Erdoberfläche neu aufgebaut hat. Man darf nicht übersehen, dass man in Distrikt 13 von der Erfahrung der völligen Vernichtung erneut geprägt wurde. Immer ist man in höchster Alarmbereitschaft und kämpft in einem *Kalten Krieg*, der Normalität und Realität geworden ist. Eine Verlegung in den Norden würde nach den Dunklen Tagen aber durchaus plausibel erscheinen, da der Distrikt so weiter aus dem Radius des Kapitols entschwinden, aber niemals ganz verschwinden würde.

Canetti: *Der Hunger der Masse*

»Es ist wichtig, als erstes einmal festzustellen, daß die Masse sich nie gesättigt fühlt. Solange es einen Menschen gibt, der nicht von ihr ergriffen ist, zeigt sie Appetit. Ob sie diesen auch behalten würde, wenn sie wirklich alle Menschen in sich aufgenommen hätte, kann niemand sicher sagen, doch ist es sehr zu vermuten. Ihre Versuche, bestehen zu bleiben, haben etwas Ohnmächtiges. Der einzig aussichtsreiche Weg dazu ist die Bildung von *Doppelmassen*, wobei dann eine Masse sich an einer anderen mißt. Je näher sich diese sind, an Kraft und Intensität, um so länger bleiben die beiden, die sich messen, am Leben.[66] (.)

Die sicherste und oft die einzige Möglichkeit für die Masse, sich zu erhalten, ist das Vorhandensein einer zweiten Masse, auf die sie sich bezieht. Sei es, daß sie im Spiel einander gegenübertreten und sich messen, sei es, daß sie einander ernsthaft bedrohen, der Anblick oder die starke Vorstellung einer zweiten Masse erlaubt der ersten nicht zu zerfallen. Während die Beine auf der einen Seite dicht beisammenstehen, sind die Augen auf andere Augen gegenüber gerichtet. Während die Arme sich hier nach einem gemeinsamen Rhythmus bewegen, horchen die Ohren auf den Schrei, den sie von der anderen Seite erwarten. Man ist mit den eigenen Leuten in physischer Nähe beisammen und agiert mit ihnen in vertrauter und natürlicher Einheit. Alle Neugier und Erwartung indessen oder alle Angst ist auf eine zweite Häufung von Menschen gerichtet, die durch einen klaren Abstand von einem getrennt sind. Sieht man sie gegenüber, so ist man durch den Anblick fasziniert; sieht man sie nicht, so kann man sie doch hören. Von der Aktion oder Absicht des zweiten Haufens hängt alles ab, was man selber tut.

Das Gegeneinander wirkt aufs Nebeneinander ein. Die Konfrontation, die bei beiden eine besondere Achtsamkeit hervorruft, ändert die Art der Konzentration innerhalb jeder Gruppe. Solange die anderen nicht auseinandergelaufen sind, muß man selber beisammenbleiben. Die Spannung zwischen den beiden Haufen wirkt sich als Druck auf die eigenen Leute aus. Wenn es sich um die Spannung eines rituellen Spieles handelt, tritt der Druck als etwas wie Scham in Erscheinung: Man setzt alles daran, die eigene Seite vor der gegnerischen nicht bloßzustellen. Wenn die Gegner aber drohen und es wirklich ums Leben geht, verwandelt sich der Druck in den Panzer entschlossener und einiger Abwehr. Auf jeden Fall hält eine Masse die andere am Leben, wobei vorausgesetzt ist, daß sie an Größe oder Intensität ungefähr gleich sind. Um Masse zu bleiben, darf man keinen zu überlegenen Gegner haben, wenigstens darf man ihn nicht für zu überlegen halten. Wo das Gefühl um sich greift, daß man nicht standhalten kann, wird man sich durch Massenflucht zu retten suchen, und wenn diese sich als aussichtslos erweist, zerfällt die Masse in Panik, jeder flieht für sich. Doch ist das nicht der Fall, der hier interessiert. Zur Ausbildung des Zwei-Massen-Systems, wie man es auch nennen kann, gehört auf beiden Seiten das Gefühl von ungefähr gleicher Stärke.[67] (.)

In Kriegen geht es ums Töten. ‹Die Reihen der Feinde wurden gelichtet.› Es geht um ein Töten in Haufen. Möglichst viele Feinde werden niedergeschlagen; aus der gefährlichen Masse von lebenden Gegnern soll ein Haufe von Toten werden. Sieger ist, wer mehr Feinde getötet hat. Es ist die wachsende Masse der Nachbarn, der man im Kriege entgegentritt. Ihre Zunahme ist an sich beängstigend. Ihre Drohung, die im Wachstum allein schon enthalten ist, löst die eigene aggressive Masse aus, die zum Krieg drängt. Bei seiner Führung sucht man immer überlegen zu sein, nämlich die zahlreichere Gruppe an Ort und Stelle zu haben und die Schwäche des Gegners in jeder Hinsicht auszunützen, ehe er selber seine Zahl erhöht. Die Kriegführung im einzelnen ist also das genaue Bild dessen, was im ganzen vor sich geht: Man will die größere Masse von Lebenden sein. Auf der gegnerischen Seite aber sei der größere Haufen von Toten. In diesem Wettbewerb der wachsenden Massen liegt ein wesentlicher, man möchte sagen, der tiefste Grund zu Kriegen. Man kann auch Sklaven machen statt Tote, Frauen und Kinder besonders, die dann dazu dienen, die Masse des eigenen Stammes zu vermehren. Aber nie ist der Krieg ein wirklicher Krieg, wenn er nicht zuerst auf einen Haufen von feindlichen Toten zielt.«[68]

Da man in Panem jedoch um die drohende endgültige Vernichtung allen Lebens weiß, welche die tödlichsten Waffen der Erdgeschichte herbeiführen können, so ist man in beiden Massenzentren darum bemüht, es zu keinem heißen Krieg kommen zu lassen und den Krieg kalt zu halten, so wie es zwischen Washington und Moskau, zwischen den USA und der Sowjetunion, zwischen dem Westen und dem Osten, zwischen Kapitalismus und Kommunismus, zwischen Individuum und Kollektiv, zwischen Blau und Rot in der zweiten Hälfte des 20. Jahrhunderts war. (Dass in Panem dem Kommunismus blau und dem Kapitalismus rot zugeordnet wird, ist eine elegante Chiffre.) Distrikt 13 *überlebte*, weil man dort Nuklearwaffen unter eigene Kontrolle bringen konnte. Es entsteht zwischen den Polen beider Massen dadurch ein Kräftegleichgewicht, welches gewiss sehr empfindlich ist und leicht kippen kann. Es ist für beide Seiten von besonderer Bedeutung, die Absichten des jeweils anderen erkennen und erahnen zu können. Das Prinzip der doppelten Spionage muss eine Hochzeit erlebt haben und so waren Plutarch und Heavensbee gewiss nicht die einzigen *Berater* und *Verräter* in dieser Zeit.

Katniss schreibt:

»Von oben sieht es in 13 mehr oder weniger genauso einladend aus wie in 12. Anders, als das Kapitol es im Fernsehen zeigt, rauchen die Trümmer zwar nicht mehr, aber oberirdisch gibt es so gut wie kein Leben. In den fünfundsiebzig Jahren seit den Dunklen Tagen – als Distrikt 13 im Krieg zwischen dem Kapitol und den Distrikten angeblich ausgelöscht wurde – wurde fast nur noch unter der Erde gebaut. Schon vorher hatte es hier ausgedehnte unterirdische Anlagen gegeben, die über die Jahrhunderte errichtet worden waren, entweder als geheimer Schutzraum für die Regierenden in Kriegszeiten oder als letzte Zuflucht für die Menschheit, falls über der Erde kein Leben mehr möglich wäre. Entscheidend für die Menschen in 13 war, dass das Kapitol hier sein Atomprogramm entwickelte. In den Dunklen Tagen entrissen die Rebellen den Regierungstruppen die Kontrolle über die Atomwaffen, richteten sie auf das Kapitol und trafen dann ein Abkommen: Sie würden so tun, als wären sie tot, und im Gegenzug würde das Kapitol sie in Ruhe lassen. Im Westen besaß das Kapitol noch weitere Atomwaffen, aber bei einem Einsatz gegen 13 hätte es mit Vergeltung rechnen müssen. Also musste es dem Abkommen zustimmen. Das Kapitol zerstörte die sichtbaren Überreste des Distrikts und kappte sämtliche Verbindungen zur Außenwelt. Vielleicht rechneten die Führer im Kapitol damit, dass Distrikt 13 ohne Hilfe bald von allein zugrunde gehen würde. Manchmal war es auch fast so weit, aber durch strenge Rationierung der Ressourcen, eiserne Disziplin und ständige Wachsamkeit gegenüber erneuten Angriffen des Kapitols kamen die Menschen in 13 immer wieder davon. Nun leben die Bewohner fast ausschließlich unter der Erde. Wer Sport treiben oder ein bisschen Sonne tanken will, darf nach oben, aber nur zu genau festgelegten Zeiten im jeweiligen Tagesplan. Der Tagesplan muss unbedingt eingehalten werden. Jeden Morgen muss man den rechten Arm in eine Vorrichtung in der Wand halten. Dort wird auf die weiche Innenseite des Unterarms mit fieser lila Tinte der tägliche Stundenplan aufgedruckt. 7.00 Uhr Frühstück. 7.30 Uhr Küchendienst. 8.30 Uhr – Unterrichtscenter, Raum 17. Und so weiter. Die Tinte ist unauslöschlich bis 22.00 Uhr – Baden. Was immer die Tinte beständig macht, um diese Zeit verliert es seine Wirkung, und der Tagesplan wird weggespült. Das Erlöschen des Lichts um 22.30 Uhr zeigt an, dass jeder, der keine Nachtschicht hat, jetzt im Bett liegen soll.«[69]

Wie konnte Distrikt 13 überleben? Es muss eine Außenwelt geben, von der das Kapitol als totalitärer Staat die Menschen abschirmen wollte – weshalb es unerlässlich war zu propagieren, Distrikt 13 sei vollkommen zerstört worden. Ist es möglich, dass Distrikt 13 – wie unter Umständen auch das Kapitol selbst – Verbündete auf anderen Kontinenten hatte? Es ist nicht auszuschließen, dass andere kapitalistische oder kommunistische, totalitäre oder demokratische Staaten auf der ganzen Welt teils enge Beziehungen nach Panem unterhielten.

Plutarch konnte unmöglich als Kapitolist in den Distrikten leben. Als Rebell hätte er nicht durchgängig im Kapitol bleiben können; er musste lange Zeit versteckt leben, aber eben nicht in Distrikt 13 selbst. Lebte er in der Wildnis im Untergrund? Oder besaß er ein kleines Exil im Ausland, von dem er zurückkehrte, als er von Katniss zum »Wiederkommen« inspiriert wurde? Es ist denkbar, dass das Kapitol sein Mahagoni aus Südamerika bezog, während Distrikt 13 mit Nahrungsmitteln über eine Atlantik-Luftbrücke aus Europa versorgt wurde, ähnlich wie die USA eine Luftbrücke nach Westberlin einrichteten, nachdem die DDR-Führung das Land hinter einer hohen Mauer abschirmte und Westberlin »ausbluten« lassen wollte.

Auch dieses Gleichgewicht internationaler Beziehungen ist sehr fragil. Erhält Distrikt 13 zu viel Unterstützung von Verbündeten, so müsste das Kapitol eine rote Linie ziehen. Im Gegenzug dürfte das Kapitol die Unterstützung und Hilfslieferungen für Distrikt 13 nicht zu stark einschränken oder behindern. In beiden Fällen hätte es zu einem weltweiten Krieg kommen können, dessen Eintritt andere Staaten in der Welt mit sich gerissen hätte. Die Gefahr, dass alles Leben in einem atomaren Holocaust vernichtet werden würde, war real und musste sehr ernst genommen werden. Alles stand also unter der Maxime: *So viel Hilfe wie nötig, so wenig Eingriff wie möglich.* Panems Innenpolitik blieb eine innere Angelegenheit, die sich als unangefochtene Atommacht zu jederzeit mit allen Mitteln verteidigen konnte; jedoch nicht um jeden Preis, sodass kleinere Animositäten mit Argusaugen toleriert wurden.

5.1.2 Vergeltung

»Im Übrigen stelle ich den Antrag, dass Distrikt 12 zerstört werden soll.«

Das Hovercraft bleibt in der Luft, um Katniss zu schützen, während sie in Distrikt 12 mit eigenen Augen sehen will, was das Kapitol getan hat. Den Anblick der Zerstörung und der verkohlten Leichenreste, zwischen denen verwilderte Tiere nach Essbarem suchen, kann Katniss nur schwer ertragen. Bemerkenswert ist die scharfe Trennung zwischen Zerstörung und Erhalt des Dorfs der Sieger. Offenbar wurden sehr hoch entwickelte Waffen eingesetzt, die sehr präzise zerstören und verschonen können.

Katniss nimmt ein paar wichtige Sachen und Medikamente mit und packt sie in eine Tasche. Sie erschreckt, als der Karter etwas herunter stößt. Sie packt ihn in die Tasche, für Prim. Im Arbeitszimmer nimmt sie ein Bild ihres verstorbenen Vaters mit. Dabei entdeckt sie, dass zwischen den verwelkten Rosen auf dem Schreibtisch eine kräftig blühende weiße Rose steht. Sie nimmt sie heraus und betrachtet sie näher. Sie begreift, dass es eine Botschaft von Snow ist und lässt sie erschrocken zu Boden fallen. »Sie weist auf eine offene Rechnung hin. Sie flüstert: *Ich kann dich finden. Ich kann dich erreichen. Vielleicht beobachte ich dich genau in diesem Augenblick.*«[70] Sie sagt aber noch viel mehr. Sie sagt:

Ich weiß, dass du hierher kommen würdest. Ich weiß, wer du bist und was du bist und was du tust und wann du es tust. Du bist für mich berechenbar und das gibt mir Macht über dich, weil ich dich besser kenne als du dich selbst und ich besser weiß, was du als nächstes tun wirst, als du es selbst wissen kannst. Und ich weiß, dass dir all diese Gedanken gerade durch den Kopf gehen, ob sie zutreffen oder nicht, aber auch wenn ich nicht da bin, bin ich in deinem Kopf und du kannst nicht vor mir davonlaufen, weil du nicht vor deinen eigenen Gedanken fortlaufen kannst und ich weiß, wie sehr dich das quält, dass ich die Macht habe, über dich so zu verfügen, dass du dich selbst quälen musst, ob du es willst oder nicht. Du zerstörst dich selbst, ohne mein weiteres Zutun. Du wirst dich selbst vernichten, weil ich es so will.

Der Psychoterror der weißen Rosen

5.1.3 Helfershelfer

Canetti: *Die Bürde des Königs*

»Fängt der König an zu altern, so ist seine magische Kraft bedroht. Sie kann schwinden oder geschwächt werden, sie kann durch böse Mächte in ihr Gegenteil verkehrt werden. Deshalb muß man dem alternden König das Leben nehmen und seine magische Kraft auf den Nachfolger übertragen. Die Person des Königs ist nur von Bedeutung, solange sie intakt ist. Als intaktes Gefäß vermag sie die Vermehrungskräfte zu halten. Der geringste Defekt macht ihn seinen Untertanen verdächtig. Er könnte etwas von der Substanz verlieren, die ihm anvertraut ist, und das Wohlergehen seiner Leute gefährden. Die Verfassung dieser Reiche ist die körperliche Verfassung des Königs selbst. Er ist sozusagen auf seine Kraft und Gesundheit eingeschworen. Ein König, der graue Haare zeigt, dessen Sehkraft nachläßt, der Zähne verliert, ein impotenter König wird umgebracht oder er muß Selbstmord begehen. Er nimmt Gift oder er wird erdrosselt. Diese Todesarten werden vorgezogen, denn es ist nicht erlaubt, sein Blut zu vergießen. Manchmal ist die Dauer seiner Regierung schon von vornherein auf eine bestimmte Anzahl von Jahren festgesetzt. (.) Seine Leidenschaft zu überleben, die während seiner Regierung gefährliche Ausmaße annehmen könnte, wird von Anfang angedämpft und gebändigt. Er weiß, wann er sterben wird, früher als viele seiner Untertanen. Er hat den Zeitpunkt seines Todes immer klar vor sich, gerade darin ist er ihnen, die er beherrscht, um ein Beträchtliches unterlegen. Indem er die Regierung übernimmt, verzichtet er darauf, unter allen Umständen zu überleben. Es ist eine Art von Pakt, den er so mit ihnen eingeht. Die Würde, die er erlangt, ist eine wahre Bürde. Er erklärt sich bereit, sein Leben nach Ablauf einer gewissen Frist zum Opfer zu bringen.«[71]

Zur gleichen Zeit bereitet Snow eine Rede an die Nation vor. Als er von einem Avox gepflegt wird, während er die Karten durchgeht, kommt es zu einem kleinen Schnitt an seiner linken Wange. Ein Blutstropfen kommt hervor, den er mit seinem Finger durch Tippen abwischt.

Jeder Diktator, jeder Staatsmann, jeder Anführer, jede starke Persönlichkeit hat jemanden, der ihm zur Seite steht und in berät, unterstützt, begleitet und manchmal auch Beihilfe zu Kriegsverbrechen und Hochverrat an der Menschlichkeit leistet. Was für den gierigen und erbarmungslos ausbeutenden Stadthalter der römischen Provinz Sizilien Gaius Verres der Helfershelfer Apronius war, ist für Snow eine weibliche Ergänzung seiner Gedankenwelt in Gestalt der Egeria. Egeria wird bei Collins nicht erwähnt und findet nur bei Collins&Co eine Darstellung.

Die Nymphe Egeria soll der römischen Mythologie nach die Geliebte des zweiten Königs von Rom Numa Pompilius gewesen sein. Sie beriet ihn bei wichtigen Entscheidungen und wies ihm so den Weg zu weiser Herrschaft. Von ihr soll Numa die *Ancilia* erhalten haben, die zwölf Bronzeschilde, auf deren Besitz sich der Sage nach Roms Macht gründete. Es wurde später vermutet, dass der König die Nymphe nur erfunden habe, um seinen Aussagen mehr Nachdruck zu verleihen und das Volk zur kritiklosen Hinnahme und Befolgung seiner Vorschriften zu bewegen. Ovids *Metamorphosen* zufolge soll Egeria sich nach dem Tod des Numa nach Aricia zurückgezogen und sich dort in Trauer und Tränen in die Quelle Egeria verwandelt haben.

Die Zeilen der Rede müssten überarbeitet werden, bemängelt Snow und ruft Egeria zu sich. Er sucht ein anderes Wort für »Rebellen«, denn er wolle »sinnlose Akte der Aufsässigkeit« nicht legitimieren. Egeria schlägt »Verbrecher« vor, Snow lehnt ab. »Radikale« ist hingegen für ihn ein akzeptables Wort und ermöglicht es, »Verbrecher« noch an anderen Stelle zu verwenden.

Diese Szene drückt die *Macht* als auch die *Ohnmacht* Snows aus. Sie drückt Macht aus, weil er mit einer einfachen Augenbewegung über Annahme oder Ablehnung entscheiden kann; sie drückt seine Ohnmacht aus, weil er sich seiner Bewegungsunfähigkeit anpasst, da er gerade von einem Avox für die Rede rasiert und gepflegt wird. Wie sehr Snow selbst an der Schönheitskultur im Kapitol teilnimmt, ist nicht eindeutig belegt. Seine Lippen sollen kraftvoll und aufgehübscht gewesen sein. Der libysche Diktator Muammar al-Gaddafi, der *König der Könige*, soll einen eigenen Raum im Keller seines Palastes eingerichtet haben, der für Schönheitsoperationen vorgesehen war.

Auch wenn Snow sich nicht am Schönheitswahn beteiligte, so legt er dennoch großen Wert auf sein äußeres Erscheinungsbild. Für Snow ist aber auch die Wortwahl in seiner Rede von besonderer Bedeutung, »denn andernfalls brechen wir meine älteste Regel: Du darfst ihnen niemals zeigen, dass du blutest.« Über den Krieg schreibt Canetti: »Um die kriegerische Stimmung aufrechtzuerhalten, muß man immer wieder beteuern, einmal wie stark man selber ist, das heißt, aus wieviel Kriegern das eigene Heer besteht, und dann wie groß schon die Zahl der toten Feinde ist.«[72]

Finnick wird später verlauten lassen, dass Snow innere Wunden in seinem Hals habe, die nie abheilen würden. Sie kommen von dem Gift, welches er zum Töten benutzte, aber Gegengifte nicht immer wirken und so sein Bemühen, den Verdacht zu zerstreuen durch das Trinken aus derselben Tasse, Spuren hinterlassen hat. Das innere Bluten steht für die Destruktivität und die gnadenlose Brutalität, mit der Snow bereit ist, sein Äußeres zu erhalten, welches ein Symbol der Macht ist.

Es gibt aber auch das Äußere bluten, darauf weist der Schnitt in seine Wange hin. Das muss nach Canetti versteckt werden, denn wenn Haie erst einmal Blut gewittert haben, gibt es nichts mehr, was ihren Hunger sättigen könnte. Dies beginnt mit dem aller ersten Blutstropfen, und sei er auch noch so klein. Die kleine Wunde an Snows Wange droht dann, ihn schnell ganz aufzufressen; so wie es die Aufstände mit ganz Panem tun würden.

5.1.4 Das Märchen und der Bock

»Welche Menschen in einem Staate [sind] schädlicher: Welche etwas erwerben wollen, oder die, welche das Erworbene zu verlieren fürchten? (.) Meistenteils jedoch werden solche Umwälzungen durch die Besitzenden hervorgerufen, denn die Furcht zu verlieren erweckt bei ihnen das gleiche Verlangen wie bei denen, die etwas erwerben wollen. Glauben die Menschen doch das, was sie haben, nur dann sicher zu besitzen, wenn sie von andern etwas hinzuerwerben. Dazu kommt, daß die, welche viel besitzen, eine Umwälzung mit mehr Kraft und Nachdruck herbeiführen können. Außerdem entzündet ihr mutwilliges und ehrgeiziges Betragen in der Brust der Nichtbesitzenden das gleiche Verlangen; sie wollen sich entweder durch Beraubung der Besitzenden rächen oder ihrerseits zu den Reichtümern und Ämtern gelangen, die sie von jenen mißbraucht sehen.«

– Niccolo Machiavelli[73]

Snows Rede an die Nation:

Bürger,
heute richte ich mich an ganz Panem als eine Nation. Seit den Dunklen
Tagen erlebt Panem eine nie dagewesene Ära des Friedens. Es ist ein Frieden, der auf dem Miteinander beruht und dem Respekt vor Recht und
Ordnung.
In den vergangenen Wochen haben Sie von Gewaltausbrüchen in Folge
der Taten einiger weniger ... Radikaler während des Jubel-Jubiläums gehört. Denen, die diesen zerstörerischen Weg wählen, sage ich Folgendes:
Ihre Handlungen beruhen auf ihrer Fehlauffassung, was unser Überleben
betrifft als Einheit. Es ist ein Vertrag: Jeder Distrikt versorgt das Kapitol,
so wie Blut zum Herzen fließt. Im Gegenzug sorgt das Kapitol für Ordnung und Sicherheit. Die Arbeit zu verweigern, heißt vorsätzlich das
ganze System zu gefährden. Das Kapitol ist das für alle schlagende Herz
von Panem und nichts überlebt ohne ein Herz.
Die Verbrecher, die vor ihnen knien, benutzen Symbole zum Zweck der
Aufwiegelung, weshalb alle Abbilder des Spotttölpels von jetzt an streng
verboten sind. Ihr Besitz gilt als Hochverrat, geahndet durch die Todesstrafe.
Und der Gerechtigkeit wird unverzüglich Genüge getan. Die Ordnung
wird wiederhergestellt. An jene die die Warnung der Geschichte ignorie-
ren:
   - Schüsse -
Macht euch darauf gefasst, den höchsten Preis dafür zu bezahlen.

Mit den öffentlichen Hinrichtungen erschafft Snow ein Bild, welches unmissverständlich ist. *Zeigen geht über Erklären*, glaubt nicht
nur Heavensbee, sondern erkannte schon Le Bon.[74] Was Snow losgelöst davon geschickt propagiert, ist das Bild von einem *Körper* mit
einem *Herz*. Während die frühere Erzählung von Menenius über einen *Körper* mit *Gliedern* und einem *Bauch* die Deutung zugelassen

hat, der *Bauch* bereichere sich selbst, so ist die Bedeutung eine Herzens doch eine gänzlich andere. Das Herz dient als Verteilungszentrale. Alle erzeugten Güter aus den Distrikten fließen zum Kapitol, »wie Blut zum Herzen strömt«, und von dort aus werden sie wieder zurückverteilt. Dies ist notwendig, da alle Distrikte zusammenwirken, um Panem zu ernähren und also aufeinander in einer Zentralwirtschaft angewiesen sind.

Snow spricht aber auch einen weiteren Punkt an, nämlich den *Vertrag*. Rawls Gerechtigkeitstheorie geht von dem Ansatz aus, dass Reiche kein Interesse an mehr Gerechtigkeit haben, da sie dadurch keinen Vorteil hätten. Arme hingegen haben keinen oder nicht genug Einfluss darauf, mehr Gerechtigkeit herbeizuführen. Ergo wird Gerechtigkeit sich nicht von selbst vermehren. Rawls stellt ein Gedankenexperiment an, den »Schleier des Nichtwissens«.

Man begibt sich in einen Urzustand und der Schleicher des Nichtwissens verhindert, Kenntnisse über natürliche Vor- und Nachteile. Menschen sollen sich also vorstellen, sie hätten vor ihrer Geburt keine Kenntnis über ihre Hautfarbe, über ihr Geburtsland, über ihre Ethnie, den sozialen Status und so weiter. Rawls sagt nun: Wenn Menschen nicht wissen, in welche Position sie in die Welt hinein geboren werden, dann würden sie intuitiv ein ordentliches Verständnis von Gerechtigkeit hervorbringen.

Für Panem bedeutet dieser Vertrag im Grunde, Sicherheit zu haben: Lebt man im Kapitol, hat man die Aufgabe, für Ordnung zu sorgen und wird im Gegenzug versorgt; wird man in den Distrikten geboren, erfährt man den Schutz des Kapitols und ist für die Güterproduktion zuständig wie auch für das Darbieten der Tribute. Es ist die mittelalterliche Welt, in der der Einzelne das Risiko nicht kennt, aber Sicherheit und Stabilität gewährleistet sind.

Gerechtigkeit hat bei Rawls zwei Aspekte: Die Zuweisung von Rechten und Pflichten, sowie die Verteilung der Güter. Der Vertrag, auf den sich Snow bezieht, regelt eben genau dies. Die gängige Praxis mag anders aussehen, etwa weil Friedenswächter aus Distrikt 2 kommen; dennoch ist dies der allgemeingültige Vertrag, der seit den Dunklen Tagen weithin anerkannt wurde. Soziale Ungleichheit darf es Rawls zufolge nur unter zwei Bedingungen geben:

1. Ämter sind für jeden zu erreichen;
2. Die Funktion des Amtsträgers dient denen, die durch die soziale Ungleichheit Nachteile erleiden, die das Amt als solches mit sich bringt.

Ein Beamter darf also nur dann mehr verdienen, wenn jeder dieses Amt erlangen kann und durch sein Wirken der Beamte seinen Untergebenen dient. Beide Bedingungen sind nicht mehr von Bestand. Eine »Oligarchie der Privilegierten« (Sutherland) herrscht über Sklaven, die ausgebeutet und ihre Kinder ermordet werden. Dadurch, dass die Sklaven die Arbeit verweigern, kündigen sie den Vertrag auf, an den sie sich nicht mehr gebunden fühlen. Snow, der unter großem innenpolitischem Druck steht, versucht die Ordnung mit Gewalt aufrechtzuerhalten.

In einem Propaganda-Spot, welchen Snow mit Peeta gedreht hat und der in den Filmen keine Erwähnung findet, spricht Snow ebenfalls über das Bildnis von Körper und Herz.

Snows *First Address: Together As One*

> Seit den Dunklen Tagen hat unsere große Nation nur Frieden gekannt. Es ist ein elegantes System. Es schafft Wohlstand und Sicherheit.
> Eure Distrikte sind der Körper, das Kapitol ist das schlagende Herz.
> Eure harte Arbeit ernährt uns und im Gegenzug ernähren und schützen wir euch.
> Wer gegen das System kämpft, kämpft gegen sich selbst. Ihr werdet es sein, die bluten werden.
> Steht zusammen als Einheit.
> Panem heute, Panem morgen, Panem für immer.

Neben der Ewigkeitspropaganda enthält dieser Propaganda-Spot auch noch eine weitere wichtige Botschaft, nämlich darüber, *wer* bluten wird.

Canetti: *Die kriegerische Stimmung*

»Um die kriegerische Stimmung aufrechtzuerhalten, muß man immer wieder beteuern, einmal wie stark man selber ist, das heißt, aus wieviel Kriegern das eigene Heer besteht, und dann wie groß schon die Zahl der toten Feinde ist. Von frühesten Zeiten her zeichnen sich Kriegsberichte durch diese doppelte Statistik aus: So viel eigene Leute sind ausgezogen, so viel Feinde sind tot. Zu Übertreibungen ist man sehr geneigt, besonders in der Zahl der toten Feinde. Während man den Krieg führt, wird man nicht zugeben, daß die Zahl der lebenden Feinde für einen zu stark ist. Selbst wenn man es weiß, schweigt man darüber und sucht diesem Übelstand durch die Verteilung der kämpfenden Truppen abzuhelfen. Man tut – wie schon oben bemerkt – alles, um durch leichte Ablösbarkeit und Beweglichkeit der Heeresabteilungen eine Überlegenheit an Ort und Stelle zu erlangen. Erst nach dem Kriege wird dann davon gesprochen, wie viel Leute man selber verloren hat.«[75]

Snow spricht die »Bürger« bestimmt und wenig freundlich an. Er tritt als Mahner auf, als übermächtiger Diktator. Er versucht, den Menschen ein Bild von Panem *einzuimpfen*, welches sich jedoch nicht mehr mit deren Lebenswirklichkeiten von Unterdrückung, Tod und Hunger deckt. Dagegen rebellieren sie zunehmend. Er will diese Aufstände nicht legitimieren und spricht bewusst nicht das Wort »Rebell« oder »Rebellion« aus. Er will nicht den Eindruck bestärken, es gebe etwas, wogegen man rebellieren könne, dürfe oder sogar müsse, weil es tatsächlich etwas zu befreien gäbe. Radikale sind Feinde des Staates, die potenziell das Leben aller bedrohen.

Daher wird der Frieden nach innen auch mit Waffengewalt nach außen verteidigt.

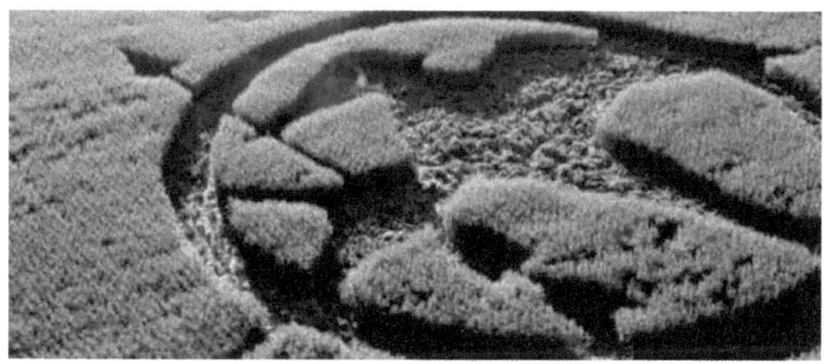

Abzeichen im Kornfeld[76]

Verbotene Symbole und Abzeichen[77]

In diesem Sinne ist Snows Rede gut durchdacht und es verwundert arg, dass er dennoch einen – wie man zu sagen pflegt – *richtig dicken Bock geschossen hat*. Indem er nämlich sagt: »Die Ordnung wird wieder hergestellt«, spielt er nicht nur mit der Bedeutung des Revolutionsbegriffes. Der *Bock* besteht nun darin, dass er mit dieser Ansage an die Aufsässigen zugibt, dass die bestehende Ordnung bereits gestürzt wurde. Man muss sich dies, so trivial es klingt, klar machen: Ist eine Ordnung gestürzt, muss sie wiederhergestellt werden. Eine bestehende Ordnung muss nicht wiederhergestellt werden, weil sie nie gestürzt wurde. Weshalb sollte man eine bestehende Ordnung also wiederherstellen? Die einzige Antwort kann sein: Die Ordnung ist bereits gestürzt. Was Snow mit »Ordnung« meinte, war vielleicht viel spezifischer gemeint: die Ordnung der Arbeitsabläufe, die Ordnung der öffentliche Plätze und ein Verbot von Spotttölpel-Schmierereien – eben all die Ordnung, die zu Unordnung wurde.

Dennoch ist diese Wortwahl für jemanden, der auf jedes noch so kleine Detail achtet, ungewöhnlich. Es zeigt, wie groß der innenpolitische Druck auf Snow sein muss. Durch Streiks, Arbeitsverweigerungen und Zerstörungen von Erzeugnissen muss es unlängst auch im Kapitol zu Produktionsengpässen gekommen sein, was die »verhätschelte Elite« unverzüglich in große Aufregung versetzt. Für sie ist die Ordnung bereits gefallen und muss wiederhergestellt werden. Die nekrophile Gesellschaft im Kapitol und naher Distrikte sind in höchster Alarmbereitschaft. Die Ordnung ist in Gefahr. Die Ordnung muss verteidigt werden, sie muss wiederhergestellt werden. Das Erschießen der Menschen unmittelbar nach der Verkündung von der Ordnung, bringt zum Ausdruck, wie sehr man besonders im Kapitol das Gesetz und die Ordnung über alles stellt, und dafür bereit ist, alles und insbesondere jeden zu opfern. Wer die Ordnung angreift, wird den höchsten Preis dafür bezahlen müssen.

Snows Ansage wird also auch an die Elite im Kapitol gerichtet gewesen sein, um sie zu beruhigen, dass er alles tun werde, um ihre Fabriken in den Distrikten wieder auf vollen Kapazitäten laufen zu lassen und entstandene Produktionsrückstände aufzuholen. Man darf auch nicht übersehen, dass in den meisten Distrikten es den Friedenswächtern noch immer gelingt, die Menschen zusammenzutreiben und in manchen Distrikten, die eher dem Kapitol zur Seite stehen, ebenfalls Angst umgehen könnte, da diese ebenfalls von Erzeugnissen aus Distrikten abhängig sind, welche nun mit Streiks drohen. Snow spricht eben nicht nur zu den Aufsässigen, sondern eben »an ganz Panem als eine Nation«. Seine Botschaft richtet sich jedoch nicht an alle, sondern enthält für alle und jeden etwas: *So führe die Teile zu einer Einheit zusammen, und teile die Einheit, um zu herrschen.*

Im Präsidentenpalast betont die Kleidung das Geschlecht der erwachsenen Person, wie es am französischen Hofe üblich war. Nach Foucault wird so etwa das breitere Becken der Frau besonders hervorgehoben.

Als Snow ausruft, auf die Verwendung der Spotttölpel-Symbole stehe die Todesstrafe, knöpft seine Enkelin langsam und leise ihren Zopf auf, den sie begonnen hatte, wie Katniss zu flechten. Offenbar ist die Angst auch innerfamiliär groß. Im Hintergrund steht ein weiteres Mädchen sowie ein Mann und eine Frau, über die nichts näher bekannt ist. Es ist reine Spekulation, ob es sich um Snows Tochter und Schwiegersohn, Sohn oder Schwiegertochter handelt, oder ob beide seine Kinder sein könnten. Überliefert ist soweit auch nur, dass Snow eine Enkelin habe, zumindest scheint er sich nur für diese sonderlich zu interessieren.

Dass über Snows Familie und nähere Angehörige aber nichts oder nur sehr wenig bekannt ist, ist aber auch wenig verwunderlich. Er möchte sie aus der Öffentlichkeit heraushalten, um sie zu schützen, und um sich selbst davor zu schützen, Bedrohungen aus den eigenen Reihen erfahren zu müssen, wenn es um sein politisches wie weltliches Erbe und die Frage seiner Nachfolge geht.

5.1.5 Waffenruhe?

In Distrikt 13 trifft Katniss ihre Schwester und ihre Mutter wieder. Prim freut sich darüber, dass Katniss Butterblume mit reingeschmuggelt hat. Es gebe jedoch strenge Vorschriften, sagt ihre Mutter; sie wisse nicht, was los sei, wenn sie den Kater finden würden.

In einer geschnittenen Szene hat Gale ebenfalls zu Katniss im Hovercraft auf dem Rückflug gesagt, dass sie die Katze lieber verstecken solle, da man sie in Distrikt 13 nicht möge. Es geht eben um Rationierung und Katzen sind nur »weitere Mäuler, die gestopft werden müssen.« In der besagten Szene sagte Gale auch zu Katniss, sie müsse nicht darüber sprechen; er wollte nur wissen, ob sie alles Nötige gesehen habe, was das Kapitol mit Distrikt 12 gemacht hat, was sie kurz bejahte.

Caesar und Peeta im Gespräch[78]

In der Kantine sitzt Katniss schweigsam neben Gale, als eine Videoübertragung aus dem Kapitol eingespielt wird. Caesar hält ein Interview mit Peeta ab. Es geht um die Ereignisse bei den 75. Hungerspielen.

Peeta spricht darüber, dass man bei den Spielen einfach nur den Wunsch hat zu leben und dass die Spiele einen alles kosten würden, was einen ausmacht. Caesar versucht das Gespräch zu lenken. Er fragt ihn, ob er etwas mit Beetees Plan zu tun hatte. Peeta meint, er war damit beschäftigt, Verbündeter zu sein und dass er einfach mit Katniss hätte weglaufen sollen, ehe beide von den anderen Tributen getrennt wurden.

Als Katniss das Kraftfeld über der Arena »persönlich weggepustet« hat, wie Caesar es formulierte, habe sie nicht gewusst, was sie tat, erklärt Peeta. Keiner von beiden wusste, dass es einen größeren Plan gab. Caesar weist ihn daraufhin, dass das verdächtig klinge. Peeta betont jedoch, dass sie bei keinem Plan mitgemacht hätten. Caesar glaubt ihm. Dann spricht Peeta noch über den Aufruf:

»Ich möchte, dass jeder, der zusieht, sich überlegt – ganz in Ruhe – was so ein Bürgerkrieg bedeutet. Wir standen schon einmal am Rand der Ausrottung und jetzt sind wir sogar noch viel weniger. Also, können wir das alle wirklich wollen? Uns alle gegenseitig umbringen? Töten ist keine Lösung. Es müssen alle die Waffen sofort niederlegen, sonst war es das für uns alle.«

Peeta ruft zu einem Waffenstillstand auf. Die sinnlose Gewalt sei nicht der Weg zur Veränderung, sei nicht der der Weg zur Gerechtigkeit. Die Menschen in Distrikt 13 bezeichnen ihn daraufhin als »Verräter« und Katniss flüchtet geradezu aus der Kantine. Gale geht ihr nach. Katniss versteht, dass ein Waffenstillstand nicht möglich ist, weil Snow zu viel angerichtet habe. Es ist eine interessante Frage, ob eine Waffenruhe zu dieser Zeit möglich gewesen wäre, um einen neuen Staatsvertrag auszuhandeln. Ich glaube, dass man im Kapitol der festen Überzeugung war, man müsse doch etwas gegen diese »Barbaren« tun können, die einem den Luxus wegnehmen wollen. Kleine Kinder sind bereit, alles zu tun, was immer nötig ist, um das, was sie behalten wollen und fürchten, jemand anderes könne es ihnen wegnehmen, zu verteidigen – auch mit Gewalt, besonders mit Gewalt gegen andere Kinder, die als Bedrohung empfunden werden.

Das gilt jedoch auch umgekehrt: Hätte das Kapitol nachgegeben und vorgeschlagen, einen neuen Staatsvertrag auszuhandeln, so hätte die Gier – angetrieben von Distrikt 13 – überhand nehmen können, sodass ein solcher Vertrag am Ende nicht hätte zustande kommen können. Die Fronten waren schlicht zu verhärtet und das Vertrauen in einander schon längst vernichtet. Auf der Seite der Rebellen scheint es unglaubwürdig, dass dieser Weg zu wirklichen Veränderungen führen könnte. Für sie erschien es wie eine Falle, die sie selbst entwaffnen kann. Das System ist so festgefahren, dass es sich selbst blockiert und nur noch durch eine blutige Revolution Freiheit etabliert werden kann, da die Machteliten sich jedweden Veränderungen mit aller Macht widersetzen.

Gale fürchtet, dass Peeta ihnen mit dieser Botschaft sehr geschadet habe. Viele Distrikte hätten nämlich noch Angst, sich der Rebellion anzuschließen. Gale spekuliert darüber, ob Peeta gezwungen wurde oder sich auf einen Deal eingelassen habe, um Katniss zu schützen.

»Er spielt das Spiel weiter«, erkennt Katniss. In einer geschnittenen Szene erklärt Haymitch ihr, dass die Spiele noch nicht vorbei seien. Peeta lebt und so sind auch er und Katniss weiterhin im Spiel, ob sie wollen oder nicht. Katniss will helfen, niemand hat einen solchen Hass auf das Kapitol wie sie. Aber selbst wenn sie den Krieg gewinnen sollten, muss sie immer an Peeta denken, der in Gefahr ist. Prim macht ihr klar, dass sie für die Rebellion besonders wichtig ist und wenn sie etwas wolle, solle sie es einfach verlangen.

5.1.6 Der Spotttölpel

> *Es gibt nur eines, das schlimmer ist als jemand, der sich für*
> *unersetzbar hält – jemand, der tatsächlich unersetzbar ist.*

Katniss trifft sich daraufhin mit Plutarch und Präsidentin Coin. Sie wolle der Spotttölpel sein, aber es gebe ein paar Bedingungen: Peeta, Johanna und Annie sollen zum frühestmöglichen Zeitpunkt gerettet, befreit und vollständig und bedingungslos begnadigt werden und sie sollen volle Straffreiheit erhalten. (Nach Collins bedachte Katniss auch Enobaria aus Distrikt 2 in ihrem Deal.)[79] Coin lehnt ab: »In 13 stellen Individuen keine Forderungen. Es wird ein Tribunal und ein gerechtes Urteil geben.«

Man sieht Plutarch förmlich an, wie er sich schon auf Katniss Reaktion freut. Diese stellt daraufhin Coin zur Rede: Sie soll sämtlichen Siegern Immunität gewähren und es vor der ganzen Bevölkerung von Distrikt 13 verkünden und es höchstpersönlich mit ihrer Regierung verantworten, ansonsten könne sie sich einen anderen Spotttölpel suchen.

»Das ist es! Das ist sie! Genau so!«, unterstützt sie Plutarch. Er regt Coins Fantasie dadurch an, dass er ein Bild beschreibt, wie Katniss mit diesem Trotz in einem Propo mit Kostüm vor Geschützfeuer auftreten könnte. Er weiß um die Macht des Bildes:

»Wissen Sie, Präsidentin, wir verlieren an Rückhalt, weil die Menschen den Mut verlieren. Es ist das Risiko wert, sie ist das Risiko wert. Gleiches Recht für alle, alle Macht dem Volk ... das ist bestimmt ein Grundstein für das neue Panem, aber ich glaube, in Kriegszeiten darf selbst das oberste Gut ein bisschen verbogen werden, oder?«

Plutarch weist hier auf etwas hin, was als *Privilegien für Helden* verstanden werden kann. In *Space Force* entsendet General Mark Naird für Unsummen eine Packung Orangen per Versorgungstransport an Astronauten, welche auf einer Weltraumstation stationiert sind. Das sorgt für Aufsehen und Einspruch, da einige Senatoren zur gleichen Zeit Lebensmittelmarken an Obdachlose in ihrem Wahlkreis verteilen mussten. Vor einem Senatsausschuss erklärt er, dass er gelernt habe, dass es im Krieg nicht um Geld gehe, sondern um Menschen. Die Astronauten seien schwersten Bedingungen ausgesetzt und müssten sich isoliert von ihren Familien von Trockennahrung ernähren, während sie für den Fortschritt und wissenschaftliche Erkenntnis kämpfen und dienen, die es ermöglichen soll, Naturkatastrophenfrühwarnsysteme einzurichten, die vielen Menschen auf der Erde das Leben retten können. Er wollte, dass die Soldaten »einen Geschmack von der Erde« haben; etwas, das sie daran erinnert, dass das Leben lebenswert ist.

Nichts anderes schlägt Plutarch hier vor, da er weiß, dass Katniss ohne Zugeständnisse die besonderen Belastungen und Herausforderungen als jederzeit einsetzbare Galionsfigur der Rebellion unmöglich durchhalten kann.

Coin fragt Katniss, ob sie noch irgendwelche anderen Forderungen hätte: »Meine Schwester darf ihre Katze behalten.« Damit ist es ausgemacht und Plutarch sucht Effie Trinket auf, die in einer Standardwohneinheit *haust*. »Ist schon wieder Besuchszeit?«, spottet sie. Plutarch erklärt ihr, dass ihre Tage im Kapitol vorbei seien und sie hier nicht im Gefängnis lebe, sondern sich frei bewegen könne.

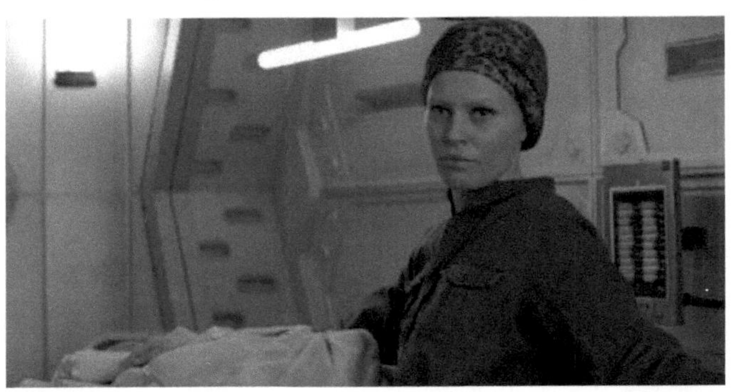

Effi möchte sich aber nicht Distrikt 13 anschließen, solange sie *so* aussehe. Er erklärt ihr, dass es hier um mehr geht als nur um Garderobe. Katniss habe sich entschieden, der Spotttölpel zu sein; sie sei aber ausgebrannt. Daher brauche er Effie im Team. Er braucht jemanden, dem Katniss vertraut und Haymitch werde trockengelegt auf einer Station eine Meile unter ihnen: »Wenn Sie die Kriegsgefangene spielen wollen, von mir aus. Bleiben Sie hier drin und verrotten sie, ich finde für den Spotttölpel eine andere Eskorte ... Irgendjemanden, jeder Mensch ist ersetzbar.«

Damit trifft er Effie an ihrer empfindlichsten Stelle, ihrem Stolz, etwas Besonderes zu sein. Sie will sich auch unersetzbar und besonders fühlen und entgegnet: »Nicht Ihr Spotttölpel. (.) glauben Sie im Ernst, einer von diesen ‹Höhlenbewohnern› sei im Stande, mich zu vertreten. Nein...« Plutarch grinst wieder wie ein Honigkuchenpferd.

5.1.7 Die Epidemie und erwachsene Kinder

Coin hält eine Rede vor Distrikt 13 von einer hohen Sprechkanzel herab, in der sie erklärt, dass Katniss bereit ist, der Spotttölpel zu sein. Während der Versammlung stellt Katniss fest, dass es kaum Kinder in Distrikt 13 gebe. Prim erklärt ihr, dass sie viele bei einer

Epidemie vor ein paar Jahren verloren hätten. Auch Coin hat ihre Tochter und ihren Ehemann verloren. Collins beschreibt genauer eine Pockenepidemie.[80] Pocken sind eine für den Menschen gefährliche und lebensbedrohliche Infektionskrankheit, die nicht mit den Windpocken zu verwechseln ist.

Canetti: *Die Epidemie*

»Sobald die Epidemie anerkannt ist, kann sie in nichts anderes münden als in den einen, gemeinsamen Tod aller. Die von ihr ergriffen werden, erwarten – da es kein Mittel gegen sie gibt – die Ausführung des Urteils, das über sie verhängt ist. Nur die von der Epidemie Ergriffenen sind *Masse*: sie sind *gleich* in bezug auf das Schicksal, das sieerwartet. Ihre Zahl nimmt mit wachsender Beschleunigung zu. Das Ziel, auf das sie sich hinbewegen, ist in wenigen Tagen erreicht. Sie enden in der größten Dichte, die menschlichen Leibern erlangbar ist, alle zusammen auf einem Leichenhaufen.«[81]

Eine Epidemie ist immer ein »totaler Krieg«. Ein aggressives Virus ist eine dem (menschlichen) Leben feindlich gesinnte Lebensform. Verhandeln mit ihm ist unmöglich. Da Politik also nicht stattfinden kann und diese aber der einzige Krieg ist, welcher physische Gewalt ausschließt, ist der Kampf mit und gegen das Virus ein Krieg auf Leben und Tod. Er macht vor nichts und niemandem halt. Jeder kann von der Gefahr ergriffen werden. Das Militär nicht weniger als die Zivilbevölkerung oder die herrschende Klasse. Alle sind davon ergriffen. Der Krieg gegen das Virus ist total. Und er wird auf allen Ebenen menschlichen Daseins geführt: Der Körper wird ebenso angegriffen wie die Seele des Menschen selbst. Der Körper wird bedroht durch das Virus, die Seele durch die Angst, die sie ergreift. Die Gefahr durch das Virus über den Körper ist ebenso gegeben wie die Bedrohung für die Seele des Menschen durch den körperlichen Kampf gegen den Feind.

Canetti schreibt: »Nur die von der Epidemie Ergriffenen sind *Masse*.« Und in Distrikt 13 waren durch die Pocken alle Altersschichten gleichermaßen ergriffen, aber offenbar doch unterschiedlich betroffen. Die Menschen konnten einander unter der Erde nicht aus dem Weg gehen, aber bei allen Schutzmaßnahmen schien man die künftige und zukünftige Masse nicht geschützt zu haben. Gab es zusätzliche Schutzmaßnahmen im Schulunterricht für Kinder? Die Geburtenrate sei stark abgesunken. Durch Kontaktvermeidungen und das Unterdrücken von sozialen Kontakten könnte in Distrikt 13 mehr ungeborenes Leben vereitelt worden sein, als die Epidemie an Toten forderte. Es ist auch denkbar, dass man zunächst Erwachsene als »systemrelevante« Teile der Gesellschaft impfte, und Kinder als Bedrohung gesehen wurden. Sie sind ungeimpft und in Schulen übertragen sich potenziell viele Viren in engen Kontakten.

Postman beschreibt in seinem Buch *Das Verschwinden der Kindheit*, dass die *Kindheit* erst vor etwa 400 Jahren entstand. Davor waren Kinder kleine Arbeiter und auch in der Kleidung unterschieden sie sich nicht von Erwachsenen. Auch Prim wird in einem Alter von gerade einmal 14 oder 15 Jahren als medizinische Kraft in eine Uniform gepackt, so wie alle anderen auch. Die Kindheit ist verschwunden und mit ihr die Kinder.

Diese Ausführungen sind ganz gewiss vor den subjektiven Erfahrungen des Krisenmissmanagements der Regierungen während der Corona-Pandemie in Bezug auf die Frage der Generationengerechtigkeit zu verstehen. Vor dieser Erfahrung wäre für mich ein anderer Gedanke von erster Bedeutung gewesen, nämlich die Gegensätze zwischen einem Distrikt 13, in dem es kaum Kinder, aber viele Erwachsene gibt, und dem infantilen Kapitol, in dem die Einwohner verhätschelt und egozentrisch in einer kleinkindlichen Traumillusion leben.

Der Krieg und der Überlebenskampf in Distrikt 13 zwingt die Menschen dazu, wie einst Katniss mit 11 Jahren, in eine rationale Rolle zu schlüpfen und erwachsen zu werden. Im Kapitol gab man sich einer erlernten Hilflosigkeit dadurch hin, dass man vollends von den Distrikten versorgt wurde und die Risiken des Lebens nicht mehr selbst tragen musste, sondern in aller Bequemlichkeit eben verhätschelt wurde. In diesem Sinne ist also auch eine solche Deutung möglich und ohne die höchst subjektivierenden Eindrücke persönlicher Erfahrungen im Rahmen der Sars-Cov-2-Pandemie der Jahre 2019-2022 wäre dies vermutlich auch meine Deutung gewesen. Distrikt 13 erscheint hier als Gegenpol zum kindlichen Kapitol, welches in einer Traumwelt lebt, während die Menschen in 13 rational in ihren Denksystemen und in ihrem Weltbild geradezu gefangen sind. Beide Extreme sind nicht gut und werden in ihrem Aufeinandertreffen schließlich zu einem großen Kollaps führen.

Distrikt 13 ist eine Mahnung der Geschichte, wie eine Gesellschaft vor dem endgültigen Niedergang steht, wenn sie die Zukunft mit all ihren ungeborenen Generationen nicht bedenkt. Eine treffende

Unterhaltung findet sich bei Collins auch darüber, wie egoistische Generationen ganz allgemein sich nicht um die Zukunft der nachfolgenden Generationen scherrt:

> ‹Und wenn wir gewinnen, wer würde dann die Regierung bilden?›, fragt Gale. ‹Alle›, antwortet Plutarch. ‹Wir werden eine Republik gründen, in der die Einwohner jedes Distrikts einschließlich des Kapitols ihre eigenen Vertreter wählen können, damit diese in der Zentralregierung für sie sprechen. Schau nicht so skeptisch! Das hat früher auch schon mal funktioniert.› ‹In Büchern›, brummt Haymitch. ‹In Geschichtsbüchern›, sagt Plutarch. ‹Und wenn unsere Vorfahren das konnten, können wir das auch.› Mit unseren Vorfahren sollten wir eigentlich nicht so angeben, finde ich. Wenn man sieht, was sie uns hinterlassen haben, die Kriege, den zerstörten Planeten. Offensichtlich haben sie sich keine Gedanken über die Leute gemacht, die nach ihnen kamen. Trotzdem, die Idee mit der Republik klingt verlockend im Vergleich zu unserer jetzigen Regierung. ‹Und wenn wir verlieren?›, frage ich. ‹Wenn wir verlieren?›
> Plutarch schaut durch das Fenster in die ‹Wolken und ein sarkastisches Lächeln spielt um seine Lippen. ‹Dann dürften die nächsten Hungerspiele ziemlich unvergesslich werden.› Er holt ein Fläschchen aus seinem Gewand, schüttet ein paar dunkellila Pillen in seine Hand und reicht sie uns. ‹Wir haben sie Nachtriegel genannt, dir zu Ehren, Katniss. Im Interesse der Rebellen können wir es uns jetzt nicht mehr leisten, dass einer von uns in Gefangenschaft gerät. Aber es ist völlig schmerzlos, das verspreche ich.› Ich nehme eine der Pillen, weiß aber nicht, wo ich sie hintun soll. Plutarch tippt an eine Stelle an meiner Schulter, vorn am linken Ärmelansatz. Ich sehe mir die Stelle näher an und entdecke eine winzige Tasche, in der ich die Pille verstecken kann. Selbst mit gefesselten Händen könnte ich mich nach vorn beugen und die Tasche mit den Zähnen aufreißen. Wie es aussieht, hat Cinna alle Eventualitäten bedacht.[82]

Die »Vorfahren«, von denen die Rede ist, sind auch wir selbst; es ist unsere heutige Generation auf Erden. Wir kommen dabei nicht besonders gut weg, im Gegenteil. Im Gegensatz dazu gehört Cinna zu denjenigen, die sich über Details Gedanken machen, wozu sie nützen könnten, oder welche Probleme auftauchen könnten.

Plutarch, der klug ist und viel liest, ist ein leidenschaftlicher Historiker. Er ist bereit, bis zum Tod für seine Überzeugung einer Republik einzustehen. Ein kleines, aber wichtiges Detail möchte ich an dieser Stelle noch herausarbeiten, welches erst am Ende der Revolution noch von Bedeutung sein wird: Plutarch möchte eine Zentralregierung erhalten. Das gouvernementale Zeitalter ist in einer Welt, in der die Menschheit um ihr Überleben ringen muss, wie der

Liberalismus eine deplatzierte Art zu leben, weil sie erst dann praktiziert werden kann, wenn das Überleben als solches gesichert ist.

5.2 Revolution und Propaganda

5.2.1 Neue Herren, alte Abhängigkeiten

In ihrer Ansprache erklärt Coin, dass Katniss für ihre Bereitschaft als Spotttölpel Zugeständnisse erhält. Besonders gegen die Vereinbarung, dass die befreiten Sieger Straffreiheit erhalten sollen, regt sich lautstark Widerspruch. Bleibt Katniss ihre Verpflichtungen schuldig, so gilt die Vereinbarung als nichtig.

Katniss Gedanken in diesem Moment sind bemerkenswert, sowohl in der analytischen Schärfe als auch in der für Katniss ungewöhnlich reifen Durchsicht. Ihr ist sehr wohl bewusst, dass Coin sie bei einem Fehltritt zur Rechenschaft ziehen und Katniss sich dem Gesetz von Distrikt 13 unterwerfen müsse, die Coins Botschaft unmissverständlich dechiffriert:

»Mit anderen Worten: Ein Fehltritt, und wir alle sind tot. Noch ein Druck, mit dem ich fertigwerden muss. Noch ein mächtiger Spieler, der beschlossen hat, mich als Figur zu benutzen, obwohl die Dinge doch nie laufen wie geplant. Zuerst waren da die Spielmacher, die einen Star aus mir machen wollten und dann ihre liebe Not damit hatten, aus der Sache mit den giftigen Beeren wieder herauszukommen. Als Nächstes Präsident Snow, der mit meiner Hilfe die Flammen der Rebellion austreten wollte und doch nur erreichte, dass sie mit jedem meiner Schritte höher loderten. Dann die Rebellen, die mich mit einem stählernen Greifer aus der Arena zogen, damit ich ihr Spotttölpel werde, und die dann erfahren mussten, dass ich die Flügel vielleicht gar nicht haben wollte. Und jetzt Coin mit ihren kostbaren Atomraketen und ihrem gut geölten Distrikt, die feststellen muss, dass es noch schwieriger ist, einen Spotttölpel aufzubauen, als ihn einzufangen. Immerhin hat sie vor allen anderen erkannt, dass ich meinen eigenen Kopf habe und man mir nicht trauen sollte. Sie ist die Erste, die mich öffentlich als Bedrohung bezeichnet hat.«[83]

Coin spricht leise und Bedacht, sie dankt den Menschen für die Aufmerksamkeit und bittet sie, wieder ihre Aufgaben wahrzunehmen. Plutarch merkt an, dass sie überaus zurückhaltend gewesen sei. Er würde gerne ganz offen mit ihr sprechen. Coin sagt, sie habe ihn noch nie anders erlebt. Effie mustert Coin wegen ihres Aussehens, was dieser nicht entgeht. »Ich betrachte das nur vom Standpunkt des Verkäufers«, erklärt Plutarch: »Die Sache mit Revolutionen ist die: Sie sind ein zartes Flämmchen, das genährt werden muss mit etwas Zündholz und naja... Wärme. Und Sauerstoff natürlich. Verstehen Sie? Der zuverlässigste Weg es zu löschen, wäre es zu ersticken.«

Coin kontert trocken: »...oder sämtliche Luft im Raum weg zu atmen.« Sie zieht sich daraufhin zurück, Plutarch kann sich ein Grinsen nicht verkneifen. Was Coin damit eigentlich meinte, ist, dass Plutarch, der Halbkapitolist nicht verstehen könne, wie man in Distrikt 13 miteinander umgeht und dass diese Zugeständnisse für Katniss ein sehr schmaler Grat sind. Seine Anmerkungen versteht sie als *sinnloses Gerede*, mit dem er nur unnötig Sauerstoff verredet habe, der unter der Erde ja sehr wertvoll ist. Effie steht ihm bei und sagt über Coin: »Wissen Sie, was revolutioniert gehört: diese Haare...«

5.2.2 Demokratie ist wieder »in«

In der Kantine trifft Katniss Effie, die sich darüber beklagt mit ihr im Dunkeln gelassen worden zu sein. Plutarch bezeichnet es als

»Rettung«, sie selbst sieht sich aber mehr als »politischen Flüchtling«. Sie hatte erwartet, als »Höhergestellte« hätte sie ein paar Möglichkeiten »unter der Hand«. Außerdem fehlen ihr ihre Perücken und sie vermisst Kaffee. Sie hätte es sich nicht vorstellen können, dass es irgendwo so streng zugehe.

Was Effie mit dieser Feststellung offenbart, ist nicht nur ihre ideologische Vorstellung von hoher und niederer Menschenart, sondern auch ihre kindlich egozentrische Unfähigkeit, sich in andere hineinzuversetzen, denn die Repressionen in den Distrikten waren weitaus härter als in Distrikt 13, was sie immer noch ausblendet und verdrängt. Glücklicherweise, sagt Effie, sei der Knoll, den sie auf dem Kopf trägt, in ihrer Jugend »hip« gewesen: »Alles, was alt ist, kann man wieder in etwas Neues verwandeln. Wie die Demokratie…«

Zu dieser Beobachtung Effies passt meine Feststellung im ersten Band, dass die *Demokratie* in den *langen Bahnen der Geschichte* nach ihren beeindruckenden Erfolgen nicht mehr wegzudenken sei, auch wenn es vorübergehende Zeiten geben mag, in denen sie fast vollständig in Vergessenheit geraten ist. Jedoch ist etwas Altes, das in etwas Neues verwandelt wird, nicht notwendigerweise das Gleiche und erst recht nicht dasselbe.

Die Demokratien der Zukunft müssen den heutigen nicht ähneln, sie können von Grund auf verschiedenen Gesellschaften getragen sein. Die Republik, die Plutarch vorschwebt mit ihrer Zentralregierung, mag demokratisch sein, aber sie ist nicht zwangsläufig liberal und aktive Partizipationsmöglichkeiten und Bürgerrechte sind nicht die logische Konsequenz einer demokratischen Ordnung für all jene, die unter ihr in ihr mit ihr von ihr leben und überleben. Das

Neue Panem könnte so vergleichbar sein mit der heutigen Volksrepublik China, mit einer kapitalistischen Wirtschaft in einer real-sozialistischen Gesellschaft unter einer Zentralregierung.

Plutarch lebte lange Zeit im Untergrund und lauerte auf eine Gelegenheit, die günstig erschien, eine Rebellion anzustoßen. Dabei sind insbesondere Spiele vor einem Jubel-Jubiläum von besonderer Bedeutung, auch Freiwillige aus einem fernen, abgelegenen Distrikt sind sehr interessant. In den langen Bahnen der Geschichte ist es nicht die Frage, *ob* etwas passiert, sondern es ist mehr die Frage, *wann* etwas passiert. Betrachtet man einen hinreichend langen Zeitraum, so wird früher oder später alles passieren, was man sich erhofft – aber auch, all das, was man befürchtet. Und in Katniss Fall war es nach 74 Jahren soweit, dass sich mit ihr als Tribut eine ganz besondere Chance bot, erste Funken der Rebellion zu entfachen.

5.2.3 Individualismus

Effie übergibt Katniss eine Arbeitsmappe von Cinna. Plutarch musste ihm versprechen, es ihr erst zugeben, nachdem sie sich entschieden habe, »aus freien Stücken« der Spotttölpel zu sein. Cinnas Zeichnungen zeigen Spotttölpel-Symbole und Katniss Kostüme. Cinna war ein Teil der Rebellion und ist von Anfang an darauf aus gewesen, Katniss in etwas ganz Besonderes zu verwandeln, nämlich in das Gesicht einer Revolution.

Und eben dieses Gesicht wird in einer geschnittenen Szene aufs Schlimmste von unbeholfenen »Höhlenbewohnern« misshandelt, die noch nie in ihrem Leben mit Rouge gearbeitet haben. Glücklicherweise kann Effie das grausamste verhindern und Katniss vor dieser Schande retten.

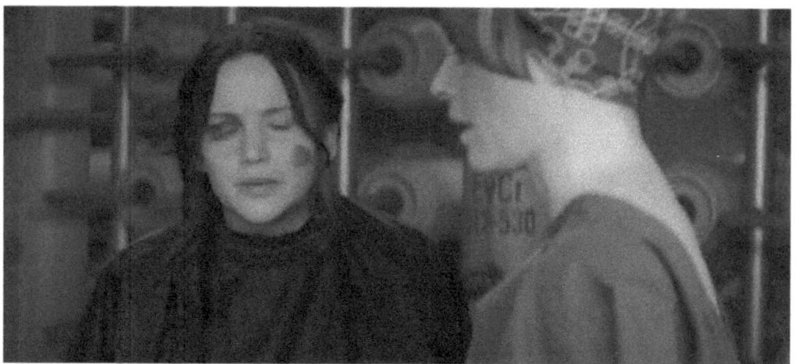

Effie: »Das ist das Gesicht einer Revolution, nicht eine Höhlenmalerei.«

In einem Filmraum wird ein Propo gedreht. Katniss soll sich in ihrem Kostüm erheben und einen Text aufsagen, während im Hintergrund Rauch aus einer erfolgreichen Schlacht eingespielt wird. Effi ist begeistert von Katniss Anblick: »Die Leute wollen dich entweder küssen oder töten, oder sie wollen du sein«. Der Text, den Katniss aufsagen soll, ist in dieser Szene völlig ohne Belang. Zum einen hat sie ihn ohnehin zur Hälfte vergessen, zum anderen kann sie ihn nur völlig unglaubwürdig rüberbringen. Plutarch verliert darüber die Fassung, Effie verzieht in gruseliger Weise das Gesicht. Haymitch tritt sarkastisch klatschend auf: »Und so meine Freunde, reitet man eine Revolution in den Dreck.« (»how revolution dies«)

Haymitch sieht nüchtern und auf Entzug mitgenommen aus. Dennoch ist er durchaus klar bei Verstand und bei der gemeinsamen Besprechung des entstandenen Videomaterials analysiert er, in welchen Momenten Katniss besonders emotional und glaubwürdig gewirkt hat, es geht um Momente, in denen sie bei Menschen ein *echtes Gefühl* ausgelöst habe. Effie nennt den Moment, als sie sich bei der Ernte freiwillig für ihre Schwester gemeldet und als sie das Lied für Rue gesungen hat. Beetee spielt darauf an, als sie Rue als Verbündete gewählt hat. Zwar hat eigentlich Rue Katniss als Verbündete gewählt, aber all diese Situationen haben gemein, dass niemand Katniss gesagt hat, was sie tun soll oder was nicht, was sie denken soll oder was nicht, was sie sagen soll oder was nicht, wie sie aussehen soll oder wie nicht.

Katniss scheitert mit allem, was sie vortäuschen soll. Das Sein steht dem Schein zurück, doch der Schein versagt.[84] Alles wird standardisiert, entindividualisiert, so wie Haymitchs Handschrift oder seine Eigenart, »4« statt »for« (»für«) zu schreiben. Haymitch gefällt

Effie nüchtern besser und Effie gefällt Haymitch besser ohne das ganze Make-up. Diese kleine, intime Anspielung zwischen den beiden ist in diesem Moment durchaus von Bedeutung.

Es geht nämlich um Spontanität, um Individualität und Eigenständigkeit; es geht um eigenverantwortliches Handeln, aber auch um die freie Entfaltung der eigenen Persönlichkeit. Das betrifft nicht nur Katniss, sondern auch Effie ohne ihr Make-up, hinter dem sie sich versteckt wie hinter einer Maske, und Haymitch ohne seinen ihn betäubenden Alkohol, was eine überspitzte Darstellung unserer eigenen Gesellschaft ist, über die Fromm einmal schrieb:

»Es ist wichtig, daß wir uns klarmachen, wie sehr unsere Kultur dieser Tendenz, mit anderen konform zu gehen, Vorschub leistet (.) Die Unterdrückung spontanen Fühlens und die hierdurch hervorgerufene Beeinträchtigung der Entwicklung einer echten Individualität beginnt schon sehr früh (.) beim Kleinkind. (.) In unserer Kultur (.) führt die Erziehung nur allzu oft zur Ausrottung der Spontaneität. Dann werden die ursprünglich psychischen Akte durch andersartige Gefühle, Gedanken und Wünsche überlagert. (.) Andererseits bringt man dem Kind schon früh durch Erziehung bei, Gefühle zu empfinden, die keineswegs ‹seine› eigenen sind. Besonders lehrt man es, die Leute zu lieben, kritiklos freundlich zu ihnen zu sein und sie anzulächeln. Was dabei die Erziehung vielleicht nicht ausrichtet, wird dann im späteren Leben durch gesellschaftlichen Druck nachgeholt. Wenn du nicht lächelst, bist du in den Augen der anderen kein ‹liebenswürdiger Mensch› – und du mußt ein liebenswürdiger Mensch sein, wenn du deine Dienstleistung als Kellnerin, als Handlungsreisender oder als Arzt verkaufen willst. Nur die an der untersten Basis der Gesellschaftspyramide, die nichts als ihre körperliche Arbeit zu verkaufen haben, und die ganz oben brauchen nicht besonders ‹liebenswürdig› zu sein. Freundlichkeit, Fröhlichkeit und alles, was ein Lächeln sonst noch auszudrücken vermag, wird zur automatischen Reaktion, die man an- und abdreht wie einen elektrischen Schalter. (.)

In unserer Gesellschaft hält man ganz allgemein nicht viel von Gefühlen. Wenn auch zweifellos jedes kreative Denken (.) untrennbar mit Emotionen verknüpft ist, so ist es doch zu einem Ideal geworden, emotionsfrei zu denken und zu leben. ‹Emotional› sein ist gleichbedeutend geworden mit unausgeglichen oder gar geistesgestört sein. (.) Da aber andererseits die Gefühle nicht ganz auszurotten sind, müssen sie völlig getrennt von der intellektuellen Seite der Persönlichkeit existieren. Das Resultat ist jene billige und unaufrichtige Sentimentalität, womit Filme und Schlager Millionen abspeisen, die nach Gefühlen hungern. (.)[85] Der heutige Mensch ist bereit, große Risiken auf sich zu nehmen beim Versuch, die Ziele zu erreichen, die angeblich ‹seine› Ziele sind, aber er hat eine tiefe Angst davor, das Risiko

114

und die Verantwortung auf sich zu nehmen, sich seine eigenen Ziele zu setzen. Eine intensive Aktivität wird oft irrtümlich als Beweis dafür angesehen, daß man sein Handeln selbst bestimmt (.) Wenn die Rollen verteilt sind, kann jeder Schauspieler mit Elan seine Rolle spielen und dabei sogar in bezug auf den Text und Einzelheiten seines Spiels etwas improvisieren. Aber er spielt doch nur die Rolle, die ihm übertragen wurde. (.)

Im Grunde ist das Selbst so geschwächt, daß der Mensch sich machtlos und höchst unsicher fühlt. Er lebt in einer Welt, zu der er keine echte Beziehung mehr hat und in der jeder und alles instrumentalisiert ist, wo er zu einem Teil der Maschine geworden ist, die seine Hände konstruiert haben. Er denkt, fühlt und will, was die anderen von ihm erwarten, und verliert dabei sein Selbst, auf das sich jede echte Sicherheit eines freien Menschen gründen muß. Der Verlust des Selbst hat die Notwendigkeit, mit den anderen konform zu gehen, noch vergrößert, führt er doch zu einem tiefen Zweifeln an der eigenen Identität. Wenn ich nichts bin als das, was die anderen von mir erwarten, wer bin ‹ich› dann? (.)

Wenn wir uns den Erwartungen der anderen anpassen, wenn wir uns von ihnen nicht unterscheiden, bringen wir diese Zweifel an unserer Identität zum Schweigen und gewinnen damit eine gewisse Sicherheit. Aber der Preis dafür ist hoch. Wenn man seine Spontaneität und seine Individualität aufgibt, so führt das zu einer Vereitelung des Lebens. Auch wenn ein solcher Konformist biologisch noch weiterlebt, ist er doch emotional und seelisch tot. Er bewegt sich weiter, aber das Leben rinnt ihm durch die Finger wie Sand. Hinter einer Fassade von Zufriedenheit und Optimismus ist der heutige Mensch tief unglücklich; tatsächlich steht er am Rande der Verzweiflung. Er klammert sich verzweifelt an seine vermeintliche Individualität. Er möchte ‹anders› sein, und er kennt kein größeres Lob, als von etwas zu sagen, es sei ‹anders›. (.) Handtaschen, Spielkarten und tragbare Rundfunkgeräte werden ‹persönlich gemacht›, indem man die Initialen des Besitzers darauf anbringt. All das ist ein Hinweis auf den Hunger nach ‹Anderssein› (.) Der heutige Mensch hungert nach Leben. Aber da er ein Konformist ist, kann er das Leben nicht mehr spontan erleben und greift zum Surrogat in Form von Anreizen und Nervenkitzel: dem Nervenkitzel des Alkohols, des Sports – oder indem er die aufregenden Erlebnisse fiktiver Personen auf der Leinwand miterlebt. (.)

Oberflächlich gesehen funktionieren die Menschen im wirtschaftlichen und gesellschaftlichen Leben recht gut. Aber es wäre gefährlich zu übersehen, wie tief unglücklich sie unter dieser beruhigenden Tünche sind. Wenn das Leben seine Bedeutung verliert, weil es nicht mehr selbst gelebt wird, gerät der Mensch in Verzweiflung. Die Menschen sterben nicht ruhig den körperlichen Hungertod, und sie sterben auch nicht ruhig den seelischen Hungertod.«[86]

Eine Revolution ist eine erfolgreiche Rebellion. Eine Rebellion entsteht dann, wenn etwas unterdrückt wird und neue Freiheiten erlangt werden sollen. Ohne den Wert des Individuums gibt es aber keine Freiheit im Leben, allenfalls die Freiheit des Überlebens. Eine Revolution ohne Freiheit ist ein Widerspruch, mehr als nur ein Paradoxon. Wenn das *Sein* dem *Schein* weichen soll, kann man die *Idee der Revolution* nicht glaubwürdig vermitteln. »So reitet man eine Revolution in den Dreck« (»revolution dies«), das Drehbuch trägt den Titel: *How To Fail A Revolution*. Für Revolutionen, in denen es auf Menschen ankommt, die handeln, das Zufällige, das Unvorhersehbare und manchmal auch das Unberechenbare, kann es kein Drehbuch geben. Es gibt nur eine Leitidee, die bis zum Tod verteidigt wird: *Die Idee der Freiheit für alle.*

Ohne den Wert der Diversität, ohne die Akzeptanz und Toleranz des anderen – die Einheit der Menschen durch die Menschen mit den Menschen für die Menschen – kann und wird es keine Revolution geben, nur Rebellionen, welche sich selbst niederschlagen.

Das Leben, so glaubte Arendt, wandelt immer zwischen dem Spontanen und dem Bedingten. Katniss kann die Idee der Freiheit, für die es sich lohnt zu kämpfen und zu sterben – wie Fromm sagte –, nur dann glaubwürdig verkörpern, wenn sie sich keinen strikten Bedingungen unterwirft. So versagte sie bei der Tour der Sieger und überzeugte Snow nicht von ihrer Liebe zu Peeta, und demnach auch nicht die Distrikte. Wenn sie nun unter der Erde eingeschlossen wird durch das Bedingte, ist sie gefangen in einer Arena im Untergrund, aber niemals frei.

5.2.4 Das Gute und das Böse

»Das Böse ist ein spezifisch menschliches Phänomen. Es ist der Versuch, zu einem vormenschlichen Zustand zu regredieren und das spezifisch Menschliche auszumerzen: Vernunft, Liebe und Freiheit. Aber das Böse ist nicht nur etwas Menschliches, es ist auch tragisch. Selbst wenn der Mensch zu ganz archaischen Formen des Erlebens regrediert, kann er niemals aufhören, ein Mensch zu sein; daher kann er sich mit dem Bösen als einer Lösung niemals zufriedengeben.

Das Tier kann nicht böse sein; es handelt nach seinen ihm innewohnenden Instinkten, die im Wesentlichen seinem Überleben dienen. Das Böse ist der Versuch, den Bereich des Menschlichen auf das Unmenschliche hin zu transzendieren, und trotzdem ist es etwas zutiefst Menschliches, weil der Mensch ebenso wenig zum Tier werden kann, wie er ‹Gott› werden kann. Im Bösen verliert der Mensch sich selbst bei dem tragischen Versuch, sich der Last seines Menschseins zu entledigen. Und das Potenzial des Bösen vergrößert sich noch dadurch, dass der Mensch mit Vorstellungsvermögen ausgestattet ist, das ihm die Fähigkeit verleiht, sich alle Möglichkeiten des Bösen vorzustellen und sie sich zu wünschen und damit umzugehen, um seine bösen Fantasien zu nähren. (.)

Das Gute besteht darin, dass wir unsere Existenz immer mehr unserem eigentlichen Wesen annähern; das Böse besteht in einer ständig zunehmenden Entfremdung zwischen unserer Existenz und unserem Wesen. (.) Wenn der Mensch dem Leben gegenüber gleichgültig wird, besteht keine Hoffnung mehr, dass er das Gute wählen kann. Dann ist sein Herz in der Tat so verhärtet, dass sein ‹Leben› zu Ende ist.«

– Erich Fromm[87]

Beetee schlägt vor, Katniss kein Skript aufzuzwingen und sie einfach in Ruhe zu lassen, Boggs stellt zudem fest, dass sie ein Teenager sei und sich deshalb das Gesicht waschen solle. Plutarch merkt an, dass Gelegenheiten der Spontanität unter der Erde nicht vorhanden seien und er fragt Haymitch, ob er damit sagen wolle, Katniss müsse ins Kriegsgebiet geschickt werden. Coin will jedoch keine Zivilisten nur »für ein paar Bilder« ins Gefecht schicken – man sei hier nicht im Kapitol. Aber genau das ist das, worauf Haymitch hinaus möchte. Die Ironie versteht sich fast von selbst.

Katniss ist dazu bereit, denn man könne ihr sowieso keine generelle Sicherheit garantieren und wenn ihr etwas zustoßen sollte, dann solle das Filmteam schnell zur Kamera greifen. Da die Rebellion nun Katniss ganz persönliches Anliegen ist, ist sie dazu bereit, sich instrumentalisieren zu lassen, mit allen Mitteln, die sie nun selbst sogar gleichsam einem vorauseilendem Gehorsam vorschlägt. Man ist hier nicht im Kapitol – doch die Ironie versteht sich von selbst.

Beetee schlägt als Drehort Distrikt 8 vor, weil es dort keine militärischen Ziele mehr gäbe und es daher dort nicht ganz so gefährlich sei. Coin lenkt ein und schickt Katniss nach Distrikt 8, um ein paar Propos zu drehen. Auf dem Weg zum Hovercraft führt Boggs sie am Waffenlager von Distrikt 13 vorbei. Er erklärt Katniss, dass bei einem Schlag gegen das Kapitol dieses mit doppelter Feuerkraft geantwortet hätte und am Ende »nicht mal einen Sieger« übrig geblieben wäre. »Genau das Gleiche, was Peeta gesagt hat; dafür nennt ihr ihn einen Verräter«, spottet Katniss. Mit »ein Sieger« möchte Boggs ausdrücken, dass keine der beiden Seiten gewonnen hätte. Die Sieger jedoch sind in Panem ein Symbol für den härtesten

Widerstand gegen das Aussterben; es sind die allerletzten Überlebenden, von denen nicht mal ein einziger übrig geblieben wäre.

In diesem Gleichgewicht der Kräfte, einem atomaren Gleichgewicht in einem *Kalten Krieg*, sind die Menschen beider Massen, der offenen wie geschlossenen Masse, entschieden dualistisch geprägt. Ihre Meme entscheiden nur zwischen Freund und Feind, Gut und Böse. Und Peeta gilt als der Böse auf der bösen Seite des Bösen. Es ist gleich, was er sagt, wie er es sagt, wann er es sagt, warum er es sagt, wo er es sagt, zu wem er es sagt – es ist klar, dass alles Böse ist, weil das Böse böse ist.

Canetti: *Die Doppelmasse*

»Die sicherste und oft die einzige Möglichkeit für die Masse, sich zu erhalten, ist das Vorhandensein einer zweiten Masse, auf die sie sich bezieht. Sei es, daß sie im Spiel einander gegenübertreten und sich messen, sei es, daß sie einander ernsthaft bedrohen, der Anblick oder die starke Vorstellung einer zweiten Masse erlaubt der ersten nicht zu zerfallen. Während die Beine auf der einen Seite dicht beisammenstehen, sind die Augen auf andere Augen gegenüber gerichtet.

Während die Arme sich hier nach einem gemeinsamen Rhythmus bewegen, horchen die Ohren auf den Schrei, den sie von der anderen Seite erwarten. Man ist mit den eigenen Leuten in physischer Nähe beisammen und agiert mit ihnen in vertrauter und natürlicher Einheit. Alle Neugier und Erwartung indessen oder alle Angst ist auf eine zweite Häufung von Menschen gerichtet, die durch einen klaren Abstand von einem getrennt sind. Sieht man sie gegenüber, so ist man durch den Anblick fasziniert; sieht man sie nicht, so kann man sie doch hören. Von der Aktion oder Absicht des zweiten Haufens hängt alles ab, was man selber tut. Das Gegeneinander wirkt aufs Nebeneinander ein.

Die Konfrontation, die bei beiden eine besondere Achtsamkeit hervorruft, ändert die Art der Konzentration innerhalb jeder Gruppe. Solange die anderen nicht auseinandergelaufen sind, muß man selber beisammenbleiben.

Die Spannung zwischen den beiden Haufen wirkt sich als Druck auf die eigenen Leute aus. Wenn es sich um die Spannung eines rituellen Spieles handelt, tritt der Druck als etwas wie Scham in Erscheinung: Man setzt alles daran, die eigene Seite vor der gegnerischen nicht bloß zustellen. Wenn die Gegner aber drohen und es wirklich ums Leben geht, verwandelt sich der Druck in den Panzer entschlossener und einiger Abwehr.

Auf jeden Fall hält eine Masse die andere am Leben, wobei vorausgesetzt ist, daß sie an Größe oder Intensität ungefähr gleich sind. Um Masse zu bleiben, darf man keinen zu überlegenen Gegner haben, wenigstens darf man ihn nicht für zu überlegen halten. Wo das Gefühl um sich greift, daß man nicht standhalten kann, wird man sich durch Massenflucht zu retten suchen, und wenn diese sich als aussichtslos erweist, zerfällt die Masse in Panik, jeder flieht für sich. Doch ist das nicht der Fall, der hier interessiert. Zur Ausbildung des Zwei-Massen-Systems, wie man es auch nennen kann, gehört auf beiden Seiten das Gefühl von ungefähr gleicher Stärke.«[88]

5.2.5 Mythologie: Errate den Verräter

Plutarch erklärt Katniss in einer geschnittenen Szene den Plan, die Distrikte mit Propos zu bombardieren. Das Kapitol habe genug Energie, um Sendungen von außen zu filtern: »Sie begreifen die Macht von Bildern.« Beetee versuche aber, sie auszuhebeln. Sie haben einen Schutzschild errichtet, nur für den Fall, dass die Distrikte etwas Subversives senden könnten.

Subversion bezieht sich als Begriff allgemein auf Vorgänge, Bestrebungen und Darstellungen, die eine bestehende soziale Ordnung in Frage stellen oder verändern wollen. Das Kapitol hält also auch die Menschen im Inneren streng isoliert von der entsprechenden Außenwelt.

Es geht also zunächst darum, die Distrikte zu *inspirieren*. Bevor Katniss das erste Propo drehen wird, bekommen sie und Gale von Beetee noch besondere Waffen als Accessoires. In einem kleinen unterirdischen Garten, in dem Kolibris beobachtet werden, kommt es in einer geschnittenen Szene zu einer für den späteren Verlauf nicht unwichtigen Unterhaltung zwischen den drei.

Distrikt 13 studiert die Aerodynamik von Kolibris, welche nur sehr schwer zu schießen sind. Sie dienen vermutlich als Modellvorlagen für eigene Hovercrafts und Kampfjets. Gale sagt, Tiere seien immer berechenbar, besonders wenn sie Angst hätten. Man könnte einen Köder in ein Netz legen und während sie fressen, dieses zuziehen. Sie würden vor dem Lärm ins Netzinnere fliegen. Es sei ein Spiel mit ihrem Fluchtinstinkt. Beetee glaubt, man müsse denken wie die Beute, um so ihre Schwächen zu finden. Die Strategie ist so simpel wie genial: *always invert*.

Charlie Munger, der congeniale Partner der legendären Investmentlegende Warren Buffet *lebt* diesen Ansatz. Man darf sich nicht von dem blenden lassen, was man sieht, weil man es oft auch nur sehen will. Es ist wichtig zu hinterfragen, was schiefgehen kann. Beide Ansätze sind in einer Chance-Risiko-Abwägung unerlässlich. Beetee invertiert jedoch auch die Perspektiven unterschiedlicher Akutere durch einen Rollentausch.

Nachdem Beetee Katniss eine Überraschung, einen Bogen für den Spotttölpel mit explosiven Pfeilen, gezeigt hat, macht Plutarch Katniss mit seinem Filmteam bekannt. Es besteht aus den besten Nachwuchs-Filmemachern des Kapitols, die freiwillig von dort geflohen sind für die Sache der Revolution. Dazu gehören Cressida, die Brüder Castor und Avox Pollux sowie Messalla.

Es gibt also sehr wohl im Kapitol Kritiker des Systems und Befürworter einer neuen Ordnung. Ebenso ist aber auch anzunehmen, dass es in den Distrikten Kritiker einer Revolution und Befürworter der bestehenden Ordnung gibt. Dies zu beachten ist von besonderer Bedeutung und bedarf einer höheren Beachtung, da Spionage und Verrat über Leben und Tod, über Sieg und Niederlage entscheiden können.

Cressida:

Cressida ist eine Figur, die in vielen Nacherzählungen der Geschichte des Trojanischen Krieges aus dem Mittelalter und der Renaissance beschrieben wird. Sie ist eine Trojanerin, die Tochter von Calchas, einem griechischen Seher. Sie verliebt sich in Troilus, den jüngsten Sohn des Königs Priamos, der sechste und letzte König Trojas. Sie verspricht Troilus ewige Liebe, aber als sie im Rahmen eines Geiseltauschs zu den Griechen geschickt wird, bildet sie eine Verbindung mit dem griechischen Krieger Diomedes. In der späteren Kultur wird sie zum Archetyp einer treulosen Liebhaberin.

In ähnlicher Weise ist auch Cressida, die im Kapitol als Filmemacherin gefördert und ausgebildet wurde, aber zu den Rebellen überläuft, *treulos*.

Castor und Pollux:

Die *Dioskuren*, die »Söhne des Zeus« sind der griechischen Mythologie nach die Halb- und Zwillingsbrüder Kastor und Polydeukes mit den lateinischen Namen Castor und Pollux.

Pollux, der Faustkämpfer, ist der Sohn von Leda und Zeus. Über Castors Abstammung besteht kein Konsens. Er gilt in einigen Quellen als der Sohn der Leda und ihres Gatten Tyndareos und wurde in derselben Nacht wie Polydeukes gezeugt. Da sie in derselben Nacht empfangen wurden, sind sie Zwillinge und unzertrennlich, allerdings war Polydeukes als Zeus Sohn ein Halbgott; Castor, der Rossebändiger, aber ein Sterblicher. Andere Quellen beschreiben beide Brüder als unsterblich.

Das Ende der Brüder wurde durch einen von Castor vom Zaun gebrochenen Streit mit seinem Cousin Idas besiegelt. Idas erschlug den sterblichen Castor, daraufhin tötete Pollux Idas Bruder Lynkeus. Zeus griff ein, indem er Idas mit einem Blitz vernichtete. Der unsterbliche Pollux trauerte fortan um seinen Bruder. Er bat seinen Vater, er möge ihm die Unsterblichkeit nehmen, um zu seinem Bruder in das Totenreich gehen zu können.

Gerührt von so viel Liebe, ließ Zeus seinen Sohn wählen, entweder ewig jung zu bleiben und unter den Göttern zu wohnen oder mit Kastor jeweils einen Tag im unterirdischen Reich des Hades (Reich der Toten) und einen Tag im Olymp bei den Göttern zu weilen und dabei zu altern und letztlich zu sterben. Ohne zu überlegen, wählte Polydeukes die zweite Variante und wanderte von da an mit seinem Bruder zwischen dem Olymp und dem Hades.

Castor stirbt während der *76. Hungerspiele*, Pollux aber überlebt. Pollux arbeitete als Avox im Kapitol in Versorgungsleitungen und Kanälen unter demselben, somit war er sehr gut über die Gänge informiert. Pollux wandelte also zwischen der Oberwelt und der Unterwelt, wie in der Mythologie zwischen Olymp und Hades, dem Gott der Unterwelt.

Messalla:

In dem Film *Ben Hur* (1959) entwickelte die Figur des Messala beim Militär ein bedingungsloses Sendungsbewusstsein. Er glaubt, ohne Rücksicht auf Verluste die Interessen des Römischen Reiches durchsetzen zu müssen. Schwere Rechtsbrüche nimmt er dabei hin.

Von Judah, einem guten Freund, verlangt Messala, alle einflussreichen Personen zu nennen, die sich kritisch zu Roms Vorherrschaft in Judäa geäußert haben. Ob dies der Hintergrund für die Figur des Messalla für Collins war, ist ebenfalls spekulativ. Tatsächlich jedoch gab es auch viele Römische Konsuln, die den Namen Messalla trugen.

Ist Messalla ein Verräter? Ein Spion? Warum tötet er Katniss dann nicht? Was hätte er oder das Kapitol davon? Man würde eine Märtyrerin erschaffen und die Rebellion weiter anheizen. Überhaupt wäre es ein sehr großes Risiko, da Katniss grundsätzlich ein gesundes Misstrauen gegenüber jedermann hat und ein Tötungsversuch sicher erfolgreich sein müsste. Da jedoch andauernd irgendwelche anderen Teammitglieder der Filmcrew in ihrer Nähe sind, ist dies ein unwahrscheinliches Unterfangen.

Sollte Messalla ein Spion sein, so bestünde seine Aufgabe darin, das Kapitol über Propos, Sendezeiten und Drehorte zu informieren sowie über alle möglichen Details, welche er aufschnappen kann. Sollte Messalla tatsächlich ein Spion sein, weshalb unterstützt er das Team dabei, sich im Kapitol zurechtzufinden? Hat er im Angesicht des Zerfalls der alten Ordnung beschlossen, doch die Seiten zu wechseln?

Das alles liegt im Bereich des Möglichen und kann nicht ausgeschlossen werden. Sich jedoch auf die These zu versteifen, Messalla sei ein Verräter für die Rebellen wie Plutarch für Snow und das Kapitol, wäre paranoid. Allerdings ist dies in Kriegszeiten keinesfalls ungewöhnlich, skeptisch und ein Stück weit paranoid zu sein und zu denken. Im Krieg gelten andere *Spielregeln*, was nicht bedeutet, dass keine Regeln gelten würden. Aber es ist eine Frage der Täuschung und damit der Lüge, ob diese Regeln zur Anwendung kommen können.

5.3 Die Banalität des Bösen

5.3.1 *Ein* Kriegsverbrechen

In Distrikt 8 wird das Filmteam von Commander Paylor empfangen, die sie in ein Lazarett mit vielen Verwundeten führt. Gale sieht eine Gefahr darin, alle an nur einem Ort zu versammeln. Auch Paylor ist sich eines gewissen Risikos bewusst, aber ihre einzige Alternative wäre, die Menschen sterben zu lassen – sie ist daher offen für Anregungen. Katniss möchte nicht zu den Menschen sprechen, da sie dort niemanden helfen könne. Es ist eine für sie mittlerweile typische Reaktion in diesem Moment, im Angesicht der Hilflosigkeit zu fliehen zu wollen statt zu kämpfen. Cressida ermutigt sie jedoch, den Menschen einfach nur ihr Gesicht zu zeigen. Es fällt Katniss sichtlich schwer, das Leid der Menschen mit ansehen zu müssen. Sie schenkt ihnen Mut und Hoffnung, indem sie sagt, dass sie bereit ist, mit ihnen zu kämpfen. Als sie gefragt wird, was mit ihrem Baby passiert sei, sagt sie, sie hätte es verloren. Das ist nicht notwendigerweise eine Lüge in Bezug auf ihr angebliches Baby, sondern es kann auch insofern verstanden werden, als das aus dem *Mädchen in Flammen* eine *tapfere Kriegerin* geworden ist und Katniss so das Kindliche ablegen musste, um zum Kampf bereit zu sein.

Unterdessen hat ist Katniss Auftritt in Distrikt 8 im Kapitol nicht unbemerkt geblieben. Minister Antonius informiert Präsident Snow darüber, der erfreut darüber ist, Katniss zu lebend sehen. Antonius schlägt vor, sie ins Fadenkreuz zu nehmen, indem sie Hovercrafts von der Grenze zu Distrikt 11 abziehen. Snow möchte aber nicht auf Katniss zielen, weil er keine Märtyrerin erschaffen will, was die Rebellion noch weiter anheizen würde. Er weist Antonius an, die Verwundeten zu töten. Er weist so die Verantwortung für die Toten von sich, indem er den Befehl an Antonius weitergibt. Das Kalkül ist auch, nach Kriegsende keine »kriegsversehrten Sklaven« ernähren zu müssen.[89]

Canetti: *Der Befehl*

»‹Befehl ist Befehl›: der Charakter des Endgültigen und Indiskutablen, der dem Befehl anhaftet, mag auch bewirkt haben, daß man über ihn so wenig nachgedacht hat. Man nimmt ihn hin als etwas, das immer so da war, er erscheint so natürlich wie unentbehrlich. Von klein auf ist man an Befehle gewöhnt, aus ihnen besteht zum guten Teil, was man Erziehung nennt; auch das ganze erwachsene Leben ist von ihnen durchsetzt, ob es nun um die Sphären der Arbeit, des Kampfes oder des Glaubens geht. Man hat sich kaum gefragt, was denn ein Befehl eigentlich ist; ob er wirklich so einfach ist, wie er erscheint; ob er der Raschheit und Glätte zum Trotz, mit der er das Erwartete bewirkt, nicht andere, tiefere, vielleicht sogar feindliche Spuren im Menschen zurück läßt, der ihm gehorcht. Der Befehl ist älter als die Sprache, sonst könnten ihn Hunde nicht verstehen. (.) Zum Befehl gehört es, daß er keinen Widerspruch erlaubt. Er darf nicht diskutiert, nichterklärt oder angezweifelt werden. Er ist knapp und klar, denn er muß auf der Stelle verstanden werden. Eine Verzögerung in der Aufnahme beeinträchtigt seine Kraft.[90] (.)
Es ist bekannt, daß Menschen, die unter Befehl handeln, der furchtbarsten Taten fähig sind. Wenn die Befehlsquelle verschüttet ist und man sie zwingt, auf ihre Tat zurückzublicken, erkennen sie sich selber nicht. Sie sagen: Das habe ich nicht getan, und sie sind sich keineswegs immer klar darüber, daß sie lügen. Wenn sie durch Zeugen überführt werden und ins Schwanken geraten, sagen sie noch: So bin ich nicht, das kann ich nicht getan haben. Sie suchen nach den Spuren der Tat in sich und können sie nicht finden. Man staunt, wie unberührt von ihr sie geblieben sind. Das Leben, das sie später führen, ist wirklich ein anderes und von der Tat in keiner Weise gefärbt. Sie fühlen sich nicht schuldig, sie bereuen nichts. Die Tat ist nicht in sie eingegangen. Es sind Menschen, die sonst sehr wohl dazu imstande sind, ihre Handlungen abzuschätzen. Was sie aus sich heraus tun, hinterläßt bei ihnen die Spuren, die man erwartet. Sie würden sich schämen, ein unbekanntes und wehrloses Geschöpf, das sie nicht herausgefordert hat, umzubringen.

Sie empfänden Ekel davor, irgendwen zu foltern. Sie sind nicht besser, aber auch nicht schlechter als die anderen, unter denen sie leben. Mancher, der sie aus täglichem Umgang intim kennt, wäre bereit, einen Eid darauf abzulegen, daß man sie zu Unrecht beschuldigt. (.)

Es ist also wahr, daß Menschen, die unter Befehl gehandelt haben, sich für vollkommen unschuldig halten. Wenn sie imstande sind, ihre Lage ins Auge zu fassen, mögen sie etwas wie Staunen darüber empfinden, daß sie einmal so vollkommen unter der Gewalt von Befehlen standen. Aber selbst diese einsichtige Regung ist wertlos, da sie sich viel zu spät meldet, wenn alles längst vorüber ist. Was geschehen ist, kann wieder geschehen, ein Schutz gegen neue Situationen, die der alten aufs Haar gleichen, bildet sich in ihnen nicht aus. Sie bleiben dem Befehl wehrlos ausgeliefert, seiner Gefährlichkeit nur sehr dunkel bewußt.«[91]

Egeria ist erschrocken über Snows Befehl, doch dieser weist sie darauf hin, dass die Verwendung des Spotttölpel-Symbols unter Todesstrafe stehe und sie die Rede ja selbst geschrieben habe. Es ist das gleichsame Konzept Arendts von der *Banalität des Bösen*. Die Liebe zum Toten triumphiert über die Liebe zum Leben. »Die Nekrophilie kann man im charakterologischen Sinn definieren als das leidenschaftliche Angezogenwerden von allem, was tot, vermodert, verwest und krank ist; sie ist die Leidenschaft, das, was lebendig ist, in etwas Unlebendiges umzuwandeln; zu zerstören um der Zerstörung willen; das ausschließliche Interesse an allem, was rein mechanisch ist. Es ist die Leidenschaft, lebendige Zusammenhänge mit Gewalt entzweizureißen.«[92] Über Eichmann schreibt Erich Fromm:

»Der Nekrophile ist von einer zwanghaften pedantischen Ordnungsliebe. Eichmann hat der Welt eine solche nekrophile Persönlichkeit vor Augen geführt. Eichmann war von der bürokratischen Ordnung und vom Toten geradezu fasziniert. Seine höchsten Werte waren Gehorsam und das ordentliche Funktionieren der Organisation. Er transportierte Juden, wie er Kohle transportiert hätte. Dass es sich um menschliche Wesen handelte, nahm er kaum wahr. Daher ist die Frage, ob er seine Opfer hasste oder nicht, irrelevant.«[93]

»Adolf Eichmann macht nicht den Eindruck, als ob er besonders böse sei; er ist vielmehr völlig entfremdet. Er ist ein Bürokrat, für den es keinen besonderen Unterschied macht, ob er tötet oder ob er für kleine Kinder sorgt. Für ihn hat das Leben vollkommen aufgehört, etwas Lebendiges zu sein. Er organisiert. Das Organisieren wird zum Selbstzweck, ob es dabei um Goldzähne oder Haare von ermordeten Menschen geht oder ob er Eisenbahnzüge oder Tonnen von Kohle organisiert. Alles das ist für ihn völlig gleichgültig. Wenn Eichmann sich verteidigt und darauf hinweist, daß er ja nur ein Bürokrat sei und in Wirklichkeit nur Züge reguliert hat und Fahrpläne ausarbeitete, dann hat er gar nicht so unrecht damit. Ich glaube, in uns allen steckt heute ein Stück Eichmann.«[94]

»Eichmann war das extreme Beispiel eines Bürokraten. Er schickte Hunderttausende von Juden in den Tod, nicht, weil er sie haßte – [er] ‹tat seine Pflicht›: pflichtbewußt schickte er die Juden in den Tod; genauso pflichtbewußt hatte er vorher ihre Emigration aus Deutschland organisiert. Ihm ging es nur darum, den Vorschriften zu gehorchen. Schuldgefühle empfand er nur, wenn er diese verletzte. (.) [Das] Hauptmerkmal der Bürokraten [ist ihr] Mangel an menschlichem Mitgefühl und ihrer Vergötzung von Vorschriften. (.) [Der] einzige Unterschied ist, daß sie nicht Tausende von Menschen vernichten müssen. Wenn der Bürokrat im Krankenhaus sich weigert, einen Schwerkranken aufzunehmen, weil laut Vorschrift der Patient durch einen Arzt überwiesen werden muß, dann handelt er nicht anders als Eichmann. Das gleiche gilt für Sozialarbeiter, die lieber einen Betreuten verhungern lassen, als bestimmte Anweisungen ihres bürokratischen Reglements zu verletzen. Diese bürokratische Einstellung ist nicht nur unter Verwaltungsbediensteten verbreitet – sie ist auch unter Ärzten, Schwestern, Lehrern und Professoren zu finden, sowie unter Ehemännern und Eltern gegenüber ihren Frauen bzw. Kindern. Sobald der lebendige Mensch zu einer Nummer reduziert ist, kann der echte Bürokrat Akte äußerster Grausamkeit begehen, nicht weil er von einem seinen Taten entsprechenden Maß an Grausamkeit dazu getrieben würde, sondern weil ihn kein menschliches Band mehr mit seinem Untergebenen verbindet. Obzwar die Bürokraten weniger Abscheu erregen als reine Sadisten, sind sie gefährlicher als diese, da sie nicht einmal einen Konflikt zwischen Gewissen und Pflicht auszutragen haben: Ihr Gewissen ist identisch mit Pflichterfüllung. Mit Menschen Mitgefühl und Mitleid zu haben, gibt es für sie nicht.«[95]

»Weiterhin ist für den Sadisten im Gewand des Bürokraten eine übertriebene Ordnungsliebe charakteristisch. Ordnung ist alles, Ordnung ist das einzig Sichere, das einzige, was man kontrollieren kann. Menschen, die einen übertriebenen Ordnungssinn haben, haben gewöhnlich Angst vor dem Leben; denn das Leben ist nicht ordentlich; es ist spontan, bringt Überraschungen. Die einzige Sicherheit, die wir haben, ist die des Todes, was aber mit dem Leben geschieht, das ist immer neu, Der Mensch jedoch, der sadistisch ist, der selbst unbezogen ist, für den alles zur Sache wird, dieser Mensch hasst das Lebendige, weil es ihn bedroht, aber er liebt die Ordnung.«[96]

Himmler beispielsweise führte so jahrelang Tagebucheinträge mit den trivialsten Einträgen, etwa: wie viele Brötchen er gegessen hat. »Das ist Ordnung. Und so kann man sagen: Das ist die Ordentlichkeit eines bestimmten Typs, des altmodischen Bürokraten, für den das Leben nichts ist, die Ordnung und Regel aber alles.«[97] Es ist daher wenig verwunderlich, dass Eichmann sein Todesurteil *bedingungslos* und *regungslos* akzeptierte; er war sogar bereit, sich selbst zu erschießen. Schuld oder Reue, geschweige denn Einsicht sah er bis zuletzt nicht ein, aber wenn alle es so wollen, tue er es. Arendt nannte ihn einen »Hans Wurst«. Er war völlig passiv in seinem Leben und Handeln. Als die *Endlösung der Judenfrage* von der NS-Führungsriege beschlossen wurde, sah er sich als klein und unbedeutend im Getriebe der Staatsmacht, die er geradezu vergötterte. Als man sein Todesurteil fällte, verhielt er sich nicht anders:

»Eichmann ist der Prototyp des Organisationsmenschen, des entfremdeten Bürokraten, für den Männer, Frauen und Kinder zu bloßen Nummern geworden sind. Er ist ein Symbol für uns alle. Wir können uns selbst in Eichmann wiedererkennen – aber das Allerschrecklichste an ihm ist, dass er sich, nachdem er alles zugegeben hatte, völlig gutgläubig für unschuldig erklären konnte. Es ist klar: Wenn er wieder in die gleiche Situation käme, würde er sich wieder genauso verhalten.«[98]

Eichmanns nekrophiler Charakter zeigte sich in seiner bedingungslosen Liebe zur Ordnung, zum Gesetz, zum Gehorsam, um das Funktionieren der Organisationen sicherzustellen. Das Gesetz war für ihn Selbstzweck, ungeachtet seiner Folgen. Für diese Ideologie war Eichmann bereit, alles und insbesondere jeden zu opfern. Für ihn hat das Leben aufgehört, etwas Lebendiges zu sein. Wenn Fromm feststellt, dass ein Stück Eichmann in jedem von uns heute steckt, so bezieht er sich damit auf die entfremdete Kalkulation von Millionen Toten im Falle eines atomaren Krieges, der aus dem Kalten Krieg hervorzugehen drohte.

Aber auch heute ist diese Feststellung von ungebrochener Aktualität. Wenn Kinder sagen, sie gehen nicht gerne in die Schule und überhaupt sei es dort langweilig, fragen wir nicht, warum das so sei und was wir dagegen tun können. Wir sagen stattdessen, wenn es dort langweilig sei, müsste das Kind überall Einsen im Zeugnis haben und überhaupt müsse es einfach so sein, wie es ist, denn das vorgegebene Curriculum müsse erfüllt werden! »Wir reden so gern darüber, was andere unseren Kindern antun, damit wir nicht darüber reden müssen, was wir selbst unseren Kindern antun«, so Birkenbihl einmal sehr zutreffend.

Wie Eichmann empfindet Egeria ihren Opfern gegenüber keinen Gräuel, in ihrer Gedankenlosigkeit und Ideologie ist sie bereit für diese alles und insbesondere jeden zu opfern. Sie fühlt sich in einem großen System als kleines Rad unbedeutend und sieht ihre Eigenverantwortung verschwindend gegen Null. Sie ist nicht fähig, über ihre eigenen Befindlichkeiten hinauszublicken und sucht nur nach ihrem eigenen Überlebensweg. Selbiges gilt nicht minder für Antonius. Für beide steht die Liebe zur Ordnung und zum Gesetz über allem. Sie lieben das Tote und verachten das unplanbare und unberechenbare Lebendige. Egeria ist dabei gewiss weniger mit Eichmann zu vergleichen als Antonius. Egerias Gewissen ist nicht vollends erstickt, sie ist nicht vollkommen gedankenlos, ihr Charakter ist nicht dominant nekrophil, so trägt sie ständigen Beisein der Aura Snows auch hellere Kleidung; aber die nekrophilen Elemente in ihrem Charakterbild sind unverkennbar.

Snow weißt Antonius an, den Menschen zu zeigen, was es kostet, wenn man mit Katniss Everdeen befreundet ist. Er will nicht auf Katniss selbst zielen; er will ihr zeigen, was sie anrichtet und ihr eine Mitschuld am Tod der Verwundeten geben. Als das Filmteam von Bombern überrascht wird, will sich Katniss nicht im Bunker verstecken, sondern geht in die Offensive und sucht den Kampf mit dem Kapitol. Als Katniss und Gale die Hovercrafts abschießen, die das Lazarett bombardiert hatten, stürzen diese vom Himmel und eines direkt in das Lazarett, das sofort in einem Meer aus Flammen versinkt.

Katniss stürmt hin und schreit, man sollte den Menschen helfen, doch ist bereits alles verloren. Cressida möchte, dass Katniss den Leuten beschreibt, was vor sich gegangen ist:

»Ich will, dass sie Rebellen wissen, dass ich immer noch lebe. Ich bin in Distrikt 8, hier hat das Kapitol Bomben auf ein Lazarett geworfen, auf unbewaffnete Männer, Frauen und Kinder und es wird keine Überlebenden geben. Wenn einer von euch ernsthaft denkt, dass das Kapitol uns jemals fair behandelt hat, dann belügt er sich selbst. Wir wissen, wer die sind und was sie tun. Hier seht ihr, was sie tun und es wird Zeit, dass wir uns wehren. Das ist eine Botschaft an Präsident Snow: Sie können uns zwar foltern, uns bombardieren und unsere Distrikte in Schutt und Asche legen, aber sehen Sie, was geschieht: das Feuer weitet sich aus und wenn wir brennen, dann brennen Sie mit uns.«

Die Anspielung auf Shakespeares *Coriolanus*, in dem die Bürger Gaius Martius als den Hauptfeind des Volkes bezeichnen und den Patriziern vorwerfen, niemals gerecht behandelt worden zu sein, ist unverkennbar. Diese Szene bildet zusammen mit Snows Rede an die Nation den Auftakt in Shakespeares Tragödie ab.

5.3.2 Das erste Propo

»Eine weitere Form der Verdrängung ist die, bei der nicht die Tatsache selbst verdrängt wird, sondern deren emotionale und moralische Bedeutung. So werden zum Beispiel im Krieg vom Feind begangene Grausamkeiten als weiterer Beweis für dessen teuflische Bösartigkeit erlebt. Gleiche oder ähnliche Handlungen, die von der eigenen Seite begangen werden, empfindet man als zwar bedauerliche, aber verständliche Reaktionen, ganz zu schweigen von den vielen, welche die Taten des Feindes als: teuflisch empfinden und die gleichen Taten nicht einmal für bedauerlich, sondern für völlig gerechtfertigt halten, wenn sie von der eigenen Seite begangen werden.«

– Erich Fromm[99]

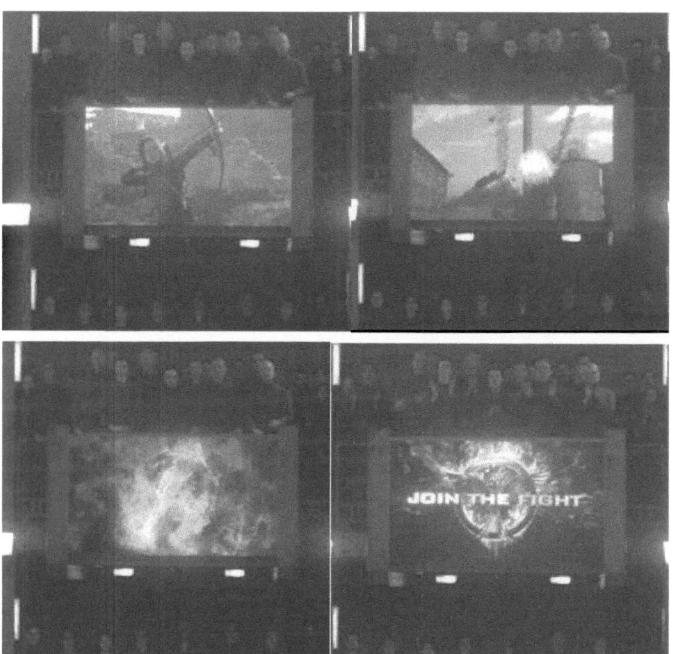

Was Katniss nicht gesagt hat oder was in ihrer Darstellung des Ereignisses verzerrt dargestellt wird, ist, dass die besonders schlimme Feuersbrunst erst durch ihren Abschluss des Hovercraft zustande kam. Das alles wäre nicht passiert, wenn nicht das Kapitol das Lazarett bombardiert hätte. Aber es ist doch eine sehr einseitige Darstellung des Ereignisses, wie es für Propaganda nicht unüblich ist.

Das wird besonders dadurch deutlich, dass im produzierten Propo die entscheidende Szene gezeigt wird, in der das eine Hovercraft in den Schornstein gestürzt ist; wie das zweite Hovercraft ins Lazarett stürzt, aber rausgeschnitten wurde. Eine sich ausbreitende Flamme verdeckt den entscheidenden Moment des Geschehens. Chomsky erklärt:

»Steht ein offizieller Feind im Verdacht, Verbrechen begangen zu haben, herrscht in den Medien allgemeiner Aufruhr, wobei die Angaben oft auf unzureichenden oder gar gefälschten Beweisen beruhen und auch dann nicht korrigiert werden, wenn die Fälschung offenkundig ist. Die Materialien werden sorgfältig gefiltert, um nur das jeweils Nützliche zuzulassen.«[100]

Ebenso wurde auch Gale aus dem Film rausgeschnitten, der eigentlich bei dem Abschluss der Hovercrafts direkt neben Katniss stand und sein Ziel verfehlte. In einer geschnittenen Szene wird auch Snow das Propo sehen, nachdem die Rebellen es in Panem ausgesendet haben.

Snow lächelt, er ist fast erfreut. Man darf seine Reaktion nicht missverstehen. Ihm wird nicht entgangen sein, auch aufgrund eigener Quellen, dass Katniss eine Mitschuld am Tod der Verwundeten hat. Sein Plan ist aufgegangen. Durch die Bomben konnten die Menschen noch fliehen, aber es gab keine Überlebende, nachdem Katniss das Hovercraft abgeschossen hat. Dabei hätte nach den Gesetzen der Physik klar sein müssen, dass ein Abschuss aus dieser Position dazu führen wird, dass die Bomber ins Lazarett stürzen. Aus dieser speziellen Position hätten die Bomber nicht abgeschossen werden dürfen und mit etwas Nachdenken, statt impulsivem Handeln, hätte man dies auch leicht erkennen können. Snow wird dies später als »destruktive Jugendfantasien« bezeichnen.

Sein Lächeln gilt nicht dem Tod der Verwundeten, sondern Katniss, die nur Snow im Auge hat und überdies ihre eigene *Destruktivität des Versehens* verdrängt, wohingegen Snow nur Katniss im Auge hat, und seine eigene *Destruktivität der entledigten Eigenverantwortung* verdrängt. Symptomatisch ist dabei seine Aussage zu Antonius, der ihm Überwachungsmaterial von Katniss sagt: »Zoomen Sie näher ran.«

Während der eine von sich sagen kann: »Ich habe nicht getötet«, kann der andere von sich sagen: »Ich habe nur den Befehl ausgeführt«. Beide ziehen sich zurück und entledigen sich gegenseitig ihrer Eigenverantwortung, so wie es einer Erzählung nach zwei Wärter in den KZs getan haben sollen: Der eine erschoss die Mutter, der andere ihre drei Kinder. Der eine sagte: »Wenn die drei Kinder tot sind, ist es ein Gnadenschuss für die Mutter, nicht mehr länger damit leben zu müssen«; der andere hingegen glaubte fest: »Wenn die Mutter tot ist, können die Kinder ohnehin nicht mehr zurechtkommen und der Schuss erlöst sie von ihrem Schicksal«. Über die Schrecken der Gaskammern darf man nicht vergessen, dass nur wenige Menschen auf diese Weise unter Todesschreien ermordet wurden – die allermeisten wurden erschossen oder erhängt.

Als das Propo in Distrikt 13 abgespielt wird, lobt Coin Katniss, Plutarchs Vertrauen in sie sei mehr als berechtigt gewesen. Als Coin eine Rede hält, bittet sie den Spotttölpel für die ersten Worte mit rauszugehen:

»Es kann keinen Fortschritt ohne einen Kompromiss geben, ebenso wenig, wie einen Sieg ohne Opfer. Aber ich stehe hier mit dem Spotttölpel, um ihnen zu sagen, dass unser Moment endlich gekommen ist.
(Katniss zieht sich in den Hintergrund zurück.)
Beetee ist es gelungen, unsere Sendekapazitäten auf das Zehnfache aufzustocken. Wir werden diese Botschaft heute Abend in allen Distrikten ausstrahlen. Die Worte des Spotttölpels werden alle dazu bewegen, sich der Rebellion anzuschließen. Gemeinsam werden wir ein Bündnis formen, das keiner mehr so leicht besiegen kann.«

Der mehrfache Ruf der Masse »Oorah« ist ein Schlachtrufe, der dazu dient, dem Gegner zum einen Angst einzuflößen und zum anderen den eigenen Soldaten Mut zu machen. Die Adrenalinausschüttung wird dadurch gefördert. Das »Oohra« der U.S. wird hoch gehalten. Die U.S. Marines sind ursprünglich der Marineinfanterie zuzuordnen. Als Vorbild dienten wohl die Royal Marines Großbritanniens. In Distrikt 13 diente als Vorbild wohl die U.S. Tradition.

Finnick merkt, dass Katniss nicht gerne Kampflieder bei einer Beerdigung höre, aber je mehr Menschen auf ihrer Seite seien, desto näher seien sie Peeta und Annie. Beide haben vor allem ihr eigenes Überleben und das Überleben derer vor Augen, die sie lieben. Dass sie überdies von anderen Kräften instrumentalisiert werden, nehmen sie dabei billigend oder sogar gedankenlos in Kauf.

5.3.3 Verbrechen und Illusion im Totalitarismus

In Distrikt 7 treiben die Friedenswächter die Menschen zur Holzfällerarbeit in den Wald. Die Ansage gibt bekannt, dass auf Befehl von

Präsident Snow die Produktionsvorgaben erhöht und die Arbeits-
schichten um zwei Stunden verlängert werden. Ein Verfehlen der
Quoten wird nicht toleriert – wie sollte es in totalitären Regimen
auch anders sein?

Auf etwa 25 Arbeiter kommen zehn Friedenswächter. Man muss
sich die Absurdität der Repressionen vor Augen führen. Würden
die Friedenswächter mit den Menschen in den Distrikten arbeiten,
anstatt sie mit Waffen zu bedrohen, könnten höhere Produktions-
kapazitäten ohne Weiteres erreicht werden.

Ein Arbeiter entdeckt auf einem Baum ein Spotttölpel-Symbol und
pfeift. Das ist das Signal zum Losstürmen und die Friedenswächter
eröffnen sofort das Feuer auf die Menschen, die panisch auf die
Bäume flüchten. Als alle in den Baumkronen versteckt oder erschossen sind, wird es ruhig. Die Friedenswächter halten ange-
spannt Ausschau. Jemand ruft: »Wenn wir brennen, brennt ihr mit

uns.« Minen explodieren und töten die Friedenswächter. In den Bäumen herrscht Jubelstimmung.

Die Bitterkeit für Friedenswächter, die *nur* ihre Arbeit gemacht haben, ist offenkundig. Aber auch hier zeigt sich die *Banalität des Bösen*. Was bedeutet das? »Ich mache doch *nur* meine Arbeit« ist ein sehr dünnes Argument und darf nie ein alleiniges Argument sein, um als Rechtfertigung herzuhalten, was das Befolgen von Anweisungen betrifft. In Panem verstecken sich die Friedenswächter, die die Arbeiter erschießen, hinter ihrem Befehl.

Im nationalsozialistischen Deutschland haben viele Täter und Mittäter kein anderes Argument gebraucht, um sich ihrer Schuld zu entledigen: Wärter, Sekretäre, Beamte, Ärzte. So formulierte Hannah Arendt, dass es kein »Recht auf (blinden) Gehorsam« gebe und Erich Fromm forderte, dass in Großorganisationen Befehle und Anordnungen immer mit Begrünungen und Erklärungen einhergehen müssen.

5.3.4 Das Ende der »humanity«?

Katniss und Gale dürfen in Distrikt 13 zum Jagen an die Oberfläche. Ein Elch, auf den sie stoßen, hat nicht einmal Angst vor ihnen, weil er nie gejagt worden ist und Gale findet, dass es unfair sei, ihn zu erlegen. In einer alten Ruine an einem Fluss lassen sich beide nieder und kommen sich dabei wieder etwas näher. Als Katniss und Gale zurückkommen, müssen sie durch den Hangar passieren. Offensichtlich sind sie mit einem Hovercraft verreist; das wirft erneut die Frage auf, wo an der *Oberfläche* sie überhaupt waren und wo die Ruine stand, in der sie sich zur Rast gelassen haben. Es ist nach wie vor nicht klar, wo *genau* Distrikt 13 sich befindet; ob unter der Erde, wo sich Distrikt 13 früher befunden hat, oder an einem gänzlich anderen Ort. Das ist im Sinne der Geheimhaltung zum Schutz der dortigen Bevölkerung vor Luftschlägen des Kapitols durchaus plausibel. Währenddessen Katniss und Gale zurück nach Distrikt 13 kommen, strahlt das Kapitol wieder ein weiteres Interview zwischen Caesar und Peeta aus. Um dieses verstehen zu können, ist der Blick auf eine zuvor geschnittene Szene hilfreich.

Es findet sich eine Erklärung für, weshalb ich diese Szene vorwegnehmen möchte. Es erscheint jedoch schlüssig, dass diese Szene rausgeschnitten wurde, weil Snow *hier* mit Peeta spricht, was bisher noch gar nicht vorgekommen ist, weil er voll und ganz auf Katniss konzentriert war. Sinnvoll erscheint es daher insoweit, als dass der Spannungsbogen ausschließlich zwischen Snow und Katniss erhalten, zwischen Snow und Peeta aber kein parallel laufender Bogen erzeugt werden soll.

Snow sieht sich in einem seiner Arbeitsräume den Moment der 75. Spiele an, als Peeta von Finnick wiederbelebt wurde. Seine Enkelin ruft ihn per Video-Call an. Sie möchte Peeta gerne kennenlernen. Snow erklärt ihr, dass er noch nicht da sei und dass es sich um ein geschäftliches Meeting handle. Sie würden es auf ein anderes Mal vertagen. Kurz darauf bittet er Peeta: »Komm rein, mein Junge. Ich [war gerade dabei],* einige deiner ärgsten Fans [abzuwehren].« Snow dankt ihm für den Erfolg seines ersten Interviews, damit seien seine wildesten Erwartungen (in vorauseilendem Gehorsam von Peeta) übertroffen worden:

»Kennst du den Unterschied zwischen Realität und destruktiven Jugendfantasien? Du warst immer bedachter und weniger impulsiv als Katniss. Wenn Panem ihrem Pfeil in einen Bürgerkrieg folgt, erleben wir weit Schlimmeres als die Dunklen Tage.«

Die Rebellen glauben, »man müsse das System vernichten, um ein besseres zu errichten. Sie scheinen nicht zu sehen, daß solch eine Zerstörung im günstigsten Fall für Jahrhunderte zu Blutvergießen und Barbarei führen würde. Angesichts der gegenwärtigen Ausrüstung mit zerstörerischen Kräften würde eine solche Lösung wahrscheinlich nicht nur zu der Zerstörung des gegenwärtigen Systems führen, sondern auch zur physischen Zerstörung des größeren Teils

---

* Die deutsche Übersetzung sieht hier »habe gerade« vor für »I was«. Daher habe ich die Formulierung angepasst, um den Sinn des Seins sichtbar zu machen.

der Menschheit, wenn nicht allen Lebens. (.) Niemals war die menschliche Fähigkeit, zu verstehen, die Fähigkeit zu kritischem und analytischem Denken, für das Überleben der menschlichen [Spezies] notwendiger (.)«[101] Eben aber dieses analytische Denken ist in der Rebellion nicht zu erkennen, sondern nur destruktive Fantasien und infantiler Trotz.

Snow spricht hier nicht davon, dass die Distrikte Katniss folgen könnten, sondern ganz Panem. Mit den Distrikten würde natürlich auch das Kapitol in einen Bürgerkrieg verwickelt werden, insofern ist diese Überlegung durchaus *deterministisch* richtig. Snow ist ein *Politiker des Unausweichlichen.*

Einerseits bringt Snow in dieser Szene Bedrohlichkeit zum Ausdruck, andererseits auch Unterwürfigkeit unter den Determinismus der Dinge in einer seltsam anmutenden Weise. Während Peeta säuerlich und vor Furcht gebeutelt ist, lächelt Snow wie in diesen Momenten mit Katniss in einer freundlichen Art und Weise. Als er jung war, muss er etwas fast Niedliches an sich gehabt haben, womit er sein Gegenüber verzaubern konnte. Peeta sagt, Katniss wollte nie einen Krieg:

Snow: »Und es wird auch keinen geben, solange Peeta Mellark etwas zu sagen hat.«

Peeta: »Ich weiß nicht, was ich noch sagen soll… Ich habe das Blut satt und es klebt mehr an den Händen der Friedenswächter.«

Snow: »Mein Junge, in einem zu Hause mögen hundert Dinge zu reparieren sein, doch das rechtfertigt nicht, es auf seine Grundmauern niederzubrennen. Wir sind uns einig, dass ein Krieg die Menschheit* vernichten könnte. Sag das einfach weiterhin mit der dir so eigenen Aufrichtigkeit...

Mr. Mellark, manchmal in dieser Welt werden wir, ob gewollt oder nicht, zu Symbolen. Und ich bin ein Symbol für Macht und Förmlichkeit, wie das Siegel an der Tür, was bedeutet, dass ich nicht immer jedes zu Hause erreiche. Das muss ein Freund tun; jemand, der den Menschen vertraut vorkommt. Ein Bäckerssohn. Je früher diese Aufstände beendet werden, desto früher siehst du dein Zuhause wieder.«

---

* Ein Problem in dieser Szene bereitete mir die Übersetzung von Snows Aussage: »War might end *humanity*«, Krieg kann die *Menschheit/Menschlichkeit* beenden. Der Übersetzungsvorschlag des DVD-Materials gibt *Menschheit* an. Dass ein Bürgerkrieg in Panem die ganze Menschheit auslöschen könnte, erscheint jedoch zunächst etwas weithergeholt. Das Mahagoni kommt vermutlich aus Südamerika, also muss es etwas außerhalb von Panem geben. Dieses ist ein totalitärer Staat und daher sind Innen und Außen strikt getrennt. In diesem Sinne wäre das Ausblenden anderer Staaten sogar gewollt. Das Panem-Universum muss nicht notwendigerweise meinen, dass alles menschliche Leben nur noch in Nordamerika Zuflucht gefunden hat. Diesbezüglich hatte ich eine längere Diskussion mit Julia Klimek, die mir schrieb:

> »Es ist auch nie von anderen Ländern die Rede, soweit ich mich erinnere. Dann müsste Snow also wirklich davon ausgehen, dass ein Krieg, der Panem zerstört, auch die letzten Menschen tötet und somit die Menschheit beendet... Also Panem ist meines Wissens nach nicht nur eine Metapher für die Welt, sondern im Universum der Bücher/Filme tatsächlich das letzte Land, in dem Menschen leben.« (pers. Mitteilung est. April 2021)

Versteht man jedoch Panem als Metapher für die Welt, wie es die Welt im Kalten Krieg war, so wäre ein Ende der Menschheit wiederum einleuchtend. Denkbar wäre auch, dass Staaten von außerhalb sich den Systemen im Kapitol und Distrikt 13 zur Seite stellen würden und ein Atomkrieg in tatsächlich dann globalem Ausmaß drohe. Anderseits, wenn Peeta »Menschheit« sagen soll, klingt dies dramatischer und die Menschen in den Distrikten würden sich wohlmöglich auch für die letzte Zivilisation auf Erden halten. Lange Rede, kurzer Sinn: *Menschlichkeit*, wie Cicero sie beschrieb, gibt es in Panem ohne Cicero ohnehin nicht, sodass sie nicht erst durch einen Krieg beendet werden würde, weil es sie nämlich zuvor bereits nicht gab. Daher habe ich mich nach langen und intensiven Gedanken an einem kleinem Wort aufgehalten, welches ich am Ende mit der Größe der gesamten *Menschheit* übersetze.

Panem verstehen zu wollen, ist nicht leicht und man sollte nicht alles wörtlich deuten. Die Gefahr, in eine Falle zu tappen und sich an unbedeutenden Nebensächlichkeiten festzufahren, besteht jedoch durchaus. Dieses Beispiel wollte ich dem Leser nicht vorenthalten. *Panem* versucht oft, den Blick für das Wesentliche zu vernebeln und davon abzulenken.

Das ist nicht notwendigerweise eine direkte Lüge; es ist vielmehr ein *Hintertürchen*. Distrikt 12 wurde zwar zerstört, doch nicht das *Dorf der Sieger*, in dem Peeta ja nach den 74. Spielen wohnte. In diesem Sinne kann er sein zu Hause durchaus *wiedersehen*. Sein Zuhause wiederzusehen, sagt nämlich nichts darüber aus, in welchem Zustand sich dieses Zuhause befindet. Snow beherrscht die *Kunst der Täuschung* wie es beispielsweise auch der ehemalige KGB Agent Vladimir Putin sie beherrscht.

Der Oppositionelle Alexej Nawalny gab an, aufgedeckt zu haben, durch welches Oligarchen-Netz Putin zu Reichtum gelangt. Auf die Frage, ob Putin eine große Villa am Schwarzen Meer gehöre, antwortete dieser lediglich, er sei dort »noch nie im Pool geschwommen«. Auch das muss nicht zwangsläufig eine falsche Aussage sein. Bei Putin ist es ohnehin auffällig, wie oft er ausweichend antwortet. Er benutzt *Hintertürchen* öfter als *direkte Lügen*.

»Also, worum bitten Sie mich? Ich soll ihre Stimme der Vernunft sein?«, fragt Peeta. Snows Blick wird ernst, seine Stimme scharf: »Du hast alles verstanden bis auf ein winziges Detail: Das ist keine Bitte.«* Er beendet die Unterhaltung wieder mit einem Lächeln, jedoch ist es ein anderes Lächeln. Snows Kopfbewegungen und -haltungen sind nicht bloße Nebensächlichkeiten. Im Gespräch mit Peeta zog er zunächst das Kinn leicht zurück. Dies verdeckt seinen Hals und schützt diesen empfindlichen Teil des Körpers. Er dankt

---

* Diese Übersetzung habe ich gewählt, weil Snow mit »I am not asking« eine starke Bestimmtheit zum Ausdruck bringt, jedoch die wörtliche Übersetzung »Ich bitte nicht« eher schwächer klingt. Sie ist auch mit drei Worten kürzer als mit den vier Worten »Das ist keine Bitte«. Vier Worten lassen einen anderen Sprachrhythmus zu, der auch Überlegenheit zum Ausdruck bringen kann. Insbesondere bleibt die Betonung des *Seins* erhalten.

Peeta, er will ihn umgarnen, er unterwirft sich ihm sowohl in seiner verbalen Freundlichkeit als auch in seiner non-verbalen Sprache.

Als Peeta jedoch das Wort »Bitte« erwähnt, lenkt Snow um. Er hat Peeta an genau dem Punkt, an dem er ihn haben möchte, er hat ihn perfekt verstanden. Es muss aber nun darum gehen, die Machtverhältnisse zu klären. Hierfür hebt Snow seinen Kopf leicht an und zeigt seinen Hals. Er fühlt sich sicher, stolz und will sein Gegenüber beeindrucken. Dies kombiniert er sowohl in Wort als auch Stimme. Allgemein gilt, je höher die Position des Kopfes, desto *besser* ist der emotionale Zustand der Person. Als Snow den Befehl zum Angriff auf die Verwundeten gab, hob er in ähnlicher Weise seinen Kopf leicht an. Der Sadist Snow muss ein großartiges Herrschaftsgefühl in diesem Moment verspürt haben. Es ist ein Ausdruck einer »Ich weiß alles«-Arroganz. Den Kopf im Gleichgewicht zu halten, ist einfacher und damit energiesparender, weshalb das Neigen desselben gesteigertes Interesse signalisiert. Und Snows Interesse an Peetas Reaktion auf seine *Nicht-Bitte* war durchaus vorhanden.

Auch das Kapitol verbreitet wie die Rebellen Propaganda-Spots über das Staatsfernsehen.

Präsident Snows *Second Address: Unity*
Snow setzt dabei gezielt Peeta und Johanna ein. *Die Macht wird nach außen
mit allen Mitteln verteidigt, um ihr heiliges Inneres zu schützen.*

In seinem zweiten Interview sieht Peeta stark mitgenommen aus. Katniss fällt auf, dass er zittert. Seine Stimme hat sich verändert, Caesar legt ihm Worte in den Mund. Er trifft daraufhin die Aussage, dass er annimmt, man habe Katniss dazu gezwungen, Dinge zu sagen, die sie nicht einmal verstehe.

Für den Fall, dass Katniss zusehen sollte, wendet er sich direkt an sie. Katniss soll selbst nachdenken und nicht dumm sein. Die Rebellen hätten aus ihr etwas gemacht, was sie nicht ist; etwas, was alle vernichten könnte. Sie solle die Rebellen davon überzeugen, mit diesem Krieg aufzuhören, bevor es zu spät sei: »Frag dich selbst, ob du diesen Leuten wirklich trauen kannst und was sie wirklich wollen.« Eine Träne läuft seine Wange herunter.

Gale reagiert umgehend, man müsse darauf antworten. Katniss ist entsetzt, aber Gale meint, Peeta sehe so aus, wie Feiglinge aussehen. Peeta helfe sich nur noch selbst (»defending himself«), er würde niemals so etwas sagen, auch unter Folter nicht. Er versteht nicht, wie Peeta für die sprechen kann, die sein zu Hause zerstört und seine Familie getötet haben. Katniss versteht, dass Peeta davon keine Ahnung hat, wie sollte er es denn auch wissen? »Niemand hat gesehen, was das Kapitol mit 12 gemacht hat.«

Interessant ist hier das englischsprachige Original. Peeta ist bereit, alles zu sagen, um sich selbst zu helfen, genauer: um sich selbst zu verteidigen. Sein Auftritt, der von den Rebellen als Verrat und als Verbrechen angesehen wird, erscheint somit mehr als Notwehr und Überlebenskampf.

5.3.5 Ein kleines Vietnam

Weshalb hat das Kapitol Distrikt 12 total zerstört, es jedoch niemandem gezeigt? Nach der Zerstörung von Distrikt 13 wurden die Bilder schnell weit verbreitet. Ich vermute, dass man im Kapitol sehr wohl plante, die Bilder des zerstörten Distrikts in Panem auszustrahlen. Man wollte zeigen: »Wer rebelliert, wird so enden«, um die Menschen einzuschüchtern. Jedoch ging alles sehr schnell, und während im Kapitol alles drunter und drüber und quer durcheinander lief, verging wertvolle Zeit.

In dieser Zeit nämlich kam es zu Randalen, Ausschreitungen und Aufständen in sieben Distrikten, von denen insgesamt nur noch elf übrig waren. Das sind fast zwei Drittel. Die Stimmung kippte schnell um und offenbar entschied man sich, die Bilder von der Zerstörung von Distrikt 12 doch nicht zu zeigen, da man eine Deutung der Botschaft im Sinne von: »Wer jetzt nicht rebelliert, wird so enden«, vermeiden wollte. Das Ausstrahlen der Bilder hätte eine aufkeimende Rebellion erst richtig befeuert. Das Zeitfenster, in dem die Stimmung in Panem derart extrem umschlug, war höchstens eine Stunde lang, eher sogar noch weniger.

Katniss will, dass die Leute erfahren, was das Kapitol mit Distrikt 12 gemacht hat. Dort angekommen aber fällt es ihr schwer, darüber zu sprechen. Sie hat auch selbst nicht miterlebt, was passiert ist. So beginnt Gale zu erzählen, wie sie sich die Spiele angesehen haben. Als die Bildschirme schwarz wurden, haben die Friedenswächter sie in die Häuser getrieben, eine Stunde lang war es wie totenstill. Dann sind sie mit ihren Lastern weggefahren; da war für Gale klar, was passieren würde.

Er hat versucht, mit Männern aus dem Bergwerk Leute aus den Häusern zu holen und an den Grenzzaun zu bringen, aber viele hatten zu große Angst vor dem Wald. Sie gingen zur Straße und flohen in Richtung Feind, der mit seinen Hovercrafts Brandbomben auf die Menschen geworfen hat. 915 haben es zum Zaun geschafft von 10.000.

Canetti: *Die Fluchtmasse*

»Die Fluchtmasse wird durch Drohung hergestellt. Es gehört zu ihr, daß alles flieht; alles wird mitgezogen. Die Gefahr, von der man bedroht wird, ist für alle dieselbe. Sie konzentriert sich auf einen bestimmten Ort. Sie macht keinen Unterschied. Sie kann die Bewohner einer Stadt bedrohen oder alle, die eines Glaubens sind, oder alle, die ein und dieselbe Sprache sprechen. Man flieht zusammen, weil es sich so besser flieht. Die Erregung ist dieselbe: die Energie der einen steigert die der anderen, die Menschen stoßen einander in dieselbe Richtung fort. Solange man beisammen ist, empfindet man die Gefahr als verteilt. (.) Unter so vielen nimmt keiner an, daß er das Opfer ist.«[102]

Das Abwerfen der Brandbomben erinnert an die Schrecken des Vietnam-Krieges, in dem durch das US-Militär auch Napalmbomben eingesetzt wurden. Napalm ist eine Brandwaffe mit dem Hauptbestandteil Benzin. Durch Zusatzstoffe wird es zu einer zähflüssigen, klebrigen Masse, die am Ziel haftet und so eine starke Brandwirkung entwickelt. Der Gebrauch von Brandwaffen gegen die Zivilbevölkerung wurde durch Protokoll III der Konvention der Vereinten Nationen zur Ächtung unmenschlicher Waffen im Jahre 1980 verboten.

Im Vietnam-Krieg wurden die Brandbomben hauptsächlich dazu eingesetzt, um die dichten Urwälder abzubrennen, in denen sich die angepassten und erfahrenen Vietkong-Kämpfer verstecken konnten, die den kommunistischen Norden des Landes verteidigten. In den Urwäldern waren Bodenoffensiven der USA den Kämpfern des Vietkong unterlegen.

5.3.6 Das Lied vom Henkersbaum

> »Eng mit dem Spotttölpel sind Lieder verbunden, die Katniss von ihrem Vater als Kind gelernt hat und durch die sie bei emotionalen Hoch- oder Tiefpunkten ihren Gefühlen Ausdruck verleiht. Dadurch werden Texte, die zu Zeiten der ersten Rebellion durch das Kapitol verboten wurden, mit Situationen verbunden, in denen es keine richtigen Worte gibt, man aber unmöglich stumm bleiben kann. Auch im Nationalsozialismus verwendete vor allem die Jugend die Form des Liedes, um ihren Unmut und ihren nicht System ‹konvergenten› Gedanken Raum zu geben. Gerade die Musik vermittelt simples Gedankengut, in einer Art und Weise, die das Gefühl der Zusammengehörigkeit einer Gruppe enorm stärken kann.«[103]

Gale macht sich Vorwürfe, dass er nicht mehr Menschen hat retten können. Als Katniss Gale einen Kuss gibt, wusste dieser, dass sie es tun werde. Katniss ist überrascht, weil sie selbst es nicht wusste. Gale stellt fest: »Du tust es, weil ich leide; nur so schaffe ich es, von dir beachtet zu werden.« Am Ufer macht die Gruppe Rast. Pollux pfeift und stimmt so Spotttölpel zu einem Lied an. Er möchte, dass Katniss singt. Sie singt das *Lied vom Henkersbaum*:

Deutsche Film-Version

Seh' ich, dich heut', Nacht am alten Pfad,
Dort hängten sie den Mann, der drei getötet hat.
Seltsames trug sich zu und seltsam wär's wenn wir,
Uns seh'n, am Baum, wo er gehangen hat.

Seh' ich, dich heut›, Nacht am alten Pfad,
Wo ein Toter zu seiner Frau »Lauf fort!« gerufen hat.
Seltsames trug sich zu und seltsam wär's wenn wir,
Uns seh'n, am Baum, wo er gehangen hat.

Seh' ich, dich heut', Nacht am alten Pfad,
Um frei zu sein, lauf weg, ja das war mein Rat,
Seltsames trug sich zu und seltsam wär's wenn wir,
Uns seh'n, am Baum, wo er gehangen hat.

Seh' ich, dich heut', Nacht am alten Pfad,
Wir gehen hoffnungsvoll, auf einem *schmalen Grat*.
Seltsames trug sich zu und seltsam wär's wenn wir,
Uns seh'n, am Baum, wo er gehangen hat.
[Wdh. Strophen 3, 1 und 2]

Deutsche Buch-Version[104]

Kommst du, kommst du,
Kommst du zu dem Baum,
Wo sie hängten den Mann, der drei getötet haben soll?
Seltsames trug sich hier zu.
Nicht seltsamer wäre es,
Träfen wir uns bei Nacht im Henkersbaum.

Kommst du, kommst du,
Kommst du zu dem Baum,
Wo der tote Mann zu seiner Liebsten rief: Lauf!
Seltsames trug sich hier zu.
Nicht seltsamer wäre es,
Träfen wir uns bei Nacht im Henkersbaum.

Kommst du, kommst du,
Kommst du zu dem Baum,
Wohin ich dir riet zu fliehen und uns zu befreien?
Seltsames trug sich hier zu.
Nicht seltsamer wäre es,
Träfen wir uns bei Nacht im Henkersbaum.

Kommst du, kommst du,
Kommst du zu dem Baum,
Ein Seil als Kette, Seite an Seite mit mir?
Seltsames trug sich hier zu.
Nicht seltsamer wäre es,
Träfen wir uns bei Nacht im Henkersbaum.

Englischer Text

Are you, are you
Coming to the tree
Where they strung up a man they say who murdered three.
Strange things did happen here
No stranger would it be
If we met at midnight in the hanging tree.

Are you, are you
Coming to the tree
Where the dead man called out for his love to flee.
Strange things did happen here

No stranger would it be
If we met at midnight in the hanging tree.

Are you, are you
Coming to the tree
Where I told you to run so we'd both be free.
Strange things did happen here
No stranger would it be
If we met at midnight in the hanging tree.

Are you, are you
Coming to the tree
Wear a necklace of rope, side by side with me.
Strange things did happen here
No stranger would it be
If we met at midnight in the hanging tree.

Das *Lied vom Henkersbaum* »handelt von einem Mann, der vom Kapitol gehängt wurde, weil er angeblich drei Menschen tötete. Das Lied singt er für seine Liebste, die er vor dem Regime warnt und auffordert zu fliehen, selbst wenn dies nur möglich ist, indem sie sich das Leben nimmt und sich neben ihm an dem Henkersbaum erhängt. Das Lied ist während der ersten Rebellion entstanden und wurde ein Symbol für den Aufstand, weswegen das Kapitol das Singen des Liedes verboten hat.

Viele Jahre später lernten Katniss und ihre Schwester Prim das Lied von ihrem Vater und sangen es häufig aufgrund seiner einfachen und eingängigen Melodie. Als Prim anfing, Halsketten aus Seil zu basteln, war ihre Mutter wütend auf den Vater und verbot ihnen, das Lied zu singen. Erst als ihr Vater starb, erinnerte sich Katniss wieder an das Lied. Mit zunehmendem Alter erkannte sie, was die Worte bedeuteten und fand das Lied ein wenig gruselig.«[105]

Plutarch hat das am Ufer gedrehte Propo leicht geändert, der »schmale Grat« ist seiner Erfindung, wodurch er eine direkte Botschaft in das Propo integriert hat. Dies ist der Auslöser für den Angriff auf ein Wasserkraftwerk in Distrikt 5, sodass die Stromversorgung im Kapitol unterbrochen wird und die Rebellen nun auch das Kapitol erreichen können. Der »schmale Grat« steht vermutlich für den Weg zum Staudamm und das Lied selbst übermittelt klar die Botschaft, *lieber zu sterben als hungrig zu leben*. Die Menschen sind bereit, im Kampf gegen das Regime mit ihrem Leben zu bezahlen, allein um diesem zu entkommen. Beetee hat für das Kapitol einen Sendesignalblocker entworfen; das Propo empfängt man in allen

Distrikten, aber nicht im Kapitol, weil sein Signalblocker so *gut* war, dass er selbst nicht mehr durchkommt. Er habe einfach nur die Herausforderung gesehen und gibt eine gewisse Unumsichtigkeit und Gedankenlosigkeit zu: Das, was er selbst geschaffen hat, wendet sich gegen ihn, weil seine Arbeit nicht zu Ende gedacht war, sondern er nur den Vorteil und die Herausforderung gesehen hat.

5.4 Die Rettungsmission

5.4.1 Landung in Distrikt 5

In Distrikt 5 ist das Lied vom Henkersbaum das begleitende Lied eines Selbstmord-Kommandos, welches den Staudamm erstürmt und Bomben platziert, sodass das Kraftwerk zerstört und das Kapitol von der Stromversorgung abgeschnitten wird. Als die Rebellen in Sichtnähe des Kraftwerks sind, eröffnen die Friedenswächter sofort das Feuer. Die ersten in der Reihe werden von einem Kugelhagel durchlöchert. Das Gemetzel erinnert an eine kleinere Version der Landung der Alliierten in der Normandie. Generäle und Oberbefehlshaber mussten sich darüber im Klaren sein, dass die ersten paar tausend Soldaten in den sofortigen sicheren Tod rennen würden und erst dann die nächsten Truppen am Strand landen können, wenn genug »Biomaterial als Schutzbarriere« vor den Geschützen der Wehrmacht vorzufinden ist und die allermeisten Mienen im Boden bereits ausgelöst sind.

Nachdem der Damm zerstört ist, dauert es nicht lange, bis auch im Kapitol die Lichter ausgehen. Snow blickt aus dem Fenster und schaut auf eine dunkle Stadt, die ansonsten so hell erleuchtet ist, dass man nicht mal mehr die Sterne am Himmel sehen kann bei Nacht: »Es gibt Züge und es gibt Gegenzüge.«

5.4.2 Züge und Gegenzüge

Snows Gegenzug sollte nicht lange auf sich warten lassen. Peeta gibt erneut ein Interview. Er berichtet von entgleisten Zügen, brennenden Getreidespeichern und einem skrupellosen Anschlag auf einen hydroelektrischen Damm in Distrikt 5. In einem Land, welches von Klimakatastrophen gezeichnet ist, werden die erneuerbaren Energien hochgehalten. Der Ungehorsam, sich der Pflicht zum

Überleben zu verweigern, ist als besondere Skrupellosigkeit wahrgenommen worden. Der Protest war nicht aktiv, sondern passiv. Der Streik steht in der Tradition von Melvilles *Bartleby, der Schreiber*, der seine Arbeit mit den Worten einstellt: »Ich möchte lieber nicht.« Schließlich versagt er sich allem, was das Leben lebendig macht.

Katniss ist erschrocken, wie krank Peeta mittlerweile aussieht. Peeta bittet um Zurückhaltung und Anstand. Beetee nutzt das empfangene Signal aus dem Kapitol, um die Sendung von »gequirlten Fäkalien« zu unterbrechen und das Propo von Katniss aus Distrikt 12 in das Kapitol zu senden. Tatsächlich kann Peeta es sehen und er reagiert darauf.

Er will, dass die Menschen nachdenken, wie das enden solle und was übrig bleibe, denn niemand würde dies überleben: »Niemand ist mehr sicher, nicht hier im Kapitol und auch in keinem der Distrikte… Sie kommen Katniss, sie werden alle töten. In Distrikt 13 seid ihr bis morgen alle tot.« Dann bricht die Übertragung ab. Coin zieht in Erwägung, dass er etwas ins Snows Anwesen aufgeschnappt haben könnte und entschließt sich, eine Luftschutzübung durchzuführen. Dabei müssen sich alle Bewohner von Distrikt 13 hinunter auf Ebene 40 in einen Bunker begeben. Noch während der Übung schlagen die ersten Bomben ein, die ein Geschwader des Kapitols abwirft. Coin lässt Kurz- wie Langestreckenraketen feuerbereit machen. Plutarch fürchtet die schlimmste Eskalation.

Eine Massenpanik bricht aus. Katniss läuft jedoch noch mal nach oben, um Prim zu holen, die unbedingt ihren Kater mit in den Bunker nehmen wollte. Nur in allerletzter Sekunde schaffen es beide in Sicherheit, ehe die Sprengtüren verriegelt werden. Im Kontrollraum stellt man fest, dass das Kapitol weder weiß, was Distrikt 13 hat, noch wo es zu finden ist; die Geschwader feuern wahllos auf Felsen. Coin beschließt, sich so lange zu verstecken, bis die Bombardierung zu Ende ist. Sie möchte dem Kapitol keine neuen Informationen zu erkennen geben, indem sie ihre Spezialwaffen preisgeben und es so auf den neuesten Stand bringen.

Die Belüftungskorridore werden geschlossen, möglicherweise um sich vor Giftgasen zu schützen. Coin ordnet an, den Angriff einfach auszusitzen. Der Sauerstoffgehalt in der Luft wird reduziert. Plutarch meint, sie würde Distrikt 13 »wie in ein Grab« einschließen, was einen Hinweis auf Coins Charakter verrät, der sich erst ganz am Ende der Rebellion offenbart. Coin weist ihn zurück: »Wir haben Sie gern bei uns, aber das ist nicht mehr ihre Liga. Tief Luft holen, Mr. Heavensbee. Es wird eine lange Nacht.« Dadurch, dass sie ihn förmlich anspricht, drückt sie ihre Autorität als Präsidentin aus. Plutarch ist für sie nichts weiter als ein Berater, der sich um die Propaganda der Revolution kümmern soll.

Plutarch leidet sichtlich unter den Einschlägen der Bomben. Auch im Bunker ist die Angst groß, die Decke bekommt sichtbare Risse. Die Angst und Panik, lebendig begraben zu werden, sind groß. Prim erzählt Katniss, dass sie zur Ärztin ausgebildet werde, und sorgt so für etwas Ablenkung. Der Kater schafft ebenfalls eine kleine Ablenkung während des Angriffs. Katniss bekommt von den Menschen sogar Batterien für die Taschenlampe geschenkt; alle gieren nach Unterhaltung.[106] Butterblume findet seine historische Vorlage in Clarence, einem Spatz, der in den Londoner Bunkern während des Bombardements durch die NS-Luftwaffe Hitler-Reden parodierte, indem er seinen rechten Flügel ausstreckte und piepste, bis er erschöpft umfiel. Er beruhigte die Menschen so sehr, dass sogar Kinder sich ohne Aufregung Gasmasken aufsetzen ließen.[107]

Katniss spielt mit Butterblume, indem sie ihn hin und her lockt mit dem Licht ihrer Taschenlampe, welches er zu fangen versucht, aber es nie schafft. Dabei wird ihr klar, dass Snow mit ihr die ganze Zeit nichts anderes getan hat und sie wie dieser »dumme Kater« war. Dafür benutzt er Peeta und Annie, um Katniss und Finnick zu bestrafen. Sie erkennt zudem das tatsächliche Motiv des Angriffes:

»In dieser Zeit werden vier weitere Bunkerbomben abgefeuert, alle gewaltig, jedoch ohne gravierende Wirkung. Die Bomben sind über mehrere Stunden verteilt, und gerade wenn wir denken, jetzt ist es vorbei, jagt uns eine erneute Detonation Schockwellen durch die Eingeweide. Offenbar geht es ihnen eher darum, uns hier unten festzuhalten, als darum, Distrikt 13 zu schwächen. Den Distrikt lahmlegen, ja. Die Leute damit beschäftigen, ihn wieder funktionsfähig zu machen. Aber ihn zerstören? Nein. In diesem Punkt hatte Coin recht. Das, worauf man es abgesehen hat, zerstört man nicht. Ein vordringliches Ziel besteht sicher darin, die Medienangriffe zu stoppen und zu verhindern, dass ich noch mal im Fernsehen von Panem auftrete. (.)

In der dritten Nacht finde ich während unseres Spiels die Antwort auf die Frage, die mich so quält. Der verrückte Kater wird zur Metapher für meine Situation. Ich bin Butterblume, und Peeta, den ich unbedingt retten will, ist das Licht. Solange Butterblume das Gefühl hat, er könne das trügerische Licht mit den Pfoten festhalten, ist er voller Angriffslust. (So war ich, als ich aus der Arena herauskam und erfuhr, dass Peeta lebt.) Wenn das Licht ganz ausgeht, ist Butterblume zunächst verstört und verwirrt, doch nach kurzer Zeit fängt er sich wieder und beschäftigt sich mit etwas anderem. (Das würde passieren, wenn Peeta sterben würde.) Doch was Butterblume wirklich fertig macht, das ist, wenn ich die Taschenlampe eingeschaltet lasse, den Strahl aber hoch an die Wand halte, außer Reichweite, sodass er nicht mal springen kann. Dann geht er an der Wand hin und her, maunzt und lässt sich weder trösten noch ablenken. Erst wenn ich die Taschenlampe ausschalte, ist er wieder zu etwas zu gebrauchen. (Das versucht Snow jetzt mit mir zu machen, nur dass ich nicht weiß, welche Formen das Spiel annimmt.)«[108]

Katniss konnte aus der Arena befreit werden. Snow verlor so die Gewalt über Katniss. Das, was Katniss beunruhigt, ist die Erkenntnis, dass er seine Macht jedoch noch immer über sie behält:

Canetti: *Katze und Maus*

»Der Unterschied zwischen Gewalt und Macht läßt sich auf sehr einfache Weise darstellen, nämlich am Verhältnis zwischen Katze und Maus. Die Maus, einmal gefangen, ist in der Gewalt der Katze. Sie hat sie ergriffen, sie hält sie gepackt, sie wird sie töten. Aber sobald sie mit ihr zu spielen beginnt, kommt etwas Neues dazu. Sie läßt sie los und erlaubt ihr, ein Stück weiterzulaufen. Kaum hat die Maus ihr den Rücken gekehrt und läuft, ist sie nicht mehr in ihrer Gewalt. Wohl aber steht es in der Macht der Katze, sie sich zurückzuholen. Läßt sie sie ganz laufen, so hat sie sie auch aus ihrem Machtbereich entlassen. Bis zum Punkte aber, wo sie ihr sicher erreichbar ist, bleibt sie in ihrer Macht. Der Raum, den die Katze überschattet, die Augenblicke der Hoffnung, die sie der Maus läßt, aber unter genauester Bewachung, ohne daß sie ihr Interesse an ihr und ihrer Zerstörung verliert, das alles zusammen, Raum, Hoffnung, Bewachung und Zerstörungs-Interesse, könnte man als den eigentlichen Leib der Macht oder einfach als die Macht selbst bezeichnen.«[109]

Finnick erzählt Katniss, dass alle geglaubt hätten, die Romanze zwischen ihr und Peeta sei nur gespielt gewesen, aber als Peetas Herz still stand, hat er erkannt, dass sie ihn liebt – auf welche Art auch immer und vielleicht wisse sie es selbst auch noch nicht einmal.

»Es dauert zehnmal so lange, sich wieder zusammenzufügen, wie es dauert zu zerbrechen.«

– Finnick

5.4.3 In Schach

Coin möchte, dass Katniss den Menschen in Panem erzählt, dass sie einen Angriff des Kapitols ohne Verluste überstanden hätten und nach wie vor voll einsatzbereit seien. Dass Peeta sie gewarnt habe, hätte ihnen wertvolle Zeit gesichert und das werde sie nicht vergessen.

An der Oberfläche hat sich ein riesiger Krater aufgetan, der mit weißen Rosen* gefüllt ist. Katniss erkennt, dass es die gleiche Rose ist, die sie beim ersten persönlichen Treffen in Distrikt 12 mit Snow von ihm erhalten hat, als auch die, die sie nach der Zerstörung von Distrikt 12 dort fand. Es sind die besonderen Rosen, die gentechnisch manipulierten Rosen aus Snows privaten Gärten. Die abgeschnittene Rose ist ein Zeichen des Nehmens von Leben und mit diesem Meer aus Rosen erkennt Katniss, dass Snow bereit ist, alles Leben zu nehmen. Sie fürchtet, dass er Peeta töten wird. Er habe sie davor gewarnt: »Indem er Peeta bestraft, bestraft er mich.«

---

* Collins beschreibt hingegen rosa und rote Rosen: »Blumen, die nicht für eine Person gedacht sind, sondern für zwei Liebende.« Im Film wird also ganz bewusst versucht, die Spannung ausschließlich zwischen Snow und Katniss bestehen zu lassen, nicht auch eine Nebenspannung zwischen Katniss und Peeta. (Collins, Flammender Zorn: 181)

Da Katniss unfähig ist, ein Popo zu drehen, wird Finnick diese Rolle übernehmen. Währenddessen ist ein freiwilliger Rettungstrupp in das Kapitol unterwegs, um Peeta und die anderen Sieger zu befreien. Dabei hat sich Gale als erster freiwillig gemeldet. Es geht darum insbesondere Peeta aus den Händen des Kapitols zu schlagen, sodass er und Katniss nicht länger aufeinander zielen. Durch die Sprengung des Dammes in Distrikt 5 hat das Kapitol nur noch wenig Strom und die Signalabwehr ist praktisch lahmgelegt, erklärt Haymitch. Beetee sei zudem in ihr System eingedrungen und stifte so viel Chaos wie möglich. Haymitch könne Coin nicht seine volle Unterstützung gewähren »angesichts der Prohibition«,[*] aber sie sehe eine gute Chance, dieses Zeitfenster zu nutzen, solange das Kapitol ohne sichere Stromversorgung dasteht. Unterdessen erklärt Finnick als 65. Sieger in einem Propo, welches in Wahrheit ein Ablenkungsmanöver ist, dass er von Snow zur Prostitution gezwungen worden sei. Andere Sieger habe Snow verkauft:

»Man kann die Arena überleben, aber wenn man sie verlässt, ist man ein Sklave; und wenn man sich weigert, tötet Snow jemanden, den man liebt.« Finnick hat erkannt, dass Geld nicht die teuerste Währung ist, sondern *Geheimnisse* und die brisantesten Geheimnisse würden Präsident Coriolanus Snow höchstpersönlich betreffen. Er berichtet darüber, dass so viele seiner Weggefährten auf mysteriöse Weise ums Leben gekommen seien und Snow jeden aus dem Weg geräumt hat, der ihm hätte bedrohlich werden können;

---

[*] *Prohibition* bezeichnet das Verbot bestimmter Drogen. In den Vereinigten Staaten war das landesweite Verbot der Herstellung, des Transports und des Verkaufs von Alkohol durch den 18. Zusatzartikel zur Verfassung von 1920 bis 1933. Obwohl Alkohol verboten war, wurde wenig getan, um das Gesetz durchzusetzen und die Prohibition wurde während der Großen Depression zunehmend unpopulär und wurde schließlich ganz aufgehoben.

dass er jede Meuterei niedergeschlagen hat, ehe sie auch nur anfing, und dass er auch Verbündete getötet hat: »Er war so jung, als er an die Macht kam und immer klug genug, sie zu behalten.« Er tötet wie eine Schlange mit Gift und um den Verdacht zu zerstreuen, trinkt er sogar aus dem gleichen Becher wie seine Opfer; aber Gegengifte würden nicht immer wirken, weshalb in seinem Mund unheilbare Wunden offen klaffen würden. Und um den Geruch des Blutes zu überdecken, stecke er sich immer Duftrosen an. »Er tötet ohne Gnade und herrscht mit Hilfe von Betrug und Angst.«

Dieses Geheimnis soll im Kapitol große Aufruhr verursachen. Dabei sind Morde in Herrscherfamilien im historischen Kontext nichts Ungewöhnliches sind. Sie wurden als strukturelles Mittel eingesetzt, um den Machterhalt einer Person zu sichern. Auch Nero, zu dessen Kaiserzeit Rom in 14 Stadtbezirke gegliedert war, tötete durch Gift und Auftragsmorde. Einige Senatoren sollen ihm sogar dazu gratuliert haben. Auch war es für den eigenen Machterhalt in der Geschichte der Herrscher Gang und Gebe, für Fehlentscheidungen andere »Sündenböcke« zu suchen, um selbst unantastbar zu bleiben.

Katniss wird während Finnicks Erklärungen klar, dass sie ihn falsch eingeschätzt hat, und dass es auch in den Distrikten von höheren Friedenswächtern Gang und Gebe ist, besonders junge Mädchen zu kaufen,[110] um sie benutzen und wegwerfen zu können.[111] Bei Collins findet sich auch eine mögliche Erklärung für das Bedürfnis nach käuflicher Liebe. Friedenswächtern ist es nämlich untersagt zu heiraten, ebenso müssen sie sich auf 20 Jahre für ihren Dienst verpflichten. Dies ist nicht nur Ausdruck einer sadistischen Gier, die menschenverachtend ist, sondern weist auch auf eine große innere Leere und Einsamkeit der Friedenswächter hin. Das Rettungsteam konnte ohne Probleme den Verteidigungsring des Kapitols überfliegen und zum Trainingscenter vordringen, wo die anderen Sieger festgehalten werden. Als das Kapitol jedoch seinen Strom anderweitig beziehen kann, bricht die Übertragung von Finnicks Propo ab und sie verlieren den Kontakt zum Rettungsteam. Katniss versucht, mit Snow in Kontakt zu kommen, sodass die Leitung länger offen bleibt: »Präsident Snow, hier ist Katniss, ich muss mit ihnen sprechen.« Dieser antwortet nach einer kurzen Weile: »Welch eine Ehre, ich glaube kaum, dass du anrufst um dich für die Rosen zu bedanken«, und invertiert damit die Heim und Gastrollen ihres ersten Gespräches, als Snow Katniss zu Hause besucht hat.

Katniss: »Ich habe das alles nie gewollt, ich wollte nie an den Spielen teilnehmen. Ich wollte nie der Spotttölpel sein, ich wollte nur meine Schwester retten und dass Peeta nicht getötet wird. Bitte lassen Sie ihn gehen und ich höre auf, der Spotttölpel zu sein. Und ich verschwinde und Sie werden nie mehr gezwungen sein, mich zu sehen.«

Snow: »Miss Everdeen, du konntest vor all dem nicht weglaufen, genauso wenig, wie du vor den Spielen weglaufen konntest.«

Katniss: »Bitte, ich habe verloren, Sie sind der Sieger. Bitte lassen Sie Peeta gehen und nehmen Sie mich stattdessen.«

Snow schüttelt den Kopf:
»Wir sind lange über den Zeitpunkt hinaus, dein edles Opfer noch geholfen hätte.«

Katniss: »Dann sagen Sie mir, was ich tun soll. Ich habe meine Versprechen immer gehalten, oder?«

Snow: »Du hast gesagt, dass du keinen Krieg willst, und genau den haben wir jetzt. Ich habe dich davor gewarnt, wie zerbrechlich der Frieden ist und dennoch: wie ein Kind hattest du nichts Besseres zu tun, als ihn kaputt zu machen. Ich habe dich durchschaut. (»I know what you are.«) Ich weiß, dass du nicht über deine persönlichen Besorgnisse hinaus blicken kannst. Bitte Miss Everdeen, ich bezweifle, dass du noch weißt, was Ehrlichkeit ist.«

Katniss: »Ich sollte Sie von meiner Liebe zu Peeta überzeugen. Habe ich das denn nicht getan?«

Snow: »Miss Everdeen, es sind die Dinge, die *wir am allermeisten lieben*, die uns zerstören (»we love most«). Ich möchte, dass du dich daran erinnerst, dass ich das gesagt habe. Denkst du, ich hätte keine Ahnung, dass deine Freunde im Trainingscenter sind? Und abschalten.«

Dann bricht die Übertragung ab. »Cut them off« ist in doppeltem Sinne gemeint. Es bezieht sich einerseits auf die Übertragung zu Katniss, damit aber auch zugleich auf das Team der Rettungsmission, die ebenfalls »abgeschnitten« werden. Snow wusste also von Anfang an, dass Katniss nicht anruft, »um sich für die Rosen zu bedanken«, dass es Katniss nur um ihre persönlichen Belange geht und sie nicht ehrlich zu ihm ist, dass sie versucht hat, ihn hinters Licht zu führen, indem die Frequenzen mit dem Anruf blockiert werden sollen. Bis zuletzt hat er Katniss in dem festen Glauben gelassen, er wüsste nicht, was der wahre Zweck dieser Signalsendung sei. Er lässt Katniss hilflos und verzweifelt zurück, das Hovercraft mit dem Rettungsteam kann nicht mehr erreicht werden. Katniss fürchtet jetzt nicht nur Peeta, sondern auch Gale verloren zu haben.

5.4.4 Wenn Liebe tötet

Coin gesellt sich zu Katniss: »Es ist die schlimmste Folter der Welt zu warten und zu wissen, du kannst nicht das Geringste tun.« Aber Katniss habe etwas in ihr, was ihr hilft weiterzuleben und was auch immer es sei, in diesen Zeiten könne sie es finden. Es ist der bisher vertrauteste Moment zwischen Coin und Katniss. Finnick bastelt sich wie schon im Trainingscenter zu den 75. Spielen einen Strick. Da kommt Haymitch mit der frohen Botschaft herein: »Sie sind zurück.«

Die Freude ist groß, die Verwirrung aber auch. Besonders Gale kann es nicht verstehen, denn die Abwehrgeschütz wären aktiv und auf sie gerichtet gewesen, aber das Kapitol habe sie gehen lassen. Als Katniss Peeta besucht, ist sie entsetzt über seinen gesundheitlichen Zustand und sein Aussehen. Es dauert nicht lange, da greift er sie mit aller rohen Gewalt an und versucht, sie zu erwürgen. Peeta kann nur in letzte Sekunde noch von ihr abgehalten werden. Katniss überlebt den Angriff, durch Peetas starken Würgegriffe jedoch kann sie ihren Kopf nur eingeschränkt bewegen und nicht sprechen.

Plutarch erklärt Katniss, dass es nicht Peetas Schuld sei, sondern man ihm ein »Einleben« (»highjacking«) eingepflanzt habe. Beetee erklärt, dass es eine auf Angst basierte Konditionierung ist; dabei werden jemandem unter Stress oder Drogeneinfluss (wie durch das

Gift der Jägerwespe) Bilder gezeigt, sodass seine Angst auf ein bestimmtes Objekt hin kanalisiert werden kann, und damit auch seine ganze Aggression.

Durch das Gift gerät Peeta in einen dissoziativen Zustand und wird gefoltert mit Stromschlägen, sodass seine Identität nach und nach zerlegt wird. Seine Erinnerungen werden dadurch nahezu ausgelöscht und neue Erinnerungen können geschaffen werden. Beetee ist nicht sicher, ob man das Einleben wieder umkehren kann. Plutarch stellt fest, dass es »Neuland« sei, aber sie haben ein »gutes Team« in Distrikt 13 und er gibt sich wie eh und je optimistisch.

Folter ist in der Weltgeschichte nicht neu. So schreibt Cohen:

»Die Menschen haben seit jeher Gefallen an der Folter gefunden, nur die Grausamkeit der Methoden hat sich über die Jahrhunderte weiterentwickelt. Kerker, fester Bestandteil der meisten Rechtssysteme, wurden mit Bedacht so angelegt, den Willen des Gefangenen zu brechen. In der Pariser Bastille gab es eine Zelle in Form eines nach unten zulaufenden Kegels – so konnte der Gefangene weder liegen noch sitzen, geschweige denn stehen.

An das unter Folter abgepresste Geständnis schließt sich quer durch die Geschichte gern eine qualvolle Hinrichtung an, wobei Verbrennen die wahrscheinlich grausamste, aber praktikabelste Methode darstellte. Im Jahr 1252 gab die Kirche der Folter ihren offiziellen Segen, als Papst Innozenz IV. in einer Bulle ihren Einsatz in Inquisitionsprozessen gegen Häretiker erlaubte. Vier Jahre später, als die weltlichen Folterer mit der Nachfrage nicht mehr Schritt halten konnten, erlaubte Papst Alexander IV. auch Kirchenbeamten das Foltern. Zwölf Generationen lang sollte die Inquisition die Phantasie der Menschen in Europa beflügeln und ihnen schon zu Lebzeiten einen Einblick in die Hölle gewähren.

Ein Land allerdings tanzte im europäischen Mittelalter aus der Reihe: England lehnte den Einsatz der Folter als Methode der Wahrheitsfindung ab – abgesehen von jener Form von ‹Druckausübung› auf Gefangene, wie sie in Zwickmühle 87 beschrieben wird. Der venezianische Botschafter Barbaro berichtete im 16. Jahrhundert, die Engländer sorgten sich, Folter könne ‹den Körper und ein unschuldiges Leben› ruinieren und hielten es seltsamerweise sogar für besser, einen Verbrecher laufen zu lassen, als einen Unschuldigen zu bestrafen. Bis zum heutigen Tag ist die Folter in vielen Staaten gängige Praxis.«[112]

Das Kapitol hat Peetas Erinnerungen an Katniss so verändert, dass sie lebensbedrohlich wirkt. Peeta ist eine Waffe geworden, die Katniss töten soll und so versteht sich auch Snows letzter Hinweis an Katniss. Das, was man am meisten liebt, wird einen zerstören. Es war nicht nur eine Weisheit, weil es eben die Dinge sind, für die wir uns bedingungslos aufopfern oder weil wir ihnen nur nachlässig und unkritisch gegenübertreten, sodass sie sich gegen einen selbst wenden werden, ohne dass man es merkt. Es war eine gezielte Botschaft an sie persönlich, da sie Snow sagte, sie wolle keinen Krieg, doch nun auf der Seite der Rebellen kämpft, nachdem Snow sie nicht konsequent eliminiert hat. Abgesehen von all diesen Gedanken ist es schlicht eine sehr listige und raffinierte Strategie, Katniss zu töten. Es wäre die späte Geschichte eines tragischen Liebespaares geworden, das schließlich gemeinsam in den Tod gegangen wäre. Es war die einzige Chance, Katniss zu töten, ohne eine Märtyrerin zu erschaffen und die Rebellion dadurch weiter anzuheizen.

5.4.5 Bis in den Tod

Kurz darauf hält Coin nach der erfolgreichen Befreiungsaktion eine Siegesrede vor den Menschen in Distrikt 13, die Plutarch im Hintergrund auswendig mitsprechen kann. Die Botschaft an das Kapitol ist klar:

Man werde niemals wieder Ungerechtigkeiten dulden. Ganz Panem möge heute zusammenkommen, um sich im Kampf gegen das Kapitol die Hände zu reichen: »Lasst uns am heutigen Tage versprechen niemals aufzugeben, niemals nachzugeben, bis zur Erschaffung unseres neuen Panem, wo wir unsere Führer wählen, statt sie uns zwingen zulassen, und wo wir in den Distrikten anfangen, endlich die Früchte unserer Arbeit zu teilen und uns nicht weiter für Abfälle bekämpfen.« Plutarch freut sich wie ein kleiner Schneekönig darüber, wie entschlossen Coin diese Rede vermitteln kann und es nun schafft, das Feuer der Rebellion zu nähren: »Dieses neue Panem erscheint am Horizont, aber wir müssen es uns selbst nehmen.« Es müsse nun darum gehen, die Festung des Kapitols in Distrikt 2 zu stürmen und die dortige Militärbasis einzunehmen. Coin spricht über »ein Volk, eine Armee, eine Stimme«: »Heute haben wir es geschafft, den Siegern die Freiheit zu schenken, und morgen ganz Panem.«

In ihrer Rede sagt Coin zuvor: »Victors have been liberated«. Inwieweit die Sieger jedoch tatsächlich »befreit« wurden, ist fraglich, da ihre Angst von innen kommt, nicht von außen. Ihre Alpträume werden nie mehr verschwinden.

Auf ein paar spezielle Aspekte dieser Rede möchte ich noch näher eingehen. Zunächst einmal erinnert sie an den Ballhausschwur vom

20. Juni 1789 der Abgeordneten des Dritten Standes der französischen Generalstände in Versailles, die schworen, »sich niemals zu trennen, bis der Staat eine Verfassung hat (.) und nur der Gewalt der Bajonette zu weichen«. Mit diesem Eid erklärten sie sich selbst zur verfassunggebenden Versammlung. Damit war die Französische Revolution eingeleitet.[113]
Weiterhin ist die Kapitalismuskritik in ihrer Rede offensichtlich. Menschen werden selbst zu Humankapital, und sie »benutzen« einander. Ein Angestellter wird »verwendet« für die Erledigung von Arbeit, wie eine Maschine »verwendet« wird: »ein Mensch, ein lebendiges Wesen, [ist] kein Selbstzweck, sondern (.) Mittel für die ökonomischen Interessen eines anderen (.) oder für die eines unpersönlichen Giganten, der Wirtschaftsmaschinerie (.)«[114] Währenddessen stehen die Menschen in einem ständigen Konkurrenzkampf miteinander, sie »bekriegen« sich für »Abfälle«, denn im kapitalistischen System ist alles auf Konsum ausgelegt. Güter, die »Gebrauchsgüter« sind, müssen – um erneut gekauft zu werden – schnell verschleißen, also auch zu »Verbrauchsgütern« werden; kurzum: *Die Qualität der Waren rückt hinter die Quantität der Waren.*

»Wirtschaftskrisen, Arbeitslosigkeit, Kriege bestimmten das Schicksal der Menschen. Der Mensch hat sich seine Welt aufgebaut, er baut Fabriken und Häuser, er produziert Autos und Textilien, er erntet Getreide und Früchte. Aber er ist den Erzeugnissen seiner Hände entfremdet, und er beherrscht die Welt nicht mehr, die er gebaut hat. Ganz im Gegenteil ist diese vom Menschen geschaffene Welt zu seinem Herrn geworden, dem er sich beugt, den er zu besänftigen und so gut er kann zu manipulieren versucht. Das Werk seiner Hände ist zu seinem Gott geworden. Er scheint von seinem Selbstinteresse motiviert, in Wirklichkeit aber ist sein gesamtes Selbst mit allen seinen konkreten Möglichkeiten zu einem Werkzeug geworden, das den Zwecken eben jenes Apparates dient, den er selbst geschaffen hat. Er wiegt sich weiter in der Illusion, der Mittelpunkt der Welt zu sein, und ist dennoch von einem intensiven Gefühl seiner Bedeutungslosigkeit und Ohnmacht erfüllt, wie es seine Vorfahren einst bewußt Gott gegenüber empfanden. Das Gefühl der Isolierung und Ohnmacht des heutigen Menschen wird noch durch den Charakter seiner menschlichen Beziehungen verstärkt.

Die konkreten Beziehungen zwischen den Menschen haben ihren unmittelbaren und humanen Charakter verloren. Statt dessen manipuliert man einander und behandelt sich gegenseitig als Mittel zum Zweck. In allen persönlichen und gesellschaftlichen Beziehungen gelten die Gesetze des Marktes. Es liegt auf der Hand, daß die Menschen einander gleichgültig sein müssen, wenn sie Konkurrenten sind. Andernfalls könnten sie ihre wirtschaftliche Aufgabe nicht erfüllen, sich gegenseitig zu bekämpfen, und notfalls auch nicht davor zurückzuschrecken, sich gegenseitig wirtschaftlich zugrunde zu richten.«[115]

In diesem System, das nicht mehr dem Menschen dient, sondern dem der Menschen selbst zum Diener geworden ist, muss er endlich die »Früchte seiner Arbeit« ernten. Das Menschen einander nicht benutzen, sondern einander helfen; dass sie nicht miteinander konkurrieren, sondern zusammenwirken – dies ist nicht neu. Das Panem ante Dark Days war genau so angelegt. Was Coin hier zeichnet, ist kein neues Panem, sondern das alte Panem, das vom gegenwärtigen System verdrängt wurde und nun das bestehende System seinerseits verdrängen soll. Dieser Gedanke ist nicht fortschrittlich, er führt im Kreis.

Weiterhin reanimiert Coin an zwei Stellen den Geist der Mayflower: Es geht darum, sich gemeinsam die Hände zu reichen und sich das neue, verheißungsvolle Land selbst zu nehmen. Es geht um aktive Eigenverantwortung, nicht um passive Erlösung. Niemals solle man aufgeben und niemals nachgeben. Auch Churchill ließ die Franzosen wissen: »Was ihr auch tun mögt, wir werden weiterkämpfen – immer, immer, immer!«

»Adolf Hitler hegte keine besondere Feindseligkeit gegenüber Großbritannien und hatte die Vorstellung von einer Aufteilung der Welt in Interessensphären. Er ging davon aus, dass Churchill nach dem Fall Frankreichs eine Verständigung mit ihm suchen würde. Churchill widerstand und bezeichnete später die Luftangriffe der Wehrmacht auf Großbritannien als ‹eine Zeit, in der es gleichgültig war, ob man lebte oder starb›. Andere Politiker hätten in der britischen Öffentlichkeit Unterstützung gefunden für ihr Plädoyer, den Krieg zu beenden. Doch Churchill widerstand, inspirierte und siegte. (.) Churchill tat, was andere nicht getan hatten. Statt vorauseilend Zugeständnisse zu machen, zwang er Hitler dazu, seine Pläne zu ändern. Die eigentliche deutsche Strategie war gewesen, jeglichen Widerstand im Westen zu beseitigen und anschließend in die Sowjetunion einzumarschieren (womit man Verrat beging) und deren westliche Gebiete zu kolonisieren. (.) Doch wenn Churchill Großbritannien 1940 nicht im Krieg gehalten hätte, hätte ein solcher Krieg gar nicht ausgefochten werden können.«[116]

In Panem hat man den *Verrat* von Distrikt 13 nicht vergessen, der schließlich zum Ende der ersten Rebellion und der Kolonialisierung der Distrikte führte. Coins Versprechen ist reziprok: Es gilt den Distrikten, und umgekehrt will sie sich versichern, dass auch die Distrikte zur *Idee der Revolution* stehen. Die Botschaft ist auch, dass man nicht wieder wie nach der ersten Rebellion bedingungslos kapitulieren werde, nur um überleben zu können. Man will leben, nicht überleben; man ist bereit *lieber zu sterben, als Hunger zu leben*.

Der totalitäre Machtanspruch Coins wird auch durch »ein Volk, eine Armee, eine Stimme« sowie »ganz Panem« deutlich. Ob diese Zeilen ebenfalls Plutarchs Werk waren, ist nicht gesichert. Das neue Panem solle allen zu Gute kommen. Dies ist zunächst für die Menschen in den Distrikten eine attraktive Botschaft. Man darf aber nicht überhören, dass die Anführer zwar gewählt werden, jedoch zu keinem Zeitpunkt die Rede von aktiven Partizipationsmöglichkeiten oder sogar Kandidaturen für öffentliche Ämter durch gewöhnliche Bürger ist. Auch Plutarch schwebt keine Demokratie vor, sondern eine Republik mit einer Zentralregierung als Ziel der Revolution, also keine föderale oder dezentralisierte Regierung. Dies wird mit Blick auf die neue Staatsform in Panem von elementarer Bedeutung sein, denn das *Wort des Liberalismus* ist zu keiner Zeit auch nur erwähnt worden.

Peeta hat Katniss zurecht daran erinnert, sich zu fragen, ob man den autoritären und unterhaltungssüchtigen Menschen in Distrikt 13 wirklich trauen könne. Die Vision eines neuen Panem ist für den aufmerksamen und kritischen Beobachter klar erkennbar als eine nicht liberale demokratische Ordnung, sondern es zeichnet sich eher eine totalitäre Diktatur ab. Inwieweit dies eine tatsächliche Verbesserung zur totalitären Diktatur des Kapitols darstellt, geht im Jubel der Menge unter.

Fast unbemerkt bleibt auch die Bedeutung des Bildes, welches Coin von Panem zeichnet: Die Menschen sollen sich nicht länger für Abfälle gegenseitig bekämpfen. Dieses Bild von Panem ist verzerrt, denn die Menschen bekämpfen in Panem einander nicht, lediglich in der Arena – als Mahnung der Geschichte. Worauf Coin anspielt ist der *Naturzustand*, wie er in Nordamerika vor der Gründung Panems herrschte, als sich die Menschen tatsächlich gegenseitig bekämpften und um die letzten Ressourcen rangen. Die Revolution, welche proklamiert wird, ist in der Tat eine Wiederherstellung einer alten Ordnung. In Panem wird der Begriff der Revolution *revolutioniert*.

Katniss selbst ist unterdessen damit beschäftigt, wieder zu gesunden und den schockierenden Anblick Peetas zu verarbeiten. Ihre Welt dreht sich um ihre eigenen Bedürfnisse, für das Große und Ganze hat sie keinen Blick. Sie wird weiterhin instrumentalisiert, nicht nur von Snow, sondern insbesondere von Coin und auch von Plutarch. Mit ihren eigenen Problemen ist sie vollkommen überfordert, es ist eine Mischung aus Verdrängung und Ablenkung durch das Drehen von Propos. An dieser Stelle kann ich ihr keinen Vorwurf machen, aber ihr Beispiel zeigt, wie schnell und wie leicht ein einzelner Mensch im großen Machtgefüge untergehen kann.

6. Flammender Zorn – MOCKINGJAY II

Das Kapitol hat die Kontrolle über alle äußeren Distrikte verloren, nur noch der innerste Kreis der nahestehenden Distrikte steht dem Snow-Regime treu zur Seite und leistet den Rebellen erbitterten Widerstand, der diese jedoch nicht daran hindern kann, die Waffen- und Verteidigungsfestung des Kapitols zu schwächen. Die Rebellen dringen in die Bezirke des Kapitols ein und kämpfen sich immer weiter vor ins Zentrum der Macht, bis zu Snows Palast. Die Macht führt zu Krieg und Gewalt, um sich selbst zu erhalten, ehe sie in einem Urknall unter ihrem eignen bürokratischen Gewicht in sich zusammenfällt und ein Vakuum des absoluten Nichts erzeugt, welches den Menschen einen Neubeginn ermöglicht. Die Rebellion wird zu einer Revolution, die Gefahr der erneuten Diktatur jedoch ist gegeben.

6.1 Eine harte Nuss

6.1.1 Machtanalytik

Es ist wichtig, genau zu wissen, »bis wohin die Macht ausgeübt wird, über welche Schaltstellen und bis hin zu welchen oft unendlich kleinen Instanzen einer Hierarchie, Kontrolle, Überwachung, von Verboten und Zwängen sie ausgeübt wird. Überall, wo es Macht gibt, wird Macht ausgeübt. Niemand ist im Grunde Inhaber der Macht; und dennoch wird sie stets in eine bestimmte Richtung ausgeübt, mit den einen auf der einen und den anderen auf der anderen Seite; man weiß nicht, wer sie eigentlich hat, aber man weiß, wer sie nicht hat.«[117] Foucault schreibt über die Macht:

»Die Macht ist nicht als ein Phänomen massiver und homogener Herrschaft zu nehmen – die massive und homogene Herrschaft eines Individuums über die anderen, einer Gruppe über die anderen, einer Klasse über die anderen. Kurz gesagt, man muss im Sinn haben, dass die Macht (.) nicht etwas ist, das sich zwischen denen, die sie haben und sie explizit innehaben, und dann denen, die sie nicht haben und sie erleiden, aufteilt. Die Macht muss, wie ich glaube, als etwas analysiert werden, das zirkuliert, oder eher noch als etwas, das nur in einer Kette funktioniert; sie ist niemals lokalisiert hier oder da, sie ist niemals in den Händen einiger, sie ist niemals angeeignet wie ein Reichtum oder ein Gut. Die Macht funktioniert, die Macht übt sich als Netz aus, und über dieses Netz zirkulieren die Individuen nicht nur, sondern sind auch stets in der Lage, diese Macht zu erleiden und auch sie auszuüben; sie sind niemals die träge oder zustimmende Zielscheibe der Macht; sie sind stets deren Überträger. Mit anderen Worten, die Macht geht durch die Individuen hindurch, sie wird nicht auf sie angewandt.

Man darf also meines Erachtens nicht das Individuum als eine Art Elementarkern, Uratom, vielfältige und stumme Materie begreifen, worauf alsdann die Macht angewendet bzw. wogegen die Macht zum Schlag ausholen würde, die Macht, welche die Individuen unterwerfen oder zerbrechen würde. In Wirklichkeit ist das, was bewirkt, dass ein Körper, dass Gesten, Diskurse und Begierden als Individuen identifiziert und konstituiert werden, genau eine der ersten Wirkungen der Macht; das heißt, dass das Individuum nicht das der Macht Gegenüberstehende ist, es ist, wie ich glaube, eine ihrer ersten Wirkungen. Das Individuum ist eine Wirkung der Macht, und es ist zugleich eben in dem Maße, wie es eine Wirkung ist, ein Überträger: Die Macht geht durch das Individuum hindurch, das sie konstituiert hat. (.)

Wenn ich sage: ‹Die Macht bildet ein Netz, übt sich aus, zirkuliert›, dann stimmt das vielleicht bis zu einem gewissen Punkt; man kann gleichermaßen sagen: Wir haben alle Macht im Körper und die Macht zieht sich, in einem gewissen Maße zumindest, durch unseren Körper hindurch oder treibt sich darin herum. Das alles lässt sich in der Tat sagen; aber ich glaube nicht, dass daraus zu schließen wäre, dass die Macht, wenn Sie so wollen, die am besten geteilte, die am meisten geteilte Sache der Welt wäre, obgleich sie es bis zu einem gewissen Punkt durchaus ist. Dies ist nicht eine Art demokratische oder anarchische Verteilung der Macht durch die Körper. Ich meine damit Folgendes: Meines Erachtens (.) ist das Wichtige, dass man nicht eine Art Deduktion der Macht durchführen darf, die vom Zentrum ausgehen und zu sehen versuchen würde, bis wohin nach unten sie sich verlängert, in welchem Maße sie sich reproduziert und sich bis in die atomistischsten Elemente der Gesellschaft hinein ausweitet.

Ich glaube, dass man im Gegenteil (.) eine aufsteigende Analyse der Macht durchführen muss; das heißt, man muss von den infinitesimalen Mechanismen ausgehen, die ihre eigene Geschichte, ihren eigenen Verlaufspfad, ihre eigene Technik und Taktik haben, und dann sehen, wie diese Machtmechanismen, die folglich ihre Festigkeit und gewissermaßen ihre eigene Technologie haben, von immer allgemeineren Mechanismen und von Formen einer umfassenden Herrschaft besetzt, kolonisiert, verwendet, gebeugt, umgeformt, verschoben und ausgedehnt wurden und immer noch werden.«[118]

6.1.2 Gegen das System

Die Distrikte sind nach und nach alle der Kontrolle der Rebellen zugefallen, bis auf Distrikt 2. An dieser Stelle möchte ich in Anbetracht dieser entscheidenden Entwicklung zunächst beginnen zu hinterfragen, welchem *Zweck* die Rebellion dienen soll und wie weit diese führen könnte. Hierzu möchte ich auf drei ausgewählte Textstellen hinweisen:

1. Die Friedenswächter

Katniss: »‹Ich dachte, [die Friedenswächter] kämen alle aus dem Kapitol.› Plutarch nickt. ‹Das solltest du auch denken. Viele stammen ja auch von dort. Aber das Kapitol hat gar nicht so viele Einwohner, um solch eine starke Streitmacht zu unterhalten. Außerdem haben sie Probleme, genügend Leute zu finden, die im Kapitol aufgewachsen und trotzdem bereit sind, ein ödes Leben voller Entbehrungen in den Distrikten auf sich zu nehmen. Sie müssen sich bei den Friedenswächtern auf zwanzig Jahre verpflichten und dürfen weder heiraten noch Kinder kriegen. Manche sehen darin eine Ehre, andere willigen ein, um einer Bestrafung zu entgehen. Wer zu den Friedenswächtern geht, dem werden zum Beispiel die Schulden erlassen. Im Kapitol versinken viele in ihren Schulden, aber nicht alle eignen sich für den Militärdienst. Um zusätzliche Truppen anzuwerben, greifen wir deshalb auf Distrikt 2 zurück. Der dortigen Bevölkerung bietet sich so ein Weg, der Armut und einem Leben in den Steinbrüchen zu entkommen. Sie wachsen mit einer kriegerischen Mentalität auf. Du hast ja gesehen, wie sich die Kinder darum reißen, Tribute zu werden. (.) Unser Ziel ist es, die Distrikte einen nach dem anderen einzunehmen, zuletzt Distrikt 2, und das Kapitol auf diese Weise von der Versorgung abzuschneiden. Wenn es erst mal ausreichend geschwächt ist, beginnen wir mit dem Einmarschs, erläutert Plutarch. ‹Das wird eine ganz andere Herausforderung werden. Aber wenn es erst mal so weit ist, werden wir diesen Schritt gehen.›«

Plutarch erklärt weiter eine Zentralregierung zum Ziel der Rebellion. Es soll eine Republik gegründet werden, in der alle Bürger »ihre eigenen Vertreter wählen können, damit diese in der Zentralregierung für sie sprechen«.[119]

2. Freiheit und Stabilität

Katniss: »Präsident Snow hat mir einmal gestanden, das Kapitol sei wacklig. Damals wusste ich nicht, was er damit meinte. Ich konnte nicht klar denken, weil ich solche Angst hatte. Jetzt habe ich keine Angst mehr. Das Kapitol ist wacklig, weil es in jeder Hinsicht von den Distrikten abhängig ist. Lebensmittel, Energie, selbst die Friedenswächter, die uns in Schach halten. Wenn wir unsere Freiheit verkünden, bricht das Kapitol zusammen. Präsident Snow, Ihnen habe ich es zu verdanken, dass ich heute offiziell meine Freiheit verkünden kann.«[120]

3. Innenpolitik des Kapitols

»Der entscheidende Unterschied zwischen 13 und dem Kapitol liegt in den Erwartungen der Bevölkerung. Distrikt 13 war an Entbehrungen schon lange gewöhnt, während sie im Kapitol nur *Panem et Circenses* kennen. (.) Das ist ein Spruch, der schon Tausende Jahre alt ist, verfasst in einer Sprache namens Latein über eine Stadt namens Rom›, erklärt [Plutarch]. ‹*Panem et Circenses* kann man übersetzen als *Brot und Spiele*. Der Verfasser [der Satiredichter Juvenal im 1. und 2. Jahrhundert] wollte damit ausdrücken, dass das Volk im Tausch gegen einen vollen Bauch und Unterhaltung seine politische Verantwortung und damit seine Macht hergegeben habe.› [Katniss denkt] an das Kapitol: Den Überfluss. Und die ultimative Unterhaltung. Die Hungerspiele. ‹Dafür sind die Distrikte also da. Um Brot und Spiele zu liefern.› ‹Ja. Und solange das hereinkam, konnte das Kapitol sein kleines Reich beherrschen. Jetzt aber wird keins von beiden mehr geliefert, jedenfalls nicht in dem Maß, wie die Leute es gewohnt sind›, sagt Plutarch. ‹Wir dagegen haben zu essen, und ich werde einen Unterhaltungspropo inszenieren…›«[121]

Aus diesen Textstellen möchte ich drei wichtige Überlegungen herausarbeiten: Das Kapitol praktiziert *Teile und Herrsche*, das Kapitol ist *systemrelevant* und das Kapitol ist im Inneren *fragil*.

1. Das Kapitol praktiziert Teile und Herrsche.

In seiner Rede an ganz Panem hat Snow betont, dass das Überleben der Menschen in Panem auf einem Vertrag basiert, der auf dem Miteinander beruht. Die Distrikte versorgen das Kapitol, so wie Blut zum Herzen strömt. Im Gegenzug garantiert das Kapitol Ordnung und Sicherheit, etwa durch das Entsenden von Friedenswächtern. Diese Friedenswächter jedoch kommen keineswegs allein aus dem Kapitol, schon aus quantitativen Gründen. Wer aus dem Kapitol kommt und sich verpflichtet, darf heiraten und Kinder zeugen. Haymitch wird später sagen, dass die Friedenswächter auch ihre Kinder vor den Palasttoren hatten, als die explosiven Fallschirme vor dem Präsidentenpalast abgeworfen wurden. Friedenswächter aus Distrikt 2 hingegen ist dies untersagt. In zweierlei Hinsicht teilt das Kapitol die Distrikte, um so über sie zu herrschen, in dem sie sich gegenseitig beherrschen.

Offenkundig ist diese These, als dass Friedenswächter eben aus einem Distrikt rekrutiert werden. Aber auch die besonderen Regelungen bringen dies zum Ausdruck. Das Heiratsverbot etwa sorgt dafür, dass ein »gefallener« Friedenswächter keine Witwe zurücklässt. Das Gleiche gilt für das Verbot, Kinder zu zeugen. Warum? So soll sichergestellt werden, dass sich das durch den Krieg verursachte Leid nicht auf andere zunächst Unbeteiligte ausweitet. Diese Regel verhindert also, dass sich zwischen den Distrikten eine Kriegsgesellschaft bildet. In genau der umgekehrten Weise ist diese Überlegung mit Blick auf Friedenswächter aus dem Kapitol anzustellen. Was die »geernteten« Kinder bei den alljährlichen Hungerspielen angeht, so ist die Propaganda stets bemüht, gefallene Tribute als Helden darzustellen. Ihr Opfer soll nicht mit Schmerz und Trauer, sondern mit Stolz und Ruhm assoziiert werden. Nicht in allen Distrikten, aber besonders in D1 und D2 ist dies erfolgreich gelungen. Gewiss auch deswegen, weil die Menschen so aus der Armut gekommen sind. Das Unterbinden jedweder Kommunikation unter den Distrikten, aber auch zum Kapitol hinein, ist als Herrschaftsinstrument bereits beleuchtet worden. Daraus lässt sich jedoch auch ein weiterer Punkt ableiten, nämlich:

2. Das Kapitol ist systemrelevant.

»Das Kapitol ist das für alle schlagende Herz von Panem«, sagte Snow in der oben angesprochenen Rede. Alle in den Distrikten erzeugten und produzierten Güter werden über das Kapitol auf andere Distrikte umverteilt. Ohne Distrikt 4 gibt es keine Meeresfrüchte, ohne die Distrikte 9, 10 und 11 kein Fleisch, kein Getreide und keine Agrarerzeugnisse. Dieser Umstand gilt für ganz Panem, für die Distrikte wie für das Kapitol. Ohne das Kapitol jedoch, würde ein entscheidender Umverteilungsmechanismus fehlen. Entweder es gelingt, eine Versorgung an lebensexistenziellen Gütern dezentral unter den Distrikten zu organisieren, oder aber alle Menschen in Panem würden auf längere Sicht verhungern. Ohne das Kapitol ist Panem nicht überlebensfähig, zumindest nicht in der nach den Kriegen und Katastrophen errichteten Zentralstaatsarchitektur. Das erklärt auch, weshalb Plutarch eine Zentralregierung erhalten möchte. Eine dezentrale Infrastruktur müsste erst mühsam aufgebaut werden. Zumindest für die unmittelbare Zeit nach einem möglichen Machtwechsel ist es unerlässlich, alte Strukturen zu erhalten.

3. Das Kapitol ist innenpolitisch instabil.

Das Kapitol ist in jeder Hinsicht von den Distrikten abhängig. In der originalen Folie war eine gewisse Grundversorgung durch das Anlegen von Reserven oder das Bereitstellen von Friedenswächtern angelegt. Diese ist aber im Laufe der Jahre stark verwässert worden. Die Einwohner des Kapitols sind Entbehrungen nicht gewohnt. Mit *Brot und Spielen* gelang es der Machtelite, eine infantile Gesellschaft zu bedienen. Ohne die Versorgung durch die Distrikte aber, würde das Kapitol innenpolitisch zusammenfallen. »Die Arbeit zu verweigern, heißt vorsätzlich das ganze System zu gefährden«, stellte Snow daher in seiner Rede klar. Zwar wird durch das Streiken an sich nichts direkt zerstört, auch nicht von außen, aber das System würde sich allmählich von innen heraus zersetzen. Fällt das Kapitol in sich zusammen, so würden auch die Distrikte von der Versorgung abgeschnitten sein. Wenn in einem Distrikt die Arbeit niedergelegt wird, dann fehlen in allen anderen Distrikten die Güter ebenso. Da die Menschen in den Distrikten Entbehrungen und Hunger gewöhnt sind, ist dies nicht eine zwangsläufige Gefahr. Die Gefahr besteht darin, dass das Kapitol als zuverlässiger Umverteilungsmechanismus ausfällt. Und damit Güter aus nicht nur einem Distrikt fehlen würden, sondern in allen. Diese Überlegung verdeutlicht in der Rückschau erneut, unter welchem großen innenpolitischen Druck Snow bei seiner Rede stand.

6.1.3 Die Nuss und die Wolfshöhle

»Nicht Gold, (.) sondern Soldaten sind der Nerv des Krieges; denn Geld reicht nicht hin, gute Soldaten zu erschaffen, wohl aber reichen gute Soldaten hin, Geld zu erschaffen.«

– Niccolo Machiavelli[122]

Katniss erholt sich nur langsam von Peetas Angriff und kann immer noch nicht richtig sprechen. Die Behandlung von Peeta hingegen zeigt langsam Wirkung, sodass man beschlossen hat auszutesten, wie er auf jemanden reagiert, den er bereits kennt. Prim erklärt Peeta, dass er in Distrikt 13 ist, nachdem Distrikt 12 vom Kapitol bombardiert und zerstört wurde. Als sie ihm mitteilen muss, dass seine Familie dabei vollständig ums Leben kam, kanalisiert sich sein Zorn jedoch nach wie vor auf Katniss. Sie sei eine Mutation (»monster«) und Prim müsse sie töten.

Plutarch erklärt Katniss, dass seine Reaktion eine Folge von Konditionierung sei; Peeta sei nicht er selbst. Katniss ist dennoch schockiert. Sie will, dass Snow dafür bezahlt, was er getan hat und ist bereit, als Spotttölpel ins Kapitol geschickt zu werden. Coin könne sie jedoch noch nicht dorthin schicken, solange Distrikt 2 nicht unter Kontrolle sei; so schließen sie einen Kompromiss.

Distrikt 2 im näheren Umkreis des Kapitols

Auf dem Flug nach Distrikt 2 gesteht Gale, dass er nur aus egoistischen Motiven hofft, dass Peeta wieder gesund wird, denn wenn nicht, würde Katniss ihn nie loslassen und er hätte selbst nie eine Chance. Als sie ihm einen Kuss gibt, meint er nur, dass es nicht zählen würde, weil ihre impulsive Reaktion nur den Irrungen und Wirrungen in ihrem Kopf geschuldet sei. Wenig später kann Katniss Beetee und Gale dabei zuhören, wie sie über eine Kolibri-Falle sprechen, die die Menschen in eine Falle lockt und eine zweite Explosion verursacht, um herbeieilende Helfer zu töten. Es geht auch um Waffen, deren Rauch an den Augen haftet und die Menschen erblinden lässt. Katniss ist über diese Grausamkeiten entsetzt: »Es gibt wohl keine Regel mehr, was ein Mensch einem anderen antun darf.« Gale spottet nur: »Hat Snow sich an Regeln gehalten, als er Peeta verschleppt hat?«

Canetti: *Jagd- und Kriegsmeute*

»Der wesentliche Unterschied zwischen Kriegs- und Jagdmeute liegt in der zwiefachen Anlage der Kriegsmeute. Solange eine erregte Truppe auf einen einzelnen Mann Jagd macht, den sie bestrafen will, handelt es sich um ein jagdmeuteartiges Gebilde. Falls dieser Mann zu einer anderen Gruppe gehört, die ihn nicht preisgeben mag, steht bald Meute gegen Meute. Die Feinde sind nicht sehr voneinander verschieden. Es sind Menschen, Männer, Krieger. In der ursprünglichen Form der Kriegführung sind sich die beiden so nah, daß man Mühe hat, sie voneinander zu unterscheiden. Sie haben dieselbe Art, aufeinander loszugehen, ihre Bewaffnung ist ungefähr dieselbe. Auf beiden Seiten stoßen sie wilde, drohende Rufe aus. Sie haben beide dieselbe Absicht gegeneinander. Die Jagdmeute – im Gegensatz dazu – ist einseitig: Die Tiere, gegen die es geht, versuchen nicht, Menschen zu umzingeln oder zu erjagen. Sie sind auf der Flucht, und wenn sie sich manchmal doch zur Wehr setzen, so geschieht das in dem Augenblick, da man sie töten will. Meist sind sie gar nicht imstande, sich dann noch gegen den Menschen zu wehren. Das Entscheidende und eigentlich Charakteristische an der Kriegsmeute ist, daß zwei Meuten da sind, die genau dasselbe gegeneinander vorhaben. Die Zweiteilung ist eine unbedingte, der Schnitt zwischen ihnen absolut, solange es sich um den Zustand des Krieges handelt.«[123]

Als das Hovercraft in Distrikt 2 landet, werden sie gleich Zeugen des morgendlichen Bomben-Grußes der Regimetreuen; die Liebe zum Kapitol ist in Distrikt 2 seit jeher tief verankert. »Die Nuss« ist die größte Militärbasis des Kapitols, die mit militärischem und zivilem Personal besetzt ist. Die Festung liegt in einem Berg und ist fast uneinnehmbar. Die Nuss kann als die Verwirklichung einer angeblichen Alpenfestung der Nazis angesehen werden, die nie existierte, auch wenn die Alliierten von sie für real hielten.

Unter den Rebellen herrscht Uneinigkeit darüber, wie weiter zu verfahren sei, da bisherige Angriffe immer unter hohen Verlusten zum Rückzug gezwungen wurden. Der Ansatz, Truppen als Köder einzusetzen und dann an einem anderen Eingang anzugreifen, lässt jedoch die Frage offen, wessen Truppen als Köder dienen sollen. Darüber hinaus möchte Kommandeur Paylor aus Distrikt 8 keinen Massenselbstmord dulden, sowie in Distrikt 5 bei der Sprengung des Dammes. Auch aus strategischer Überlegung heraus würde dies schlichtweg zu viel zu hohen Verlusten führen und den Erfolg der Rebellion gefährden. Die Anführer der Kriegsparteien müssen Biomasse *verwalten*.

Gale schlägt vor, die Festung nicht zu stürmen und die Waffen unter eigene Kontrolle zu bringen, sondern die Friedenswächter im Berg einzuschließen, sodass auch das Kapitol keinen Zugriff mehr auf die dortigen Waffen hat. Man entscheidet sich dazu, die Berghänge zu bombardieren und Lawinen auszulösen, um den Feind lebendig zu begraben. Boggs schlägt vor, Zivilisten die Möglichkeit zu geben, durch einen Zugtunnel aus dem Berg zu gelangen und sich zu ergeben, wenngleich diese Chance den Menschen in Distrikt 12 nicht vergönnt war. Für den Fall, dass sich die Menschen nicht freiwillig ergeben wollen, brauche es dann eine »überzeugende Leitfigur«, um sie umzustimmen, so Coin.

Katniss fühlt sich dabei nicht wohl. Als sie in Distrikt 8 die Hovercrafts abgeschossen hat, wurden sie angegriffen; zudem waren diese nicht mit Zivilisten besetzt. Für Gale ist es gleich, ob jemand nur den Boden wischt – er arbeitet für den Feind und Töten sei nichts Persönliches: »Wer dem Kapitol hilft, ist nicht unschuldig.« »Töten ist immer persönlich«, hält ihm Katniss entgegen: »Wenn du so denkst, kannst du töten, wen du willst, kannst Kinder in die Hungerspiele schicken, um die Distrikte auf Kurs zu halten.«

Als die Lawinen die Zugänge zum Berg verschütten, jubelt die Menge: »Oorah! Oorah!« Auf den Weg zum Tunneleingang beruhigt Boggs Katniss, dass es sicher Überlebende geben würde. Sie will den Text, den Plutarch für sie vorbereitet hat, jedoch nicht aufsagen – was Haymitch auch nicht angenommen hat. Er gibt Katniss aber den Rat, »mit etwas Sensibilität zu experimentieren«, um die Überlebenden dazu zu bewegen, die Waffen niederzulegen. Das Propo wird von einem ankommenden Zug unterbrochen. Katniss eilt zu einem Verletzten, der zu Boden fällt, jedoch noch eine Waffe in der Hand hält, die er sofort auf sie richtet: »Gib mir nur einen

Grund, warum ich dich nicht erschießen soll.« Katniss, die um ihre Überzeugungskraft weiß – wie sie gegenüber Coin auch offen anmerkt – antwortet nach einer kurzen Weile mit einem der genialsten extemporierten Sätze in der politischen Geschichte:

»…kann ich nicht. Und das ist das Problem, habe ich Recht? Wir haben eure Festung gesprengt, ihr habt meinen Distrikt niedergebrannt. Wir hätten beide ein Motiv, einander umbringen zu wollen. Also, wenn du mich töten willst, tue es. Mach Snow eine Freude. Ich habe es satt, für ihn seine Sklaven umzubringen.«

Überlebender: »Ich bin nicht sein Sklave.«

»Ich aber. Darum habe ich Cato getötet und er hat Tresh getötet und Tresh hat Clove getötet und so geht das weiter – und weiter und wer gewinnt? Nur einer: Snow.* Er hat mich viel zu lange auf seinem Schachbrett hin und her geschoben. Distrikt 12, Distrikt 2 – wir haben keinen Streit, außer den, den uns das Kapitol aufzwingt. Wieso kämpft ihr gegen die Rebellen? Sie sind eure Nachbarn, eure Familie.«

Der Mann lässt von Katniss ab. Sie steht auf und spricht zu den Überlebenden, aber in gewisser Weise auch zu den Truppen der Rebellen:

»Diese Menschen sind nicht eure Feinde. Wir haben einen gemeinsamen Feind und das ist Snow. Dieser Mann verdirbt jeden und alles. Er zwingt die Besten von uns, gegeneinander zu kämpfen. Hört auf, tötet nicht mehr für ihn. Heute Nacht, richtet eure Waffen gegen das Kapitol, richtet eure Waffen gegen Snow.«

Katniss wird von einem Schuss getroffen.

6.1.4 Das Ende einer glorreichen Ära

---

* Bei Collins ist überliefert, dass Katniss statt Snow »immer das Kapitol« gesagt haben soll. (Collins, Flammender Zorn: 238) Im Film wird die Fokussierung auf Snow also gezielt hervorgehoben; ihr Zorn wird von einem »diffusen Etwas« auf eine konkrete Person hin kanalisiert.

Das Propo wurde live in Panem gesendet, sodass man es auch im Kapitol sehen konnte. Für Snow muss dies ein Schock gewesen sein, da er Katniss ganz bewusst nicht töten wollte, um eben keine Märtyrerin zu erschaffen. Nach einer Weile kommt die Regierung in Snows Anwesen zusammen und Snow gibt einen Toast aus. Der helle und mit Rosen geschmückte Saal bildet dabei einen diametralen Gegenentwurf zu der Tristesse von Distrikt 13. Snow fragt Minister Antonius, worauf sie gerade angestoßen haben, denn die besten Truppen des Kapitols seien im Berg verschüttet worden und die Rebellen marschierten in dieser Sekunde auf das Kapitol zu. »Auf den Tod des Spotttölpels. Nicht Peeta hat sie getötet, sondern ihre eigene Arroganz«, antwortet Antonius.

Es fällt auf, dass es mindestens drei Militärs gibt, die auf eine linke helfende Hand offenbar verzichten, denn alle anderen in der Runde haben jemanden an ihrer Seite stehen. Unwissentlich wird Antonius damit sein eigenes Schicksal beschrieben haben. In gewisser Weise ist er seiner eigenen Arroganz zum Opfer gefallen, denn er hat schwere Fehlentscheidungen getroffen.

Als Snow sein Glas an seinen Mund heranführt, lässt er den Blick nicht von Antonius ab. Seine Körpersprache spricht für sich. Er lässt einen Moment der Stille verstreichen, dann belehrt er diesen:

»Natürlich, genau diese oberflächliche Art zu denken, hat Sie bewogen, unsere besten Friedenswächter nach Distrikt 2 zu schicken. Sie haben die Angewohnheit, Menschen zu begraben, bevor sie tot sind«, womit Snow die Verbindung zwischen dem Tod des Spotttölpels und dem Tod der Truppen schafft. »Wenn der Spotttölpel nicht mehr leben würde, dann würde sie bereits jetzt von den Rebellen als Märtyrerin benutzt... Nein Minister Antonius, tut mir leid, aber darauf haben wir nicht getrunken. Gar nicht.«

Antonius ist noch immer der festen Überzeugung, dass die Rebellen aufgehalten werden können. Snow nimmt ihm jedoch das Wort, denn »ein gutes Heer kann sich auch ohne Festung verteidigen, Festungen aber können sich ohne gute Heere nicht halten.«[124]

»Das Vordringen der Rebellen in die Randbezirke des Kapitols ist eine Frage von Tagen. Wir evakuieren die äußeren Blocks und lassen sie reinkommen. Ich will, dass alle Luftabwehrsysteme bereitstehen, damit wir vor Luftschlägen sicher sind. Locken wir sie in die Stadt und dort lassen unsere Spielemacher sie für jeden weiteren Meter mit ihrem eigenen Blut bezahlen. Ich will, dass sämtliche Kameras zusehen. Wir werden ihr Vordringen in ein Festspiel des Leidens verwandeln und wir halten jeden einzelnen Moment für die Nachwelt fest. Also, worauf haben wir heute getrunken Minister Antonius?« Antonius beginnt schwerer zu atmen. Als er realisiert, dass sein Ende besiegelt ist, er blickt zu Snow und sinkt wie einst Marcus Antonis *röchelnd* auf seinem Platz mit dem Kopf auf dem Tisch zusammen und Snow erklärt: »… darauf, dass eine glorreiche Ära, ein bitteres Ende gefunden hat.«

Währenddessen sitzen alle Beteiligten still auf ihrem Platz, niemand eilt Antonius zu Hilfe. Das »Ende einer glorreichen Ära« kann verstanden werden als das Ende von Antonius Amtszeit, auf das Ende des Friedens und der Vorherrschaft des Kapitols nach den Dunklen Tagen, aber vielleicht auch auf das Ende von Distrikt 2 als

Waffenkammer des Kapitols, die vor den Dunklen Tagen in Distrikt 13 lag, wie Collins in ihrem Prequel beschrieben hat. Kulturen machen das, was sie immer gemacht haben und übersehen dabei ihre Selbstabschaffung. Auch als Panems Imperium schon im Begriff ist unterzugehen und der Krieg seinen Weg ins Kapitol findet, so klammert es sich nur noch fester an seine *Religion der Hungerspiele*. Die 76. Hungerspiele sind das vielleicht ausdrucksstärkste Beispiel für diesen Wahn und Wahnsinn.

Snow, der von der Angst ergriffen ist, die Kontrolle über das fragile System und seine Macht in Panem zu verlieren, konnte sich als Präsident nicht auf sich selbst zurückziehen. In dieser Sonderstellung war auch eine Flucht ins Konformistische unmöglich. Seine Flucht ins Autoritäre, nämlich durch die Unterwerfung durch die Beratung Heavensbees, scheiterte, und so flüchtete er in die Destruktivität. Als aber nun klar wurde, dass ein *Außen* nicht mehr zerstört werden kann, beginnt er nun, das *Innere* zu zersetzen. Seine Flucht in die Selbstdestruktivität öffnet den Rebellen Tür und Tor. Seine Entscheidung rührt weniger von einer Hybris her, als vielmehr einer Überreaktion auf die neu gewonnene Einsicht, den kindlichen Trotz der Rebellen nicht aufhalten zu können, sondern sie ausbluten lassen zu wollen. Es ist bemerkenswert, in welch einer Ruhe und Idylle die Regierung im Kapitol zusammenkommen kann, während das Land im Bürgerkrieg und in der völligen Zerstörung versinkt. Das *Innen* und das *Außen* sind absolut voneinander getrennt. In diese Szene sind für mich zwei zentrale Fragen von besonderer Bedeutung. Die erste bezieht sich auf den Tod von Antonius, die zweite auf das weitere Vorgehen der Rebellen.

1. Warum hat Snow Minister Antonius getötet?

Antonius hat in seiner Selbstüberschätzung einen schweren militärischen und strategischen Fehler begangen. Dennoch war er bis zuletzt der festen Überzeugung, dass die Rebellen weiter aufgehalten werden könnten. Es gelang Snow also nicht, Antonius zu kontrollieren und es zeichnete sich ab, dass dieser völlig unfähig war, seine Fehler einzusehen. Daher musste Antonius aus seinem Amt entfernt werden.

Wessenthalben hat Snow ihn nicht einfach aus dem Dienst entlassen? Das versteht sich nicht von selbst. Man muss sich vor Augen führen, dass Antonius als Minister lange gedient und dem Militär lange vorgestanden hat, was bedeutet, dass die Treue des Heeres zu weiten Teilen ihm gilt. Es galt, eine Spaltung des Militärs zu verhindern, die zu inneren Unruhen im Kapitol geführt hätte. Es darf auch nicht verkannt werden, dass Panems Machtelite sich von Antonios Überzeugung, die Rebellen aufzuhalten, hätte blenden lassen können, sodass sich diesem durchaus eine Chance zum Umsturz und zur eigenen Machtergreifung geboten hätte. Snow musste auch darauf achten, seine eigene Autorität zu bewahren. Der einfachste und insbesondere der schnellste Weg, da bis zum Einmarschieren der Rebellen nur wenige Tage verstreichen würden, war, Antonius zu töten, sodass im Falle eines Sieges des Kapitols auch zu einem späteren Zeitpunkt eine späte Rache eines unehrenhaft entlassenen Ministers im Keim erstickt wurde.

2. Gab es für die Rebellen nach der Niederschlagung weiter Teile der Armee des Kapitols eine Alternative zum Einmarschieren in dasselbe?

Wäre es denkbar gewesen, das Kapitol dadurch unter Druck zu setzen, dass sämtliche Friedenswächter aus allen Distrikten getrieben worden wären und sich diese Distrikt 13 angeschlossen hätten, sodass das Kapitol isoliert gewesen wäre? Distrikt 13 hätte ein starkes Druckmittel aufbringen können, indem man das Kapitol dazu zwingt, eine Entscheidung zu treffen zwischen einem atomaren Holocaust oder dem Aushandeln eines neuen Staatsvertrages. Überdies darf man nicht vergessen, dass das Kapitol von Panem abgeschnitten war und es nur eine Frage der Zeit war, bis Hungersnöte zu Aufständen innerhalb des Kapitols geführt hätten. Das hätte die Machtelite zum Einlenken und Nachgeben gezwungen. Es ist eine wichtige Frage, ob ein solches Szenario jedoch sich in weiteren 75 Jahren nicht in umgekehrter Weise wiederholt hätte, sodass das Kapitol die Distrikte wieder an sich riss. Einige Aspekte würden jedoch aus meiner Sicht gegen diese These sprechen. Folgende Gedanken halte ich für kriegsentscheidend:

Erstens. Es wären Aufstände innerhalb des Kapitols gewesen, die die Machtelite schlussendlich gestürzt hätten. Ein Drang nach Vergeltung und Rache, wie er von den Unterlegenen zu erwarten ist, die man ausbluten lässt, würde andere Voraussetzungen verlangen. Die Geschichte hat jedoch gezeigt, dass eine einfache Belagerung und Isolation des Kapitols über mehrere Jahre hinweg bereits in den Dunklen Tagen gescheitert war. Für die Rebellion stand es außer Frage, die Revolution bis zum bitteren Ende zu treiben.

Zweitens. Distrikt 13 könnte die Distrikte nun anschließen. Viele Distrikte haben sich selbst auf die Seite von D13 geschlagen. Überdies wurden in den übrigen Regimetreue festgesetzt, vergleichbar der Entnazifizierung in Deutschland nach dem Zweiten Weltkrieg. Distrikt 13 hätte seinerseits die Distrikte mit Waffen ausstatten können, vereinzelt auch mit atomaren Technologien, sodass sich das atomare Gleichgewicht in Panem gleichmäßig verteilt hätte und eine Annexion der Distrikte durch das Kapitol zu einem späteren Zeitpunkt ausgeschlossen werden könnte. All dies hätte eine sorgfältige Planung und Vorbereitung erfordert, um schnellstmöglich umgesetzt werden zu können. Es stellt sich daher die Frage, welche Absicht man in Distrikt 13 tatsächlich verfolgte: Wollte man die Distrikte befreien oder das Kapitol stürzen, um es entweder als Machtzentrale zu erhalten oder diese gänzlich zu vernichten? Die totale Vernichtung des Kapitols wäre zweifelsohne ein Kriegsverbrechen gewesen, das in der Geschichte seinesgleichen sucht. Der Erhalt des Kapitols als Machtzentrale für eine wie bereits angekündigte Zentralregierung lässt jedoch die Frage offen, inwieweit die faktischen Zustände und Machtverhältnisse in Panem durch diese Rebellion hätten verschoben werden können.

Der Hass beider Seiten, von Regimetreuen auf die Rebellen und umgekehrt, wurde von Symbolen befeuert. Das Symbol, welches Coin effektiv einsetzt, ist der Spotttölpel. Nach wie vor konzentriert sich in Propos alles auf Katniss. Alle Beteiligten sind in der Rationalität des Krieges gefangen und unfähig, diesen selbst zu hinterfragen. Nur Katniss steht dem Krieg noch kritisch gegenüber, ihr Blick jedoch fokussiert sich ausschließlich auf Snow. Ihr Ziel ist es daher, ins Innere des Kapitols vorzudringen, um ihn zu töten. In der Kriegspropaganda drehte sich alles nur um Snow und um den Spotttölpel. Niemand hinterfragt mehr die Geschehnisse, die Absichten und die Entwicklungen wie auch den nahezu deterministischen Verlauf des Krieges. Begangene Gräueltaten verlangten Rache und Vergeltung. Noch Unbeteiligte wurden zu Opfern. Die »Kriegsgesellschaft« zelebriert ihre »Anatomie der menschlichen Destruktivität« wie keine zweite: *Auge um Auge, Zahn um Zahn.*

Die *Talionsformel* wird häufig missverstanden. Der Grundsatz, wie er in Buch Exodus (Ex. 21, 23f.) beschrieben wird: »Auge um Auge, Zahn um Zahn« ist nicht Ausdruck eines Rachedenkens, sondern der Beschränkung der Rache.[125] Die Spirale der Gewalt sollte durchbrochen werden, indem genau begrenzt wurde, in welchem

Umfang Rache geübt werden durfte.[126] Das Alte Testament kennt eine große Zahl an Fällen, in denen Rache geübt wird.[127] Jesus fordert in seiner *Bergpredigt* die Menschen zur *Feindesliebe* auf: »Ihr habt gehört, dass gesagt wurde: Auge um Auge, Zahn um Zahn. Ich aber sage Euch, leistet dem Bösen keinen Widerstand, liebt Eure Feinde!« (Mt. 5, 38f., 44) Auch fordert er, dem Schläger der rechten Backe auch die andere darzubieten.[128] Man soll also nicht Gleiches mit Gleichem vergelten.[129]

In den Psalmen, den *Klagepsalmen*, in denen man Verzweiflung, Wut, Gewalt und Brutalität begegnet, schreien die Opfer von Gewalt jedoch furchtbare Rachegedanken heraus.[130] »Das Gebot der Feindesliebe ist nicht immer leicht. (.) Sie fordern die Vernichtung ihrer Peiniger. Allerdings – und das ist der entscheidende Punkt – sind sie weit davon entfernt, selbst ihre Peiniger zu verstümmeln oder zu vernichten. Vielmehr stellen sie das Gott anheim. Ob und wie er das tut, bleibt ihm in seiner unendlichen Weisheit überlassen. Das ist der biblische Königsweg im Umgang mit Gewalt und Vergeltung.« Von zentraler Bedeutung ist dabei jedoch, dass allein Gott über die Vergeltung entscheiden darf:[131] »Die Rache ist mein; ich will vergelten, spricht der Herr« (Römer 12, 19) und »Sprich nicht: ich will Böses vergelten! Harre des Herrn, der wird dir helfen.« (Sprüche 20,22).

6.2 Der Krieg: Glück und Zufall?

6.2.1 Befehlsverweigerung

Als Katniss in Distrikt 13 auf der Krankenstation aufwacht, ist Johanna bei ihr. Sie spottet über Katniss, da sie nicht einmal von der Kugel berührt worden sei, sondern nur ein paar Prellungen davon getragen habe; Cinna hat ihr Kostüm nämlich kugelsicher gemacht. Dabei wird Johannas ganzer Hass auf Katniss offenkundig, denn ursprünglich hätte sie der Spotttölpel sein sollen. Sie hätte *Johanna von Orleans* sein sollen, nicht Katniss. Das Problem ist jedoch, dass im Gegensatz zu Katniss die eigenwillige Johanna niemand mag. Hinzu kommt, dass man im Kapitol lediglich Katniss fürchtet. Trotz allen Neides ist eine gewisse Verbundenheit zwischen beiden verspüren. Ihr Leid dadurch, dass sie vom Kapitol zerstört wurden, ist ihnen gemein und trotz allen Hasses weiß Johanna, dass es nicht Katniss Schuld ist, dass viele sie nicht leiden können. Unterdessen ist auch die Therapie von Peeta angeschlagen. Haymitch will, dass

Katniss ihn besucht; nicht für sich, sondern für ihn. Sie kann sich nur schwer überwinden, aber tatsächlich sind Peeta Erinnerungen an sie gekommen, als er die zwölfjährige Katniss hat sterben sehen und er ihr das Brot gegeben hat, als sie am Verhungern war. Er erzählt Katniss, dass er das Brot absichtlich verbrennen lassen habe und dafür von seiner Mutter geschlagen worden sei. Er wünschte sich, er hätte das Brot einfach dem Schwein gegeben, da ihm so viel Kummer und Leid erspart geblieben wäre.

In Distrikt 13 ist es für Katniss nur schwer auszuhalten. Sie sagt Coin und Plutarch zwar zu, nicht bei den Soldaten an der Front zu kämpfen, obwohl sie unbedingt ins Kapitol will, sondern in Distrikt 13 zu bleiben, um dort Propos zu drehen. Katniss soll erst zur Kapitulation und zur Zeremonie ins Kapitol eingeflogen werden. »Ich tue, was immer ihr von mir verlangt«, sagt sie in Anwesenheit beider offenen Autoritäten, doch *aus den Augen, aus dem Sinn*, folgt sie ihrem eigenen Dickschädel.

Auf der Hochzeit von Annie und Finnick, auf der Effie endlich wieder ein Kostüm und eine Perücke tragen kann und das Liebespaar von einem Priester betraut wird, spricht sie mit Johanna über ihren Hass auf Snow und darüber, dass sie ihn töten will. Johanna sagt ihr, dass man jeden töten könne, auch einen Präsidenten, wenn man nur bereit ist, sich selbst dafür zu opfern. So beschließt Katniss in der für sie typischen Weise, sich nicht an das zu halten, was man ihr vorschreibt. Mit einem Versorgungstransport schleicht sie sich an die Front.

In Distrikt 13 ist ihre Ankunft an der Front nicht unbemerkt geblieben. Coin ärgert sich, das sei Befehlsverweigerung und mehr als nur »pubertärer Trotz«. Plutarch stellt mit einem sarkastischen Lächeln fest: »Es ist so frustrierend, wenn sie aus der Reihe tanzt … an der

Front, nachdem sie eine Schussverletzung überlebt hat? Das Drehbuch hätte ich nicht besser schreiben können.«

Man könnte sie doch nicht mehr zurückholen, da sie ein Mythos sei, gibt Coin nach. Katniss solle genau da bleiben, wo sie ist. Und egal, was sie tue, es sei auf Betreiben von ihr und Plutarch. »Logisch, was sonst?«, ist nicht nur Sarkasmus und Ironie von Plutarch, da er von Katniss Eigenwilligkeit und Ungehorsam innerhalb seiner eigenen strategischen Denkweise oft Gebrauch macht. Er ist von Katniss Befehlsverweigerung nicht überrascht, eigentlich freut er sich darüber, dass sie den Weg an die Front von selbst gefunden hat. Welches Spiel Katniss auch Spiele, mahnt Coin Heavensbee an, alle müssten Bescheid wissen, dass sie es für sie spiele: »Sie sind der Spielemacher.«

6.2.2 Eine neue Ära?

Commander Paylor hält eine Rede vor den versammelten Rebellen in Distrikt 1:

»Zum ersten Mal seit wir leben, stehen wir als 13 vereinte Distrikte zusammen. So wie ich das hier sehe, haben wir bereits Geschichte geschrieben. Aber Geschichte hält nicht an, um zu feiern, und unser Feind ändert sich nicht und er wird sich nie ergeben.«

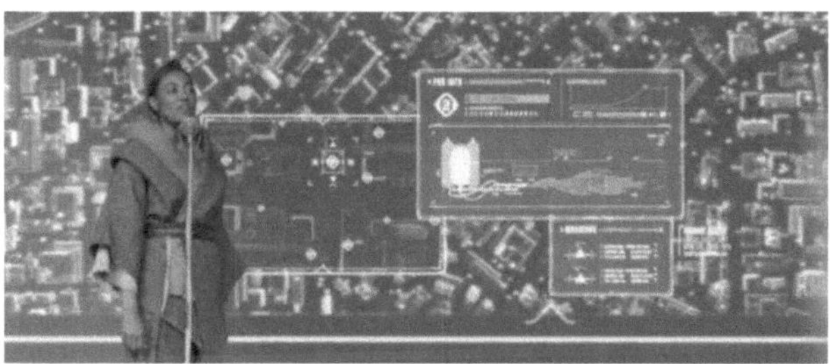

Sie unterrichtet die Rebellen vom weiteren Vorgehen. Der Plan ist, ins Stadtinnere des Kapitols vorzudringen. Man hat sehr wohl wahrgenommen, dass das Stadtinnere des Kapitols befestigt wird und die Rebellen in das Kapitol gelockt werden sollen, um dort den sadistischen Fallen der Spielemacher ausgesetzt zu sein. Dies ist das Ergebnis solider Untergrundagitationen und Spionage, dennoch besteht keine Gewissheit über die Aktualität der Karte, auf denen die »Kapseln« platziert sind. Es ist also mit Verlusten zu rechnen, ebenso wie mit bewaffneten Friedenswächtern. In den Randbezirken des Kapitols stellt man sich auf eine Guerillataktik ein, um das Vordingen der Rebellen einerseits zu verlangsamen, andererseits auch hohe Verluste bei deren Truppen zu erzwingen. Auch die Römer setzten im Zweiten Punischen Krieg zur Verteidigung Roms auf diese Strategie der asymmetrischen Kriegsführung gegen den immer weiter vorrückenden Hannibal.

Die Zivilisten, denen man begegnet, sollen nicht angegriffen werden. Stattdessen werden die Rebellen medizinische Hilfe leisten, fährt Paylor fort:

»Wenn unsere Armeen die Verteidigungsmaßnahmen überwinden können, sammeln wir uns vor Snows Palast, wo wir nicht nur seine Tore aufsperren, sondern ganz Panem befreien werden. Wenn wir scheitern, sterben wir für unsere Sache, nicht für ein Spektakel. Und wenn wir siegen, möge es für ganz Panem sein und es möge für immer sein.«

Paylor erneuert mit ihrer Rede noch einmal den *Ballhausschwur* und betont die historische Bedeutung der Vereinigung der 13 Distrikte – vergleichbar mit den drei Ständen im feudalen Frankreich. Vier Aspekte möchte ich an dieser Stelle herausarbeiten:

Erstens.
Es ist offenkundig die geplante Strategie, dem »Feind« nicht als Gegner, sondern als Freund gegenüberzutreten. Diese Strategie beruht auf der Notwendigkeit, Panem mit dem Kapitol als zentralisierten Staat zu erhalten, da eine dezentrale Infrastruktur erst erbaut werden muss. Die Menschen im Kapitol müssen also aus ihrer Ideologie »befreit« werden und sich als Teil eines neuen Gemeinwesens begreifen. So sollen die Zivilisten beispielsweise medizinisch versorgt werden. Auch die US-amerikanischen *Care-Pakete* waren eine wichtige Unterstützung der Bevölkerung im Nachkriegsdeutschland. Die gleiche Funktion erfüllte auch der *Marschall-Plan* zum Wiederaufbau eines industrialisierten Landes, statt

eines *Morgentau-Plans*, der Deutschland als rückständige Agrarnation vorsah. Auch die einige Jahre später unterhaltene Luftbrücke in das durch die DDR abgeschottete Westberlin drückte Menschlichkeit aus und gewann die Menschen für neue transnationale Freundschaften unter den Völkern. Machiavelli schrieb auf dieses Beispiel wie zugeschnitten: »Aus diesem wahren Beispiel ersieht man, wieviel stärker bisweilen ein Akt der Menschlichkeit und Güte auf die Gemüter der Menschen wirkt als eine grausame, gewalttätige Handlung, und wie oft Länder und Städte, die Waffen, Kriegsmaschinen und jede andre menschliche Gewalt nicht öffnen konnte, durch einen Akt von Menschlichkeit und Güte, von Keuschheit oder Großmut geöffnet wurden.«[132]

Zweitens.

Offenkundig streben auch die Rebellen eine *totale Ewigkeitspolitik* an. *Ganz* Panem soll befreit werden, und zwar für *immer*. Es ist die Idee eines freien Panems, die die Distrikte eint. Man könnte an dieser Stelle nun geneigt sein, an die »Selbstüberschätzung der westlichen Welt« zu denken, die bekanntermaßen darin besteht, »Freiheit« und »Demokratie« (was auch immer genau darunter zu verstehen sei) als universelle Wahrheiten zu proklamieren, von denen aus es keine höhere und weitere Entwicklungsmöglichkeit mehr gebe und also, wie Francis Fukuyama einmal meinte, »Das Ende der Geschichte« erreicht sei. Dieser Anspruch jedoch ist seinerseits totalitär.

Auch die Menschen im Kapitol sollen »befreit« werden. Was genau darunter zu verstehen ist, bleibt offen. So wie auch die Deutschen durch die Alliierten von den Nationalsozialisten »befreit« wurden? Gleichwohl viele im Krieg gegen die Alliierten kämpften – so ist auch die Befreiung Panems als ein symbolischer Akt zu begreifen, der sich nicht auf räumliche oder zeitliche Dimensionen bezieht, mitunter auch nicht auf ökonomische oder soziale Verhältnisse, sondern auf ideologische Prägungen. Es geht darum, den Menschen *die Augen zu öffnen*. Das Aufsperren der Tore des Präsidentenpalast ist ein wichtiger Schritt zur Entmachtung der herrschenden Klasse und dazu, einen Neuanfang zu ermöglichen.

Drittens.

Paylor stellt die Rebellen darauf ein, dass sich der Feind niemals ändern werde. Damit bezieht sie sich auf die ideologische Verblendung des kapitolistischen Übermenschen und der niederen Gattung an Sklaven, die »Barbaren« in den Distrikten. Beide Seiten, sowohl im Kapitol wie auch die Rebellen, tauchen nun ein in einen ideologischen Endkampf. Wie das NS-Regime, so hat auch das Snow-Regime und »das Kapitol« im Allgemeinen ungeheure Verbrechen an der Menschlichkeit verübt, sodass es keinen Weg mehr zurück gibt; das radikal Böse kann niemals verziehen werden; es gibt keinen anderen Ausweg, als bis in den Tod zu kämpfen. Der Feind werde sich niemals ergeben, deshalb darf auch man selbst niemals nachlassen. Paylor betont damit das, was Coin in ihrer Rede in Distrikt 13 bereits aufgegriffen hat. Friedensverhandlungen werden so unmöglich, obschon nicht auszuschließen ist, dass hinter den Kulissen doch diplomatische Beziehungen unterhalten werden. Das bezieht sich zum einen auf Spionage, zum anderen darauf, dass einzelne Machtelitäre ein »doppeltes Spiel« spielen, um sich in jedem Falle des ausgehenden Krieges abzusichern.

Insgesamt ist es jedoch absehbar, dass es zu keinem Friedensvertrag kommen wird. Den Rebellen ist es nicht gelungen, die Waffen in Distrikt 2 unter ihre Kontrolle zu bringen. Das Kapitol jedoch verlor diese Kontrolle. Nun herrscht ein Gleichgewicht.

Viertens.

Die *Idee der Freiheit* ist zur *Idee der Revolution* geworden. Es geht um den Zusammenprall zweier Welten, zweier Systeme. Das eine betrachtet den Menschen als *grundsätzlich schlecht*, sodass er wie ein Automat reguliert und kontrolliert werden muss, um ihn dazu zu zwingen, *gut* zu werden; das andere begreift den Menschen als *grundsätzlich gut* und sucht ihm den Spielraum zu geben, den er braucht, um seine Persönlichkeit *frei* zu entfalten, und ihm zu helfen, sein Leben so leben zu können, wie er es selbst leben möchte:

»Der Kampf um die Freiheit wurde von den Unterdrückten, die neue Freiheiten beanspruchten, gegen jene ausgefochten, die Privilegien zu verteidigen hatten. Immer wenn eine Klasse um ihre eigene Befreiung kämpfte, so tat sie das in dem Glauben, für die menschliche Freiheit als solche zu kämpfen, so daß sie an ein Ideal, an die Sehnsucht nach Freiheit bei allen Unterdrückten appellieren konnte. In diesem langen und praktisch noch immer andauernden Kampf um die Freiheit liefen jedoch Klassen, die gegen die Unterdrückung gekämpft hatten, in einem gewissen Stadium zu den Feinden der Freiheit über, nämlich dann, wenn der Sieg errungen war und es galt, neue Privilegien zu verteidigen. Trotz vieler Rückschläge sind für die

Freiheit manche Schlachten gewonnen worden. Viele sind in diesen Schlachten in der Überzeugung gestorben, es sei besser, im Kampf gegen die Unterdrückung zu sterben, als ohne Freiheit zu leben. Ein solcher Tod war für sie die höchste Bestätigung ihrer Individualität. Die Geschichte schien zu beweisen: Der Mensch kann sich selbst regieren, er kann selbst seine Entscheidungen treffen und denken und fühlen, was er für richtig hält.«[133]

6.2.3 Clausewitz und der Krieg

»Wenn für diesen Zustand des Gleichgewichts keine Veränderung vorherzusehen ist, so müssen beide Teile Frieden machen; ist sie aber vorherzusehen, so wird sie nur dem einen günstig sein und dadurch also der andere zum Handeln bewogen werden müssen. Wir sehen, dass der Begriff des Gleichgewichts den Stillstand nicht erklären kann, sondern dass es doch wieder auf das Abwarten eines günstigeren Augenblicks hinausläuft.[134] (.)

Wenn der Gegner unseren Willen erfüllen soll, so müssen wir ihn in eine Lage versetzen, die nachteiliger ist als das Opfer, welches wir von ihm fordern; die Nachteile dieser Lage dürfen aber natürlich, wenigstens dem Anschein nach, nicht vorübergehend sein, sonst würde der Gegner den Zeitpunkt abwarten und nicht nachgeben. Jede Veränderung dieser Lage, welche durch die fortgesetzte kriegerische Tätigkeit hervorgebracht wird, muss also zu einer noch nachteiligeren führen, wenigstens in der Vorstellung. Die schlimmste Lage, in die ein Kriegführender kommen kann, ist diejenige gänzlicher Wehrlosigkeit. Soll also der Gegner zur Erfüllung unseres Willens durch den kriegerischen Akt gezwungen werden, so müssen wir ihn entweder faktisch wehrlos machen, oder in einen Zustand versetzen, dass er nach Wahrscheinlichkeit damit bedroht sei. Hieraus folgt, dass die Entwaffnung oder das Niederwerfen des Feindes, wie man es nennen will, immer das Ziel des kriegerischen Aktes sein muss. (.) Solange ich den Gegner nicht niedergeworfen habe, muss ich fürchten, dass er mich niederwirft, ich bin also nicht mehr Herr meiner selbst, sondern er gibt mir das Gesetz, wie ich es ihm gebe.[135] (.)

Je kleiner das Opfer ist, welches wir von unserem Gegner fordern, umso geringer dürfen wir erwarten, dass seine Anstrengungen sein werden, es uns zu versagen. Je geringer aber diese sind, umso kleiner dürfen auch die unsrigen bleiben.[136] (.) Die *Streitkraft* muss vernichtet, d.h. in einen solchen Zustand versetzt werden, dass sie den Kampf nicht mehr fortsetzen kann. Wir erklären hierbei, dass wir in der Folge unter dem Ausdruck ‹Vernichtung der feindlichen Streitkraft› nur dies verstehen werden. Das *Land* muss erobert werden, denn aus dem Land könnte sich eine neue Streitkraft bilden. Ist aber auch beides geschehen, so kann der Krieg, d.h. die feindliche Spannung und Wirkung feindseliger Kräfte, nicht als beendet angesehen werden, solange der *Wille* des Feindes nicht auch bezwungen ist, d.h. seine Regierung und seine Bundesgenossen zur Unterzeichnung des Friedens oder das

Volk zur Unterwerfung bereit sind; denn es kann sich, während wir im vollen Besitze des Landes sind, der Kampf in seinem Inneren, oder auch durch Beistand seiner Bundesgenossen von neuem entzünden. Freilich kann dies auch nach dem Frieden geschehen, aber dies beweist weiter nichts, als dass nicht jeder Krieg eine vollkommene Entscheidung und Erledigung in sich trägt. Aber selbst wenn dies der Fall. (.)

Gewöhnlich geschieht die Vernichtung der feindlichen Streitkraft nach und nach, und in ebendem Maß folgt ihr auf dem Fuß die Eroberung des Landes. (.) Es braucht also der Krieg nicht immer bis zum Niederwerfen des einen Teils ausgekämpft zu werden, und man kann denken, dass bei sehr schwachen Motiven und Spannungen eine leichte, kaum angedeutete Wahrscheinlichkeit schon hinreicht, denjenigen, gegen welchen sie gerichtet ist, zum Nachgeben zu bewegen. Wäre nun der andere im Voraus davon überzeugt, so ist es ja natürlich, dass er nur nach dieser Wahrscheinlichkeit streben, nicht erst den Umweg eines völligen Niederwerfens des Feindes suchen und machen wird.«[137]

Nach Clausewitz lässt sich die Entwicklung und Eigendynamik des Krieges verstehen und weshalb also ein Friedensprozess unmöglich, die radikale Fortführung des Krieges unausweichlich ist. Dass die Rebellen sich nicht erneut einem Gleichgewicht ohne Änderung hingeben werden, sondern versuchen, in das Kapitol vorzudringen, erzeugt eine Aussicht auf eine Änderung der Kräfteverhältnisse. Dies weiß auch Snow, weshalb er Antonius Plan, die Rebellen schlicht aufzuhalten, ablehnte. Zugleich ergibt sich hieraus eine Chance für beide Seiten: Gelingt es, weiter in das Kapitol vorzudringen, so wird der Feind zu Boden gedrückt und schließlich auf denselben geworfen. Nach und nach wird das Land durch Fuß genommen. Gelingt es aber, den Feind bei seinem Vorrücken empfindlich zu verwunden, so kann auch für das Kapitol ein günstiger Moment entstehen.

Das Kräftegleichgewicht ist in diesem Stadium der Rebellion also zwar gegeben, aber es ist eine klare Aussicht erkennbar, dass dieses sich schon sehr bald ändern wird. Damit ist keine Grundlage für einen Friedensprozess vorhanden. Der Krieg geht weiter. Die einen kämpfen für ihre Sache, die anderen flüchten sich in die Illusion eines Spektakels. Der Krieg ist ein »Wahrscheinlichkeitskalkül«. Um ihn zu einem »Spiel« zu machen, bedarf es noch des Zufalls:

»Es gibt keine menschliche Tätigkeit, welche mit dem Zufall so beständig und so allgemein in Berührung stände, als der Krieg. Mit dem Zufall nimmt das Ungefähr, und mit ihm das Glück einen großen Platz im Krieg ein. (.)

Das Element, in welchem die kriegerische Tätigkeit sich bewegt, ist Gefahr; welche aber ist in der Gefahr die vornehmste aller Seelenkräfte? Der *Mut*.«[138]

6.3 Die 76. Hungerspiele

6.3.1 Das Spiel mit dem Tod

Katniss ist völlig fixiert auf Snows Palast. Dass sie sich darauf vorbereitet, sich von ihrer Propo-Gruppe zu lösen, um alleine loszuziehen, bleibt Gale nicht unbemerkt. Das Team mit der Nummer 451 – eine Anspielung auf Bradburys Roman *Fahrenheit 451* –, dem neben Gale auch Finnick angehört, ist handverlesen. Es wurde entschieden, dass die Mitglieder die »Gesichter des Einmarsches« darstellen sollen, als »Star-Trupp«. Sie folgen den Rebellen im Abstand von einigen Tagen, würden sich jedoch nicht am aktiven Kampf beteiligen. Ihre Aufgabe ist es, Propagandamaterial im vom Kampf gezeichneten Kapitol zu drehen, um die Truppen einzuschüchtern und zur Kapitulation zu bewegen. Kapseln und Friedenswächter würden dennoch eine stete Bedrohung darstellen und das Team sei ein »hochwertiges Angriffsziel« für das Kapitol. Finnick merkt sardonisch an: »Ladies and Gentlemen, willkommen zu den 76. Hungerspielen.«

Zum ersten Male seit über 70 Jahren erreicht das Elend auch die Einwohner des Kapitols. Hier hat man keinen negativen Bezug mehr zu Gewalt und Krieg, man verehrt die Sieger für ihre Morde. Eingeschlossen und umringt von Bergen kommt das Kapitol einer Insel gleich. Auch in den USA heute fehlt ein direkter Bezug zur Destruktivität des Krieges auf dem amerikanischen Festland, denn seit dem Bürgerkrieg gab es dort keine kriegerischen Handlungen mehr. Die Anschläge vom 11. September 2001 waren daher in besonderer Weise ein nationales Trauma.

In den Randbezirken des Kapitols leben die Menschen in Wohlstand. Aber auch dort gibt es Plattenbauten für weniger Wohlhabende. Der Wohlstand ist also auch innerhalb des Kapitols sehr ungleich verteilt. Da diese Bezirke evakuiert wurden, sind die Schäden durch Kämpfe erstaunlich. Es ist denkbar, dass das Kapitol auf eine Guerillataktik setzt. Sowohl kämpfende Friedenswächter als auch die Kapseln können das Ausmaß der Zerstörung erklären.

6.3.2 Feind oder Freund?

Das Propo-Team zieht durch die Stadt. Als sie auf eine Kapsel stoßen, nehmen sie Deckung. Katniss schießt mit einem Pfeil zwischen zwei Häuserblocks hindurch. Flammen werden ausgelöst. Die Sensoren der Kapseln sind sehr empfindlich, um den Pfeil zu registrieren. Offenbar gibt es im Kapitol so etwas wie Schmetterlinge, Motten oder andere Insekten nicht mehr, die ein Auslösen fälschlicher-

weise verursachen könnten – wo sollten diese auch überleben können, gibt es im Kapitol doch nur tote Betonbauten, aber nur sehr
wenige lebende Pflanzen?

Unterdessen hat Coin beschlossen, Peeta mit an die Front zum
Team zu schicken. Offiziell soll gezeigt werden, dass er nun auf der
Seite der Rebellen stehe, jedoch ist er weiterhin psychisch stark instabil, sodass er rund um die Uhr von der Gruppe bewacht werden
muss. Auch Katniss möchte eine Wache übernehmen. Commander
Lyme ist sich aber nicht sicher, ob sie sich mit der Antwort auf die
Frage, ob sie Peeta im Ernstfall erschießen könnte – dass er nämlich
dann nicht Peeta, sondern nur eine Mutation des Kapitols sei – qua-
lifiziert habe. Boggs weist sie jedoch an, auch Katniss eine Wache
zu überlassen.

Boggs erklärt Katniss, dass Coin von Anfang an Peeta bei den
Hungerspielen retten wollte, weil sie nichts und niemanden mag,
den sie nicht kontrollieren kann. Er vermutet, dass Katniss für sie
immer mehr eine Bedrohung wird und sie ihren Tod daher billigend in Kauf nehmen, wenn nicht sogar begrüßen würde. Katniss
kandidiert zwar für kein Amt und will es auch nicht, doch sie
würde als Spotttölpel jemanden unterstützen. Und wenn dieser *jemand* nicht zweifelsfrei Coin ist, wird sie versuchen, Katniss auszu-
schalten, denn Katniss habe als Gesicht der Rebellion »mehr Einfluss als jeder andere«.[139] Coin würde Katniss für die Propos nicht
mehr brauchen, es gäbe nur noch eines, was Katniss tun könne, um
die Rebellion anzufachen, nämlich zu sterben. Boggs jedoch
möchte, dass Katniss ein besseres Leben führen kann. Daher wird
er auf sie aufpassen, weil sie dieses verdiene. Er sieht in Katniss etwas, wofür es sich lohnt, zu sterben, um es zu beschützen. Diese
Loyalität hat etwas Einzigartiges an sich, ist aber nicht unerklärlich.
Auch Katniss war bereit, sich für ihre Schwester zu opfern.

Einmal geht es um einen Beschützertrieb, aber auch darum, sich
selbst für eine größere Sache zu opfern. Das trifft auch auf persönliche Leibwächter einzelner und wichtiger Personen zu. Aber auch
in totalitären Regimen ist dies zu beobachten. Diktatoren werden
bewundert und verklärt. Himmler zum Beispiel, für dessen sadistischen Charakter seine Unterwürfigkeit typisch war, erhob Hitler
zum Idol.[140] Das erklärt, weshalb in einer Masse von herrschafts-
süchtigen Sadisten eine Einzelperson als Führer sich dennoch lange
an der Macht halten kann, weil es genug Verbündete und Fürspre-
cher gibt. Das gilt natürlich auch für Snow oder Coin. Beide setzen

Peeta ein, um Katniss zu töten, indem sie einen Freund zum Feind machen, ihn aber als *Trojanisches Pferd* infiltrieren.

In der Nacht kommt es zu einer verbalen Auseinandersetzung zwischen Peeta und Katniss. Peeta weis überhaupt nicht mehr, was die Wahrheit ist. Er sei erst Freund, Geliebter, dann Sieger und Verlobter gewesen, dann Feind, Zielobjekt, Mutation und nun Verbündeter. Er kämpft darum, Katniss wie ein Mosaik zusammenzusetzen. Finnick schlägt ihm vor, wie Annie einfach zu fragen, ob etwas wahr ist oder nicht. Einerseits ist es durchaus richtig, in den offenen Dialog mit dem Umfeld zu treten, andererseits zeigt sich hier auch Foucaults Definition von *Wahrheit* als eine Art Konstrukt innerhalb eines festen Denksystems. Peeta jedoch hilft es, sich immer mehr zu erinnern und seine Persönlichkeit wieder Stück für Stück wie ein Mosaik zusammenzusetzen.

Katniss beginnt, laut über ihn nachzudenken. Sie erinnert sich, dass Peeta ein Maler ist und beim Schlafen das Fenster auf habe, dass er keinen Zucker in den Tee nehme, er macht immer einen Doppelknoten in die Schnürsenkel. Katniss ist möglicherweise über sich selbst überrascht, wenn nicht sogar schockiert, was sie alles über Peeta weiß. Diese kleinen Details sind überaus wichtig, weil sie zeigen, wie genau man jemanden beobachtet hat, um sich an diese Dinge so genau erinnern zu können. Es belegt, dass jemand eine gewisse Bedeutung haben muss. Katniss realisiert, dass es ihr nicht möglich sein wird, Peeta im Ernstfall zu töten.

Am nächsten Morgen macht sich die Gruppe auf. Peeta ist nun Teil des Propo-Teams und Finnick geht mit ihm den Text durch, den er aufsagen soll: »An die Bürger des Kapitols: Wir führen keinen Krieg gegen euch. Ihr werdet gebraucht in der Demokratie, die unserem Sieg folgen wird.« Interessant ist hier, dass zum ersten Mal von *Demokratie*, statt wie bisher üblich von einer *Republik* gesprochen wird.

Das Team folgt den Rebellen in einem gewissen Abstand. Spotttölpel-Symbole könnten hier eine Markierung der Truppen sein, dass ein Ort »gesichert« ist. Die Markierungen können aber auch von Plutarchs Untergrund stammen. Auch zahlreiche andere Symbole des Kapitols sind überschmiert. Die ganze Kulisse ist sehr detailreich ausgestaltet.

Im Innenhof eines Gebäudekomplexes tritt Boggs auf eine Mine. Bevor er stirbt, überträgt er das Holo auf Katniss. Sie solle niemandem trauen und Peeta töten, wenn es sein müsse. Boggs ist nicht aufgelöst, er nimmt die Tatsache seines baldigen Todes nüchtern zur Kenntnis. All seine Sorge gilt Katniss und ihrer Sicherheit. Er ist furchtlos wie Johanna, aber auf seine eigene Weise:

»Eine zweite Art von Furchtlosigkeit ist bei Menschen anzutreffen, die sich einem Idol, einem anderen Menschen, einer Institution oder einer Idee symbiotisch unterwerfen. Die Befehle ihres Idols sind ihnen dann heilig; sie sind für sie weit zwingender als selbst die Befehle ihres eigenen Körpers, der überleben will. Wenn ein solcher Mensch diese Befehle seines Idols nicht befolgen oder ihre Berechtigung anzweifeln könnte, geriete er in Gefahr, seine Identität mit dem Idol zu verlieren, das bedeutet, daß er Gefahr laufen würde, sich völlig isoliert und daher am Rande des Wahnsinns zu finden. Aus Angst vor dieser Gefahr ist er bereit zu sterben.«[141]

Die Zugangswege zum Innenhof schließen sich und eine schwarze Schlammlawine ergießt sich in die Arena. Dabei bricht Peetas Nervensystem komplett zusammen und er greift Katniss an. Einer aus dem Team eilt ihr zu Hilfe, doch Peeta stößt ihn in den Schlamm und er stirbt sofort. Das Team flüchtet in den Gebäudekomplex und entgeht nur knapp dem Tod. Sie fürchten, dass sie von den Friedenswächter nun erkannt worden sind und diese sie verfolgen. Katniss gibt bekannt, dass Boggs das Holo auf sie übertragen habe und dass sie einen Spezialauftrag von Coin hätte, um Präsident Snow zu töten. Lyme fügt sich nur unfreiwillig, da niemand »den Kopf verlieren« will, wie Gale es treffend formuliert. Cressida springt Katniss bei und erklärt Lyme, dass Plutarch die Ermordung von Snow live im Fernsehen übertragen wolle. Damit lügt Cressida nicht notwendigerweise, denn sie kennt Plutarch gut und es ist möglich, dass sie in Betracht zieht, dass Katniss Verhalten in dieser Eigenwilligkeit und Sturheit von Plutarch durchaus gern gesehen wird.

Das Team versteckt sich zunächst in einem anderen Teil des Gebäudeskomplexes, die Schwestern Leeg aber müssen verwundet zurückgelassen werden. Als die Friedenswächter anrücken, eröffnen die Leegs als Ablenkungsmanöver das Feuer auf diese. In einem Bombardement wird dieser Teil des Gebäudekomplexes zerstört. Das restliche Team um Katniss jedoch bleibt unverwundet und unerkannt.

Während bei Feiern und Festen Girlanden, Blumen und Lichterketten aufgehängt werden, um Marktplätze prunkvoll zu schmücken, ist man im Kapitol unlängst dazu übergegangen, Leichen aufzuknüpfen. Das Tote wird vergöttert, das macht den Charakter dieser Spiele aus.

6.3.3 Propaganda

Capitol TV strahlt eine Eilmeldung an alle Bewohner des Kapitols aus. Caesar Flickerman, der über den Tod des Spotttölpels informiert, tritt mit grauem Haar auf; offenbar sind auch die Haarfärbemittel langsam zur Neige gegangen. Außerdem mokiert sich Caesar darüber, dass »einige Allianzen nicht ewig« halten würden. Es werden die Bilder ausgestrahlt, wie Peeta im Innenhof Katniss angegriffen hat. Die Friedenswächter hätten heldenhaft das Kapitol verteidigt und was auch immer sie ins Kapitol führte, Katniss Everdeen sei »nun von der Gewalt eingeholt worden, zu der sie selbst aufgestachelt hat«. Katniss Tod sei nicht nur ein Triumph für das Kapitol, sondern für ganz Panem.

Das Team kommt in seinem Versteck zur Ruhe. Peeta ist außer sich. Er möchte, dass er getötet wird, weil er eine Gefahr für andere darstellt. Gale versichert ihm jedoch, dass wenn es so weit sei, er ihn ganz sicher töten würde. Auch wenn diese Worte hart klingen mögen, in dieser Situation waren sie sehr beschwichtigend, denn Gale sagte damit auch, dass man Peeta nicht vorsorglich auf reinen Verdacht töten müsse, sondern erst dann, wenn er tatsächlich eine Bedrohung darstellt. Sein Angriff auf ein Teammitglied in einer akuten Stresssituation ist kein Indikator dafür, ob Peeta ganz grundsätzlich eine Bedrohung für andere darstellt. Gales Rechtsauffassung ist eine zivilisierte und freiheitliche, die den römischen Recht folgt: *In dubio pro reo* – im Zweifel für den Angeklagten. Es steht außerhalb der rechtsstaatlichen Ordnung, jemanden vorsorglich festzusetzen oder sogar zu töten, weil er eine potenzielle Bedrohung darstelle, ohne dass eine akute Absicht zu erkennen ist.

Seit Gale im Kapitol ist, hat sich seine Einstellung diesem gegenüber verändert. Vielleicht waren es die plattenbauartigen Gebäude, die ihm gezeigt haben, dass im Kapitol nicht einfach nur dekadente, reiche Leute leben; vielleicht war es auch der Anblick der leeren, zerstörten Straßen, die gezeigt haben, dass auch diese Menschen Krieg und Zerstörung kennengelernt haben; vielleicht war es auch das Staatsfernsehen, welches omnipräsent in einem 360°-Modus zu jeder Zeit sendebereit ist und sich auch Kapitolbewohner der Staatspropaganda nicht entziehen können.

Als sie getrieben von Hunger nach Essbarem in der – für Gales Erfahrungen – luxuriösen Wohnung suchen, finden sie allerlei Leckereien. Gale stellt fest, dass er langsam anfängt, das Kapitol zu verstehen: »Wenn du so isst, glaubst du gern an alles.« Er beginnt die

Menschen im Kapitol nicht mehr als Feinde zu sehen, sondern begreift sie immer mehr ebenfalls als Opfer eines propagandistischen und totalitären Regimes.

Würde dies genügen, um die Einwohner von ihrer Schuld freizusprechen? Es gab für sie keinerlei Kontakt zu den Distrikten, sodass sie die dortigen Zustände nicht sehen konnten. Alles, was sie gesehen haben, waren fröhliche und stolze Tribute aus den Distrikten. Man darf nicht vergessen, dass es die Tribute selbst waren, die in der Parade und in den TV-Auftritten selbst den Eindruck vermittelt haben, für eine große Sache einzustehen. In dieser Hinsicht haben die Tribute aus den Distrikten in der Tat ein Stück weit Beihilfe zu ihrer eigenen Ermordung geleistet oder sind geleistet gemacht worden. Allerdings bleibt die Frage offen, ob dies die Menschen von ihrer Pflicht zum selbstständigen Denken entbindet. Anders als in einer liberalen Demokratie kontrollieren nicht die Bürger den Staat, sondern der Staat kontrolliert die Bürger in einem totalitären Regime.

Nach Caesars Ansprache hält auch Präsident Snow aus seinem prunkvollen Palast eine Rede an das Kapitol, welche von Präsidentin Coin aus ihrem dunklen Arbeitsraum unterbrochen wird. Die Ansprache beginnt mit dem traditionellen Gedenken der gefallenen Tribute von Cressida über Finnick hinzu Katniss.

Präsident Snow:

»Katniss Everdeen, ein armes, seelisch labiles Mädchen mit einem überschaubaren Talent fürs Bogenschießen, ist tot. Keine Denkerin, keine Anführerin. Nur ein Gesicht *herausgepickt* aus der Menge. War sie wertvoll? Für eure Rebellion war sie äußerst wertvoll, weil ihr keine Vision habt und keinen wahren Anführer unter euch. Ihr nennt euch selbst eine Allianz. Was das heißt, haben wir gesehen. Eure Soldaten gehen einander an die Gurgel...«

Präsidentin Coin:

»Guten Abend. Bei denen, die noch nicht wissen, wer ich bin, möchte ich mich gerne vorstellen: Ich bin Präsidentin Alma Coin, Anführerin der Rebellion. Ich unterbreche eine Fernsehansprache ihres Präsidenten, in der er versucht hat, eine tapfere junge Frau zu diffamieren. Ein Gesicht aus der Menge heraus *gepflückt*, hat er sie genannt.

(*Snow:* »gepickt«)

Als könnte jemals ein Anführer, ein wahrer Anführer irgendetwas anderes sein. Es ist mir vergönnt gewesen, die Bekanntschaft eines Mädchens aus der Kleinstadt aus dem Saum von Distrikt 12 zu machen. Sie überlebte die Hungerspiele und das Jubel-Jubiläum. Sie bäumte sich auf und verwandelte eine Nation von Sklaven in einer Armee von Rebellen (*zittrig gebrochene Stimme*). Tot oder lebendig: Katniss Everdeen bleibt auf ewig das Gesicht dieser Revolution. Sie wird nicht umsonst gestorben sein.

(*Katniss:* »Dass ich ihr so viel bedeute, wusste ich ja gar nicht.«)

Ihre Vision und unsere wird verwirklicht. Ein freies Panem mit Selbstbestimmung für alle und in ihrem Gedenken finden wir alle die nötige Kraft und befreien Panem von denen, die es versklaven. *(leise)* Danke, passen Sie auf sich auf.«

Wie bei den Hungerspiele üblich,
wird gefallenen Tributen mit Kanonenschüssen gedacht.

Katniss wird sowohl vom Kapitol als auch von den Rebellen instrumentalisiert. Ihr Blick ist nach oben und nach vorne gerichtet. Das drückt aus, dass sie über einen visionären Weitblick verfügt. Allerdings wird nicht ihr gedacht, sondern dem Spotttölpel; sie ist nicht Mensch, sondern Tier; sie ist nicht frei, sondern versklavt.

Coin bezeichnet sich nun selbst als »Anführerin der Rebellion«, um die Lücke, die Katniss nach ihrem angenommenen Tod hinterlässt, sofort und unverzüglich zu schließen. Coin ging es nicht so sehr darum, zu verhindern, dass Katniss »diffamiert« wird und ihr Andenken zu bewahren, sondern um den eigenen Nutzen. Sie unterbricht Snows Ansprache, von der sie sicher weiß, dass alle im Kapitol zusehen, um sich sogleich selbst bei allen dort bekannt zu machen und sich vorzustellen und das *Ziel* der Rebellion, ein »freies Panem mit Selbstbestimmung für alle« zu verkünden. Es ist eine entscheidende Frage auf, was das *wahre* Ziel der Rebellion oder genauer: das Ziel der Anführer der Rebellion sein soll. Auf die Ansprachen von Coin und Snow möchte ich daher etwas näher eingehen.

Snow kritisiert die Rebellen dafür, dass sie »keine Vision« haben. Tatsächlich hat Katniss keine Vision, sondern »versucht nur, ihre eigene Haut zu retten« und all diejenigen zu beschützen, die ihr etwas bedeuten. Die Rebellen rufen nach Freiheit, aber sie erklären nicht, was sie darunter verstehen oder wie diese verwirklicht werden soll. Für Snow sind die Rebellen wie Kinder, die ihre destruktiven Fantasien ausleben, aber ohne einen Plan für die Zeit »danach« zu haben. Alles, worum es ihnen geht, ist das System in seinem Zustand zu stürzen. Danach sind sie überfordert mit ihren neuen Freiheiten und fühlen sich hilflos und versuchen alles, um sich der Last der Freiheit wieder zu entledigen. Es treten *Spielemacher* auf den Plan, die ihnen die Last der Freiheit nehmen. Die Revolution birgt die Gefahr einer neuen Diktatur. Nur in den seltensten Fällen führte ein Revolution zu einer freien, demokratischen Gesellschaft, die stabil und sicher Bestand hatte. Horkheimer wies darauf hin, dass die Revolution die Gefahr der Diktatur mit sich bringe[*] und Le Bon schrieb über die Massen:

---

[*] Daher hielt Horkheimer nach der NS-Dikattur seine »Dialektik der Aufklärung«, eine durchaus kapitalismus-kritische Schrift im Kontext der kritischen Theorie, vor einer Veröffentlichung in Deutschland zurück, weil er fürchtete, seine Schrift könnte zu Propagandazwecken missbraucht werden.

»Ihr Drang zu Revolten und Zerstörungstaten hält niemals lange an. Die Massen werden zu sehr vom Unbewussten geleitet und sind demnach dem Einfluss uralter Vererbung zu sehr ausgesetzt, als dass sie nicht äußerst konservativ sein müssten. Sich selbst überlassen, werden sie ihrer Zügellosigkeit bald müde und steuern instinktiv der Knechtschaft zu.«[142]

Auch gebe es keinen wirklichen Anführer, kein legitimes, legitimiertes Oberhaupt, so wie Snow dem Kapitol und auch Panem als Ganzes voransteht, sondern einen zufällig, willkürlich erhobenen Frontmenschen, der also kein Anführer im eigentlichen Sinne sein kann. Es fehlt die Legitimation durch die Masse und folglich ein sicheres Vertrauen in dessen Autorität. Darin unterscheiden sich etwa Amtsträger von Bewegungsführern, deren Macht ohne Legitimation nicht existiert. Alles ist in der Rebellion nebulös. Wenn sie endet, kann sie die bisherige Politik fortsetzen, was zum erneuten Umsturz führen würde. Oder sie etabliert einen Polizeistaat, um fehlende Legitimation für eine andere Politik durch Gewalt zu kompensieren; dann entsteht eine neue Diktatur. Niemals jedoch kann eine Bewegung auf Macht zurückgreifen, um etwas Neues zu errichten. Die Mahnung Snows beschreibt, dass die Alternativen zur radikalen Zerstörung eines bestehenden System entweder der *Naturzustand*, oder eine andere *Diktatur* sind. So schreibt auch Machiavelli:

»Man könnte im Zweifel sein, woher es kommt, daß die vielen Umwälzungen vom freien Staatsleben zur Tyrannenherrschaft und umgekehrt, teils mit, teils ohne Blutvergießen ablaufen. Denn soviel man aus der Geschichte ersieht, sind bei diesen Umwälzungen bisweilen zahllose Menschen ums Leben gekommen, und bisweilen ist keinem ein Leids geschehen. (.) Das hängt davon ab, ob die gestürzte Regierungsform durch Gewalt entstanden war oder nicht. Die Aufrichtung einer Gewaltherrschaft kann nur durch Verletzung vieler geschehen, und bei ihrem Sturz ist es natürlich, daß die Geschädigten sich rächen wollen; aus diesem Rachedurst aber entsteht Mord und Totschlag. Ist jedoch ein Staat durch Zustimmung des ganzen Volkes entstanden und von ihm groß gemacht worden, so ist später, wenn die Staatsform sich ändert, kein Grund vorhanden, einem anderen Haupt etwas anzutun.«[143]

Die *Gefallenen Propaganda* ist ein wichtiges Instrument, um die Illusion aufrechtzuerhalten, dass es hier um keinen Krieg, sondern um Spiele geht. Snow wird selbst zum Spieler. Er spielt mit dem Leben

---

Gleichsam fürchtete er eine neue Revolution nach dem hergestellten Frieden, die selbst wiederum zu einer neuen Diktatur führen könnte.

anderer und seinem eigenen. Das Schauspiel wird in mundgerechte Stücke für die infantile, verhätschelte Elite Panems gefasst.

Aber auch die Rebellen instrumentalisieren Katniss. Ob ihr Tod Coin an den Tod ihrer Tochter erinnerte und zu einer emotionalen Regung führte oder ob diese Empathie gespielt war, muss an dieser Stelle offen bleiben. Auch Plutarch schien überrascht. Möglicherweise war es eine Mischung aus beidem; also geweckte Emotionen billigend in Kauf genommen als Element der Ansprache, um Sympathien zu wecken. Sowohl Coin als auch Snow instrumentalisieren sich durch ihre Propagandareden jeweils auch selbst.

Coin stellt sich klar als Anführerin der Rebellion dar und antwortet auf Snows Kritik. Auch verteidigt sie das Andenken an Katniss. Snow nannte sie »*herausgepickt* aus der Menge«. (»plucked«). Coin greift seine Worte abgewandelt auf: »Aus der Menge *herausgepflückt*« (»picked«). Diese konkrete Wortwahl ist keinesfalls Zufall. Das Picken ist etwas Zufälliges, etwas Rabiates. Hühner picken mit ihren Schnäbeln Körner auf. Das Pflücken hingegen ist etwas Sanftes, Selektives und Handverlesenes. Ein Apfel muss lange reifen, bis er gepflückt werden kann.[*]

Manchmal geht es nicht darum, jemanden zu finden, der etwas *am besten* kann, sondern nur um die Frage, ob man einen anderen findet, der es *besser* kann. Dieser jemand kann etwas vielleicht nicht am besten, aber die entscheidende Frage ist also, ob man jemand anderen finden kann, der etwas besser kann als der, der durch diesen Umstand unersetzbar wird. Es gibt nur eines, das schlimmer ist als jemand, der sich für unersetzbar hält: Jemand, der tatsächlich unersetzbar ist. Coin hebt Katniss als Mythos empor. Bemerkenswert ist, dass Katniss als Tribut durch das Kapitol für die Hungerspiele »geerntet« wurde, nun aber Coin diejenige ist, die sie als etwas verklärt, was (von ihr/den Rebellen) »geerntet« wurde.

Snow geht es also darum, Katniss herabzusetzen. Ihr Talent für das Bogenschießen sei nur »überschaubar«. Dennoch war sie für die Rebellion »äußerst wertvoll«. Damit meint Snow, dass die Rebellen nichts weiter sind als ein Haufen von Taugenichtsen, die einander an die Gurgel gehen. Dabei geht er damit ein Risiko ein, denn die

---

[*] Im englischsprachigen Original wird diese Bedeutung durch die Worte transportiert, nicht durch deren Klang. »Plucked« meint »zupfen/rupfen« und hat etwas Stumpfes, Grobes oder Willkürliches; »picked« meint »auswählen« und ist sehr selektiv, wie ein Apfel, der vor der Ernte erst lange reifen muss.

Beleidigung der Rebellen schürt deren Zorn und Hass:[144] »Entehrende Worte gegen den Feind rühren meist vom Übermut her, den (.) die falsche Siegeshoffnung erzeugt.«[145]

Aber in der Betonung der »Gurgel« zeigt sich Snows rhetorisches Talent. Das Wort »Freiheit« und die »Gurgel« hängen etymologisch zusammen. Freiheit, vom indogermanischen Wortsinn, meint »jemand, dem sein Hals selbst gehört«, der also über seine Person selbst verfügen kann. Nach Freiheit rufen, Freiheit fordern und für Freiheit kämpfen, zugleich aber einander an den Hals gehen und einander die Freiheit nehmen? Diesen Widerspruch legt Snow offen und versucht so, die Rebellen bloßzustellen. Es geht dabei darum, den Rückhalt in der eigenen Bevölkerung zu erhalten.

6.3.4 Im Untergrund

Als Katniss gesehen hat, dass Snow noch in seinem Anwesen ist, will sie sofort dorthin gelangen, um ihn von umliegenden Dächern aus ins Visier nehmen zu können, sobald er vor die Tür tritt. Das Team muss jedoch feststellen, dass selbst wenn alle glauben, dass sie tot sind, sie unmöglich 75 Blocks bis zum Palast gelangen können, da alle zehn Schritte Kapseln versteckt sind.

Pollux schlägt vor, sich unter dem Kapitol zu bewegen. Da er in der Kanalisation gearbeitet hat, kennt er die verzweigten Wege unter der Erde sehr gut. Für ihn ist der Weg zurück in die Kanalisation nicht leicht. Castor erklärt, dass es fünf Jahre gedauert habe, Pollux freizukaufen und er in dieser Zeit die Sonne nicht einmal gesehen habe.

Während die Truppe Deckung sucht, um sich vor einem Zug mit Friedenswächtern zu verstecken, weckt Egeria Präsident Snow. Sie ist besorgt um ihn und würde gerne seinen Arzt rufen, doch dieser winkt ab: »Ich hoffe sehr, Sie wecken mich für etwas Wichtigeres als den Zustand meiner Gesundheit.« (»an old mans health«) Dies ist die einzige Szene, in der Snow in seinen privaten Arbeitsräumen Handschuhe, aber keine Rose trägt. Das Leben hat sich von ihm losgelöst, er geht auf sein Ende zu. Das Überleben der Zivilisation in Panem steht auf dem Spiel. Alte und kranke Menschen werden zu einer Last, sie werden überflüssig.

Als die Alliierten in der Normandie landeten, traute sich niemand, in der Nacht Hitler zu wecken und über die Entwicklung im Krieg zu unterrichten, sodass ohne dessen Entscheidung die Militärführung versagte. Als Stalin mit Krämpfen nach einem Schlaganfall auf dem Boden lag, wagte es niemand, ihn in seinem Arbeitszimmer zu stören und sich um ihn zu sorgen, sodass zwei Tage vergingen, ehe man ihn auffand. Egeria aber zeigt keine Scheu, Snow aus dem Schlaf zu ziehen, um ihn zu unterrichten und sich um seine Gesundheit zu sorgen.

Das Bild des mit dem Kopf auf dem Tisch liegenden Präsidenten erinnert an Goyas Gemälde *El sueño de la razón produce monstruos:*

Der Schlaf der Vernunft gebiert Ungeheuer (est. 1799). Die Terror-vögel, die zu dem Bild Goyas fehlen, kommen von Katniss *Schrei*. Verbindet man diese beiden Szenen, so ergibt sich ein vollständiges Bild. Die Deutungen, ob Goya sich auf »Schlaf« oder »Traum« bezog, gehen auseinander. Eine mögliche Interpretation ist:

»Wenn die Vernunft schläft, verwandelt sich alles in monströse Visionen. Der Betrachter wird aufgefordert, nicht zu schlafen, sondern wachsam zu sein, denn sonst kann man die Ungeheuer der Ignoranz und des Lasters weder erkennen noch bekämpfen.«[146]

Goya: *Der Schlaf der Vernunft gebiert Ungeheuer*[147]

Canetti: *Das Liegen*

»Das Liegen ist eine Entwaffnung des Menschen. (.) Dieser äußere Prozeß läuft parallel zu dem inneren des Einschlafens (.) Der Liegende entwaffnet sich so sehr, daß man überhaupt nicht begreift, wie die Menschheit es fertiggebracht hat, den Schlaf zu überleben. (.) An dem einen Pol, wie wir sahen, sind der Stehende, der Größe und Selbständigkeit, und der Sitzende, der Schwere und Dauer ausdrückt; am anderen Pol ist der Liegende; seine Ohnmacht, besonders wenn er schläft, ist vollkommen. Aber es ist keine aktive Ohnmacht, sie ist unscheinbar und wirkt sich nicht tätig aus. Der Liegende löst sich mehr und mehr von seiner Umgebung ab. Er will auf jede Weise in sich verschwinden. Sein Zustand ist undramatisch. Unauffälligkeit mag ihm ein gewisses, wenn auch sehr geringes Maß von Sicherheit gewähren. Soviel er nur kann, bringt er von sich mit einem anderen Körper in Berührung; er liegt seiner ganzen Länge nach; überall oder an möglichst vielen Stellen rührt er an etwas, das nicht er selber ist. Der Stehende ist frei und lehnt sich an nichts; der Sitzende übt einen Druck aus; der Liegende ist nirgends frei, an alles, was sich ihm bietet, lehnt er sich, und seinen Druck verteilt er so, daß er ihn kaum mehr fühlt. Die Möglichkeit, plötzlich aufzuspringen, aus einer so tiefen Lage in die höchste, ist nun gewiß sehr eindrucksvoll und verlockend. Sie zeigt, wie sehr man noch am Leben ist; wie wenig verschlafen man selbst im Schlafe ist; wie man selbst da noch alles bemerkt und hört, was wichtig ist; wie einen nichts wirklich überrascht. Viele Machthaber haben diesen Übergang von der liegenden in die aufrechte Haltung betont. Sie haben Geschichten darüber verbreiten lassen, mit welcher Blitzeseile dieser Wechsel bei ihnen vor sich ging. Sicher spielt hier auch der Wunsch nach dem Weiterwachsen des Körpers mit, das uns von einem gewissen Alter ab versagt ist. (.) Aber es gibt auch, neben denen, die sich ausruhen, solche, die unfreiwillig liegen, die verwundet sind und die, so sehr sie es möchten, nicht aufstehen können. Die unfreiwillig Liegenden haben das Unglück, den Aufrechten an das gejagte und getroffene Tier zu erinnern. Der Treffer, dem sie erlegen sind, ist wie ein Makel, ein großer Schritt auf der plötzlich abschüssig gewordenen Bahn zum Tod. Das Getroffene wird dann ‹ganz erledigt›.«[148]

»Sie haben überlebt«, sagt Egeria zur Überraschung Snows: »Zeigen Sie mal, das muss ich selbst sehen... Sie ist es. Das ist sie. Die Arena wandert offenbar in den Untergrund.« Snow sieht sichtlich mitgenommen aus, der Stress während des Krieges als Oberbefehlshaber sowie vermutlich ausgehende und rationierte Medikamente belasten ihn stark, sein Gesundheitszustand verschlechtert sich unaufhaltsam. Dass Katniss überlebt hat, erfreut ihn und haucht ihm selbst neues Leben ein. Er beherrscht den schnellen Wechsel vom Liegenden zum Stehenden, vom Schwachen zum Starken.

Während der Nacht wird das Team im Untergrund von menschenähnlichen Mutationen heimgesucht (»mutts«). Bei der Flucht an die Oberfläche folgen diese ihnen und machen auch vor Friedenswächtern nicht halt, so Collins. Bei Collins&Co. hingegen werden alle Mutationen getötet, als Katniss den Selbstzerstörungsmechanismus des Hologramms aktiviert, um Finnick, der sich nicht mehr retten konnte, einen qualvollen Tod zu ersparen. Die Säulen der U-Bahn-Halle enttarnen sich als aufblitzende Kraftfelder. Jemand aus dem Team wird von einem getroffen und zerfällt wie in einem Minecraft-*Spiel* in energetische Stücke, die sich verflüchtigen. Zurück in den Straßen des Kapitols findet sich Cressida schnell zurecht. Sie führt die Gruppe zu Tigris. Katniss erkennt sie als Stylistin bei den Spielen wieder, »bis Snow dann gemeint hat, dass [sie] nicht mehr hübsch genug [ist]«. Als Katniss ihr sagt, dass sie gekommen ist, um ihn zu töten, lächelt sie.

Das Team versteckt sich im Keller von Tigris Boutique. Gale ist verwundet, Pollux am Boden zerstört, nachdem sein Bruder Castor von den Mutationen getötet wurde. Katniss gesteht, dass sie ihren »Spezialauftrag« von Coin erfunden habe und dass alles ihre Schuld sei. Cressida erklärt ihr aber, dass sie es alle gewusst hätten, dass es diesen Auftrag nie gab. Peeta zählt die Toten der Hungerspiele auf und sagt: »All diese Tode bedeuten, dass unser Leben nie wirklich uns gehört hat«, weil sie nie eine richtige Wahl hatten: »Unser Leben gehört Snow, so wie unser Tod.«

Das Leben, der Tod, die Macht über das Leben, die Macht über den Tod – all das vereint Snow auf sich. Das Leben in Panem ist die Verbindung von Lebensmacht und Todesmacht zugleich. »Aber wenn du ihn tötest, Katniss«, fährt Peeta fort, »wenn du dem ein Ende setzt, sind diese ganzen Tode nicht umsonst gewesen.« Die Soldaten aber, die in Katniss Begleitung umgekommen sind, seien aus freien Stücken gestorben, weil sie sich für sie entschieden haben.

In der Nacht möchte Peeta, dass Katniss ihm Handschellen anlegt, weil er mal *sei* und mal wie *schlafwandeln* würde. Später kann Katniss ein Gespräch zwischen Peeta und Gale belauschen. Gale wünscht sich, er hätte sich bei den 74. Spielen freiwillig für Peeta gemeldet. Dieser widerspricht und erklärt ihm, dass Katniss ihm das nie verziehen hätte, weil er sich um ihre Familie kümmern sollte. Peeta ist der Auffassung, dass Katniss Gale wirklich liebe; Gale jedoch gesteht Peeta, dass er von Katniss noch nie so geküsst worden sei wie Peeta beim Dritten Jubel-Jubiläum. Er habe sie »rumbekommen«, weil er alles für sie aufgegeben habe. Gale glaubt nicht, dass alle drei überleben werden; falls aber doch, rechnet er damit, dass Katniss sich für den entscheiden wird, ohne den sie nicht überleben kann.

6.4 Endspiel

6.4.1 Lebendig begraben

Mörsergranaten sind zuhören. Gale vermutet, dass die Friedenswächter die Rebellen vor der Stadt beschießen, aber Cressida stellt fest, dass es nicht *vor* der Stadt sei. Dies ist ein bedeutender Moment, weil es die Rebellen nun anders (als in den Dunklen Tagen?) tatsächlich schaffen, in das Kapitol selbst einzudringen. Präsident Snow verkündet im Fernsehen eine Zwangsevakuierung. Er bittet alle Einwohner des Kapitols zu sich nach Hause, die sich mehr als eine halbe Meile außerhalb des Stadtringes aufhalten. Er verspricht allen Flüchtlingen Schutz und Zuflucht, außerdem Nahrung, Medikamente, Sicherheit für die Kinder und er gibt den Menschen sein Ehrenwort, dass er sie beschützen wird »bis zum allerletzten Atemzug« (»dying breath«). Die machtsymbolische Bedeutung des Atmens hatte ich bereits vor dem Dritten Jubel-Jubiläum herausgearbeitet. Es ist der Anspruch, verlorene Macht schnellst möglich wiederzuerlangen. Cressida spottet darüber nur: »Wäre schön, wenn er sich damit beeilen würde.«

Präsident Snow:

»Unsere Feinde sind nicht wie wir. Diese Leute teilen unsere Werte nicht. Sie haben keine Ahnung von unserem Luxus und unserer Kultiviertheit und sie verachten uns dafür. Machen Sie sich nichts vor, sie wollen uns nicht befreien. Deshalb kommen sie nicht. Nein, sie kommen, um unsere Art zu leben kaputt zu machen. Sie kommen, um uns zu begraben.«

Ein wütender Mob zerstört, eine Rebellion stürzt um, Kinder machen Dinge kaputt. Snow spricht über die Rebellen, als seien sie kleine, unbeholfene Kinder, die gar nicht wissen, welchen Schaden sie anrichten.* Auch fällt auf, dass Snow den Menschen zwar Medikamente und Nahrung zusagt, aber keine Liebe und Geborgenheit spenden kann. Er positioniert sich als diametraler Gegenpol zu Coin, die in ihrer Ansprache zu den Menschen sagte: »Passen Sie auf sich auf.«

Mit seiner Ansprache hält Snow auch einen weiteren Gegenpol aufrecht, nämlich den des Feindes. In der DDR war der stete Feind der »Faschismus des Westens«. Einige Jahre zuvor beschwor Goebbels den »totalen Krieg« herauf, indem er den Kommunismus als größte Gefahr stilisierte. Diese Propaganda erfüllt eine für den Machthaber wichtige Funktion. Es gelingt ihm nämlich, seine eigenen Truppen in einer Reihe hinter sich zu versammeln, denn »solange der Krieg dauert, muß man Masse bleiben; und er ist eigentlich zu Ende, sobald man es nicht mehr ist. Die Aussicht auf eine gewisse Lebensdauer, die er der Masse als solcher bietet, hat zur Beliebtheit der Kriege sehr beigetragen«.[149] Nachdem es Snow nicht gelungen ist, die Masse der Rebellen nach dem Tod des Spotttölpels durch Demotivation und rhetorische Zerschlagung auseinanderzerfallen zu lassen und so den Krieg für sich zu entscheiden, muss er nun ein Zerfallen der eigenen Masse verhindern. »Um die kriegerische Stimmung aufrechtzuerhalten, muß man immer wieder beteuern, einmal wie stark man selber ist (.) und dann wie groß die Zahl der toten Feinde ist.«[150] *Man darf dem Feind niemals zeigen, dass man blutet.*

Eine wichtigere Funktion kommt in diesem Kontext einerseits die Betonung der eigenen »Kultiviertheit« und die Verachtung durch den Feind zu, aber auch dem Wort »begraben« (»burry us«). Um

---

* Diese Feinheit ist eine Eigenheit der deutschen Übersetzung. Das englische »destroy« meint eine gezielte, absichtliche Zerstörung.

dies zu verstehen, muss man einen Exkurs in die Kulturgeschichte wagen.

Im englischen Original endet Snows Ansprache mit dem Wort »us«, welches dass »Wir«-Gefühl anders als im Deutschen zusätzlich betont. In der deutschsprachigen Fassung tritt besonders das Wort »begraben« hervor. In der Originalfassung kommt dem eine wichtige Bedeutung hinzu, die in der Übersetzung zusätzlich verstärkt wird. Der kulturgeschichtlicher Hintergrund geht hierbei von dem Wort »Angst« aus.

Angst stammt vom indogermanischen *anghu,* »beengend«, und ist abgeleitet vom lateinischen *angustus* bzw. *angustia* für »Enge, Beengung, Bedrängnis«. Seinen Ursprung nahm das Wort im 8. Jahrhundert. In Europa kam es im Grunde unentwegt zu Krieg, doch besonders der Sachsenkrieg von 772-804 war ein besonders langer Krieg, in dem Sachsen und Franken miteinander kämpften. Zu dieser Zeit kam es zu weitläufigen Umsiedlungen der Bevölkerungen. Diese Umbrüche müssen ein Gefühl der Unsicherheit verursacht haben, die sich auf die Lebenswirklichkeiten der Menschen *beengend* auswirkte. Das Leben erschien als bedrohlich. Das typisch deutsche Wort »Unkraut« findet seinen Ursprung in der Zeit des 11. Jahrhunderts, zur Zeit des Investiturstreits und Heinrichs *Gang zu Canossa.* Es ist denkbar, dass sich im Zuge der militärischen Auseinandersetzungen in Sachsen zu dieser Zeit eine weltanschauliche Unterteilung von Leben in *gut* und *böse* entwickelte, wobei das böse wegen der als permanent angenommenen Bedrohung vollständig vernichtet werden muss. »Für einen Menschen, für den das Haben die Hauptform seiner Bezogenheit zur Welt ist, sind Gedanken, die nicht leicht aufgeschrieben und festgehalten werden können, furchterregend, wie alles, was wächst, sich verändert und sich somit der Kontrolle entzieht.«[151] Das Böse ist das, was nicht kontrolliert werden kann und daher seine Existenzberechtigung verwirkt hat. Auch die deutsche Liebe zu Ordnung, Pünktlichkeit und Bürokratie gehen auf diese tief in der Massenseele verwurzelte Ur-Angst zurück. Die »German Angst« zeigt sich also auch tagtäglich im berühmten deutschen *Schilderwald* an jeder Straßenkreuzung.

Das Wort Angst kam in Übersetzungen der Werke Freuds bereits im 19. Jahrhundert in der englischen Sprache auf – nämlich im Sinne einer grundlegenden Störung –, und wurde in der Zeit des Zweiten Weltkrieges zwischen 1940 und 1944 eingeenglischt. Damit bildet es einen Kristallisationspunkt ab, der besonders in der deutschen

Kulturgeschichte große Bedeutung hatte. Im Englischen gibt es neben dem Wort »fear« auch »fearless«, also *Furcht* und *furchtlos*. Aber es gibt keinen Ausdruck wie »angstlos«. Angst drückt damit etwas aus, vor dem man nicht entkommen kann und das ein ständiger, unliebsamer Begleiter ist. Das Wort *fear* hingegen unterscheidet nicht näher zwischen realen und eingebildeten Bedrohungen. Angst ist diffus. Sie bezieht sich auf ein »unbestimmtes Irgendwas«, das jedoch eine ungeheure Macht über den Einzelnen ausüben kann. Furcht dagegen ist konkret, man kann ihr entkommen.

Die Entwicklung der Psychoanalyse durch Freud im 19. Jahrhundert ist dabei kein Zufall. Während des *Sturm und Drang* ging ein *Weltschmerz* um, der sich in der Literatur etwa in *Werthers Leiden* niederschlägt oder aber auch in den Schriften von Nietzsche. Deutschland war nicht nur das Land der *Dichter und Denker*, sondern auch das der *Richter und Henker*. Tiefe Abgründe in der menschlichen Seele taten sich auf.

Im 19. Jahrhundert, vor der Gründung des Deutschen Reiches, war Deutschland eine Splitterkultur, anders als Zentralstaaten wie England oder Frankreich. Dieses Machtvakuum scheint einen Nährboden für Angst im Sinne eines Massenphänomen zu bieten, die sich kulturell auch in den angloamerikanischen Raum übersetzte. Neben der schwarzen Romantik von E.T.A. Hoffmann, der sich in seinem Werk *Der Sandmann* mit dem Motiv pseudomenschlicher Automaten auseinandersetzte, sind auch die Gruselgeschichten von Edgar Allan Poe in den USA bekannt geworden. Damit einher ging die Angst, als Mensch lebendig begraben werden zu können. Ein Mensch, dessen Psyche tot ist und dessen Körper einer leblosen biologischen Hülle gleicht, könnte missverständlich für tot erklärt und bestattet werden. Auch Goyas Bild des schlafenden Mannes, dessen Traum Monster gebiert, lässt sich hier verorten.

Die Zeit der Romantik ging der »jüdischen Wissenschaft« der Psychoanalyse durch Freud und Jung voraus. Das jüdische Volk, das seitjeher verfolgt wurde, aber keinen eigenen Staat hatte, kennt das Gefühl der Ohnmacht und damit das der Angst. Dieser Nährboden scheint Voraussetzungen dafür zu geben, dass ein Volk Genies hervorbringen kann. Neben der dunklen Romantik und dem Rückzug auf sich selbst ist jedoch auch eine gegensätzliche Strömung entstanden, nämlich die der *Wanderlust.*

»Wanderlust« als englische Vokabel meint neben der trivialen Übersetzung »Wanderlust« auch »Fernweh«. *Des Müllers Lust am*

Wandern drückt Ausbruch aus und beabsichtigt eine Erweiterung des Horizonts. Zugleich ist der Beginn einer Reise auch dunkel konnotiert. Man denke nur an Böcklins Bild der *Toteninsel* oder den Fährmannbildnis in Anlehnung an die griechischen Mythologie. Mit der Abwahl Donald Trumps als US-Präsident zerbrach dann im Jahr 2021 schließlich auch die Macht der Trumpisten. Es scheint hierbei kein Zufall zu sein, dass Trump seine Anhänger beschwörte: »Die Reise beginnt erst.« Dieses Bild ist in der Massenseele der Machtlosen tief verwurzelt. Er zeichnet ein Bild in der universellen Sprache des Traumes.

Arnold Böckling: *Die Toteninsel,* 1880[152]

Auf eine Wanderschaft zu gehen, hat in der amerikanischen Kulturgeschichte jedoch auch einen anderen Hintergrund. »In den Westen wandern« ist in gewisser Weise gleichbedeutend mit »sterben gehen« und gründet in der Erfahrung der für viele Pioniere tödlichen Wanderung in den Westen, ausgehend von der Ostküste der USA. Man spricht hier von einer *Frontier*-Erfahrung. Dabei geht es darum, einen Bereich bis an die Grenzen auszuloten, in denen man noch tatsächlich handlungsfähig ist. So sprach auch Kennedy, nachdem man auf dem amerikanischen Festland alles bis zum Pazifik erreicht hatte, von *new frontier* in Bezug auf die Eroberung des Weltraums. Damit einher geht natürlich die Gefahr der unverhofften Handlungsunfähigkeit und der Ohnmacht.

Viele autistische Menschen benutzen Worte als Nachahmung ihrer Umgebung, ohne dem eine tiefere Bedeutung zu zurechnen. Worte aber entstammen der Sprache, die ein Kristallisationspunkt von menschlichen Gefühlen und Empfindungen ist. Damit also sind Worte ein Spiegel des Unterbewusstseins des Menschen selbst, dessen Kondensat nach einem Ausdruck sucht. Die einzige universelle Sprache ist die des Traumes. Der Traum des Machtlosen ist ein Albtraum oder genauer: *Alptraum*. Der Alp ist ein Dämon, der sich auf die Brust seines Opfers setzt. Diesem fällt es schwer zu atmen, was einen drohenden Machtverlust zum Ausdruck bringt. Das tiefe Einatmen habe ich dabei gedeutet als den Versuch, diese Macht zu sichern oder schnellstmöglich wiederzuerlangen. Das zeigt sich auch in der Szene, in der Snow mit Heavensbee über den Ursprung des Spotttölpels spricht.

Johann Heinrich Füssli: *Albtraum,* 1802[153]

Ein veralteter Ausdruck für den Albtraum ist *Nachtmahr*, im englischen *nightmare*. *Nahtmare* ist seit dem 15. Jahrhundert belegt und deutet auf viele unruhige Nächte der Menschen des ausgehenden Mittelalters hin. Mit dem Zusammenbruch des Mittelalters verschwanden auch Ordnungen wie Zünfte, die eine lebenslange Sicherheit gewährten. Die einzige Sicherheit nach der Geburt, die es im Leben noch gab, war der Tod. Die Schreckgespenster, die *Mahre*, erschienen den Menschen ihrem Gefühlsleben nach immer öfter in ihren Träumen.

Um dieser Ohnmacht zu entkommen, bietet sich die Flucht in den Konformismus an. In der Gleichheit der Masse erlangt der Einzelne das Gefühl von *Macht*. Er wird Teil eines mächtigeren Ganzen und entkommt der Ohnmacht, auch wenn das eigentliche Problem selbst nicht gelöst ist. Hier liegt des Pudels Kern in der Frage, wie totalitäre Bewegungen entstehen können.

Snow appelliert an das »Wir«-Gefühl. Er bedient sich tief verwurzelten Ängsten, um ein Feindbild aufrechtzuerhalten. Er spielt das Spiel weiter, obschon es aussichtslos geworden ist, in dem er *systematische Lügen* betreibt. Das macht den Reiz dieser Szene und des Wortes »begraben« aus. Es steht im scharfen Kontrast zum öffentlichen Aufhängen von Leichen, wie es im Kapitol neuerdings praktiziert wird. Nicht das Tote offen schmuckvoll aufknüpfen, sondern das Leben tief unter der Erde *begraben*. Beidem gemein ist nur der Schlamm, der Dreck, das Vermoderte, das Tote. Wenn es nicht den physischen Tod bedeutet, so dann doch zumindest den psychischen Tod.

Snows Ziel ist es, seine Truppen zur letzten Schlacht anzufeuern. Diese Propagandastrategie ist von Snow wie aus dem Lehrbuch auf die bedrängende und ausfluchtlose Lage des Kapitols zugeschnitten. So schreibt Erich Fromm:

»... der mit der Fähigkeit der Voraussicht und Phantasie begabte Mensch reagiert nicht nur auf gegenwärtige Gefahren und Bedrohungen, sondern auch auf Gefahren und Bedrohungen, von denen er sich vorstellen kann, dass sie in Zukunft auf ihn zukommen können. Er kann zum Beispiel zu dem Schluss kommen, dass ein benachbarter, in der Kriegführung wohl bewanderter Stamm seinen eigenen Stamm irgendwann angreifen wird (.) Daher reagiert der Mensch häufiger aggressiv, weil er die Fähigkeit besitzt, zukünftige Bedrohungen vorauszusehen.

Der Mensch besitzt nicht nur die Fähigkeit, wirkliche Gefahren in der Zukunft vorauszusehen, er ist auch imstande, sich von seinen Führern dazu überreden und manipulieren zu lassen, Gefahren zu sehen, die in Wirklichkeit nicht vorhanden sind. So sind die meisten modernen Kriege durch eine systematische Propaganda dieser Art vorbereitet worden. Die Bevölkerung wurde von ihren Führern davon überzeugt, dass sie in Gefahr war, angegriffen und vernichtet zu werden, und so wurden Hassreaktionen gegen die Nationen erzeugt, von denen diese Bedrohung angeblich ausging. Oft existierte eine Bedrohung in Wirklichkeit gar nicht. (.) Die Erregung einer defensiven Aggression durch »Gehirnwäsche« ist nur beim Menschen möglich. Um die Menschen dazu zu überreden, dass ihnen eine Gefahr droht, braucht man vor allem das Medium der Sprache; ohne sie wäre eine solche Suggestion meist unmöglich. Außerdem braucht man dazu eine Gesellschaftsstruktur, die eine ausreichende Basis für die Gehirnwäsche bietet. (.) Der Mensch verteidigt sich genau wie das Tier gegen eine Bedrohung seiner vitalen Interessen. Aber der Bereich der vitalen Interessen des Menschen ist weit größer als der des Tieres. Der Mensch muss nicht nur physisch, sondern auch psychisch überleben. Er muss ein gewisses psychisches Gleichgewicht aufrechterhalten, wenn er sich seine Funktionsfähigkeit erhalten will. Für den Menschen ist alles, was zur Aufrechterhaltung seines psychischen Gleichgewichtes unerlässlich ist, von gleichem vitalem Interesse wie das, was seinem körperlichen Gleichgewicht dient. Vor allem hat der Mensch ein vitales Interesse daran, sich Orientierungsrahmen zu erhalten. Hiervon hängt seine Handlungsfähigkeit und letzten Endes sein Identitätserleben ab. Wenn andere ihn mit Ideen bedrohen, die seinen Orientierungsrahmen in Frage stellen, so wird er auf diese Ideen wie auf eine lebensbedrohende Gefahr reagieren. Er kann diese Reaktion auf mancherlei Weise rationalisieren. Er wird vielleicht sagen, dass die neuen Ideen ihrem Wesen nach ‹unmoralisch›, ‹unkultiviert›, ‹verrückt› seien, oder was er sich sonst ausdenken mag, um sein Widerstreben dagegen zum Ausdruck zu bringen; tatsächlich jedoch wird sein Antagonismus dadurch erregt, dass ‹er› sich bedroht fühlt.

Der Mensch braucht nicht nur einen Orientierungsrahmen, er braucht auch Objekte, denen seine Hingabe gilt und die für sein emotionales Gleichgewicht von vitaler Bedeutung sind. Worum es sich auch immer handelt – um Werte, Ideale, Ahnen, Vater, Mutter, den Boden, das Vaterland, die Klasse, die Religion und Hunderte von anderen Phänomenen – sie werden als ‹heilig› empfunden. Selbst Gewohnheiten können heilig werden, weil sie die bestehenden Werte symbolisieren. Das Individuum – oder die Gruppe – reagiert auf einen Angriff auf das, was ‹heilig› ist, mit der gleichen Wut und Aggressivität, als wenn es sich um einen Angriff auf das Leben handelte. (.) Eine der wirksamsten Möglichkeiten, sich von seiner Angst zu befreien, ist, aggressiv zu werden. Wenn jemand aus dem passiven Zustand der Angst herausfinden und zu einem Angriff übergehen kann, verschwindet das quälende Gefühl, das in der Angst liegt.«[154]

6.4.2 Die große Hexenküche

Katniss will sich unter die Flüchtigen mischen und so zu Snows Palast gelangen. Sie wird von Gale begleitet; Peeta jedoch lässt sie bewusst zurück, weil sie ihn nicht noch mal verlieren will. Sollten die Friedenswächter jedoch die Häuser durchsuchen, will Peeta eine Nachtriegelpille haben, denn er will nicht noch mal gefangen und gefoltert werden. Gale gibt ihm deshalb seine Pille. Katniss verabschiedet Peeta mit den Worten: »Bleib am leben«, und Peeta: »Wenn ich dich wiedersehe, dann in einer anderen Welt.«

Canetti: *Die Fluchtmasse*

»Die *Fluchtmasse* wird durch *Drohung* hergestellt. Es gehört zu ihr, daß alles flieht; alles wird mitgezogen. Die Gefahr, von der man bedroht wird, ist für alle dieselbe. Sie konzentriert sich auf einen bestimmten Ort. Sie macht keinen Unterschied. Sie kann die Bewohner einer Stadt bedrohen (.) die Menschen stoßen einander in dieselbe Richtung fort. Solange man beisammen ist, empfindet man die Gefahr als *verteilt*. (.) Unter so vielen nimmt keiner an, daß *er* das Opfer ist. (.) Die Masse ist sozusagen ganz Richtung geworden, weg von der Gefahr. Da es nur auf das Ziel ankommt, an das man sich rettet, auf die eine Strecke dorthin und sonst nichts, sind die Distanzen, die früher zwischen den Menschen bestanden, irrelevant. (.) Das ungleichartige Bild, das sie bietet, wird aber nicht nur durch die Teilnahme absolut aller bewirkt, es wird noch verwirrt durch die sehr verschiedenen Geschwindigkeiten, deren diese Menschen in ihrer Flucht fähig sind. Es gibt unter ihnen Junge, Alte, Starke, Schwache, mehr oder weniger Beladene. (.) Im Augenblick aber, da er nur noch auf sich selbst bedacht ist und die Umstehenden bloß als Hindernis empfindet, ändert sich der Charakter der Massenflucht vollkommen und schlägt in ihr Gegenteil um: es wird eine Panik daraus, ein Kampf jedes einzelnen gegen alle anderen, die ihm im Wege sind. (.) Die Massenflucht aber, im Gegensatz zur Panik, bezieht ihre Energie aus ihrem Zusammenhalt. Solange sie sich durch nichts zerstreuen läßt, solange sie in ihrer Unabreißbarkeit verharrt, ein mächtiger Strom, der sich nicht zerteilt, solange bleibt auch die Angst, von der sie getrieben wird, eine erträgliche. Eine Art von Hochgefühl zeichnet die Massenflucht aus, sobald sie einmal in Gang gekommen ist: das Hochgefühl der gemeinsamen Bewegung. (.) Das natürliche Ende der Flucht ist die Erlangung ihres Zieles. In der Sicherheit löst sich diese Masse wieder auf. Die Gefahr kann aber auch an ihrer Quelle aufgehoben werden. Ein Waffenstillstand wird erklärt, und die Stadt, aus der man floh, ist nicht mehr bedroht. (.) Es gibt aber noch eine dritte Möglichkeit; man kann sie als das Versickern der Flucht im Sande bezeichnen. Das Ziel ist zu weit, die Umgebung feindlich, die Menschen hungern, sie werden schwach und matt. Statt einiger bleiben Hunderte und Tausende liegen. Dieser physische Zerfall setzt allmählich ein (.) Die Menschen kriechen noch vorwärts, wenn jede Aussicht auf Rettung geschwunden ist. Von allen Formen der Masse die zäheste ist die der Flucht, bis zum allerletzten Augenblick bleiben die letzten von ihnen beisammen.«[155]

Die Lautsprecherdurchsagen sollen die Menschen beruhigen. Sie sollen ruhig und ohne Panik sich geordnet zum Palast begeben, um dort versorgt zu werden. Es ist überraschend, wie gut gekleidet und genährt die Menschen im vom Krieg gezeichneten Kapitol sind. Ähnlich fanden auch die Alliierten nach dem Zweiten Weltkrieg die deutsche Zivilbevölkerung vor. Die Drehbuchautoren haben sich dabei von einem Buch über den *Fall von Berlin* inspirieren lassen. Darin beschrieben wird das Vorrücken der Roten Armee und den ungebändigten Hass der Sowjets gegen die Deutschen, die zuvor Osteuropa in besonders grausamer Weise überfallen und ausgebeutet hatten. Es kam zu Misshandlungen, Vergewaltigungen, Brandstiftungen. Viele Deutsche begingen aus Angst vor der Rache des Feindes oder in Folge von Misshandlungen Selbstmord. Auch die zerstörten und geplünderten Randbezirke des Kapitols lassen den Zorn, die Wut und den Hass der Rebellen auf die Kapitolisten erahnen.

Die Menschen sind verängstigt und beunruhigt, Friedenswächter bewachen die Menge und halten Ausschau nach Verrätern. Eine Mutter trägt ihr Kind auf dem Arm. Dieses erblickt Katniss und offenbar erkennt es sie sogar, jedoch hält es still und verrät sie nicht.

Katniss und Gale marschieren mit der Menge in Richtung Präsidentenpalast. Am Toreingang müssen die Menschen ihre Kapuzen abnehmen und die Friedenswächter kontrollieren die eingelassenen Person streng. Gale und Katniss versuchen umzukehren, jedoch wird die Menge auch von hinten her von Friedenswächtern durchkämmt. Dazwischen sind sie eingekesselt. Als ein Friedenswächter Katniss gerade an die Schulter fasst, ertönen Schüsse. Die Rebellen rücken bis zur großen Hauptstraße vor. Die Menge bricht in Panik aus, die Tore zum Palast werden verschlossen. Das Kind schreit nach seiner toten Mutter, Gale und Katniss werden getrennt. Als er von Friedenswächtern in einen Lastwagen verschleppt wird, will er von Katniss getötet werden. Katniss kann sich aber dazu nicht durchringen. Sie versucht, im Trubel der Menge doch noch zum Präsidentenpalast durchzukommen. Als etwas Ruhe eingekehrt ist, nachdem sich die Rebellen wieder zurückgezogen haben, ertönt eine Lautsprecherdurchsage. Die Menschen sollen Ruhe bewahren und die Kinder zu den Toren nach vorne durchlassen.

Ein Hovercraft mit den Siegeln des Kapitols überfliegt die Menge und den Präsidentenpalast. Es wirft Fallschirme ab, die Menschen strecken ihre Arme in hoffnungsvoller Erwartung danach aus. Doch an die Fallschirme sind Sprengkörper gebunden, die über den Köpfen der Menge explodieren. Katniss ist benommen von der Detonation und kommt nur langsam wieder zu sich.

Alle Menschen, auch Wächter ohne Visier und auch medizinische Helfer der Rebellen eilen herbei, um den Verwundeten zu helfen. In dem Chaos erblickt Katniss ihre Schwester Prim. Sie ruft nach ihr, doch die zweite Detonation tötet auch alle herbeieilenden Helfer. Katniss liegt regungslos am Boden. Ihr Kleid, welches Feuer gefangen hat, glüht nur noch sanft vor sich hin. Das Feuer selbst ist erloschen. »Das Mädchen, das in Flammen stand, ist erloschen.«[156]

»Das Feuer gehört zu den elementarsten und stärksten Bildern überhaupt. Feuer steht für Leidenschaft, aber auch für Gefahr. Gebändigt ist es dem Menschen nützlich, unkontrolliert Inbegriff einer Zerstörung. Ein Feuer gibt mehr Wärme ab, als nötig ist, um es zu entzünden. (.) Das ausgebrannte Feuer trägt noch die Spuren der Glut, doch wo einmal Flammen loderten, ist jetzt nur noch Asche.«[157]

6.4.3 Die Deutung

Collins&Co. laufen in dieser Szene, so kurz und unbedeutend im Gesamtkontext des Werkes diese auch erscheinen mag, zu finaler Hochform auf. Diese lässt sich nämlich mindestens in sieben verschiedenen Dimensionen dechiffrieren.

Erstens.
Der König lässt die Untertanen in seine Burg, um ihnen Schutz vor Feinden zu bieten. Dies ist in der europäischen Tradition tief

verwurzelt. Ganz anders etwa ist die chinesische Kultur geprägt. Starke Kaiser konnten frei über den Tod ihrer Untertanen verfügen. Für Kriege wurden sie eingezogen. Sterben wurde gemacht, Leben wurde gelassen. Bei Angriffen gab es für sie keine Zuflucht hinter sicheren Mauern, die Stadt des Kaisers war eine *Verbotene Stadt*.

Zweitens.

Das Drängen ins Zentrum des Kapitols ist Ausdruck der vollständigen Implosion der Macht. Das Bild, welches Sutherland in seinem Brief an Ross zeichnete, findet hier seinen Ausdruck. Alles stürzt in sich zusammen und versinkt in den Seiten der Geschichte. *Macht führt zu Krieg und Gewalt, um sich selbst zu erhalten, ehe sie unter ihrem eigenen bürokratischen Gewicht zusammenfällt und in den Seiten der Geschichte untergeht und Lehren, die gelernt werden müssen, ungelernt bleiben.*

Drittens.

Das schweigende Kind ist Ausdruck des höchstmöglichen Infantilisierungsprozesses. Je weiter die Menschen zum Palast vorgehen, desto mehr begeben sie sich in die Hände ihres Präsidenten. Sie geben ihre Eigenverantwortung auf und suchen Schutz bei einer höheren Macht. Sie fühlen sich hilflos und erkennen die Chance zur Selbstrettung nicht. Sie schreien nur nach ihrem Erlöser, ihrer Mutter oder Vater. Je näher sie dem Palast kommen, desto jünger werden sie. Sie werden wieder Kind. Dies kann auch ein Hinweis darauf sein, dass in langen Kriegen die Soldaten nicht älter, sondern jünger werden. Am Ende sind es Kinder, die bewaffneten Widerstand noch gegen die Besatzungsmächte leisten, nachdem sie ideologisch darauf konditioniert wurden. Auch Prim ist an sich noch ein Kind auf dem Schlachtfeld.

Dass Snow Kinder zuerst schützen möchte, kann neben der Platzierung als menschliches Schutzschild für sich selbst auch auf eine biopolitische Überlegung zur Sicherung des Fortbestandes der Zivilisation in Panem sein. Aber es kann auch als Metapher verstanden werden in dem Sinne, als dass eben alle Menschen Kind werden. Auch in Goethes Faust ist eine »Verjüngung« beschrieben:

»… die Verjüngungsidee [hat] eine bedeutsame allgemein-historische Dimension. (.) Über alles Individuelle hinaus entlädt sich in ihr die Sehnsucht einer alt gewordenen Kultur nach verjüngenden Energien. Daher verbindet sich das Verjüngungsgeschehen in der Hexenküche gerade mit der Reflexion auf das revolutionäre Zeitgeschehen. Goethe konnte die Idee der Verjüngung nicht einführen, ohne sich zu erinnern, daß Herder und viele andere sie als eines der großen Anliegen der Zeit verstanden und daß zahlreiche Schriften die Möglichkeit der Verjüngung und Erneuerung erörterten – nicht zuletzt das Problem, ob sie evolutionär oder revolutionär zu sein habe. Das Thema der Verjüngung und Erneuerung gehört zur aktuellen Zeitsituation, insbesondere zum Ausbruch der Französischen Revolution. Wahrscheinlich wurde die Hexenküche im Jahre 1788 in Rom begonnen und dann während der ersten Revolutionszeit zu Ende geführt. Herder (.) vertrat (.) die Meinung, es müsse möglich sein, sich zu verjüngen, und dies nicht auf revolutionäre, sondern auf evolutionäre Weise. Sein Wort für Verjüngung lautet: ‹Palingenesie›. ‹Palingenesie› fordert er, ‹nicht Revolution, aber eine glückliche Evolution der in uns schlummernden, uns neu-verjüngenden Kräfte›. (.) Hölderlin läßt den im Jahre 1797 erschienenen ersten Band seines Hyperion in der abschließenden Vision einer naturhaft erneuerten Menschheit gipfeln: ‹Sie werden kommen, deine Menschen, Natur! Ein verjüngtes Volk wird dich auch wieder verjüngen [...]›. All dies hat seine religiöse Vorform im pietistischen Zentralbegriff der ‹Wiedergeburt›, der die seelische Wiedergeburt meint.«[158]

Und Fromm erklärt:

»Die eindrucksvollsten Beispiele sind der Säugling, besonders das Neugeborene, und ein psychotischer Mensch. Für den Säugling gibt es abgesehen von der inneren Realität seiner Bedürfnisse noch keine Realität. Bis zu einem gewissen Grad gibt es hinsichtlich der Wahrnehmung die Außenwelt für ihn noch gar nicht. Gleiches läßt sich vom Psychotiker sagen. Die Psychose ist, um eine allgemeine Definition zu geben, eben dieser vollständige Narzißmus, bei dem es so gut wie keine Bezogenheit zur objektiven Welt, so wie sie ist, gibt. (.) Der narzißtische Mensch ist einfach nicht fähig, die Welt außerhalb von sich gefühlsmäßig als eigenständige Realität wahrzunehmen. Würde er sie überhaupt nicht wahrnehmen, dann wäre er psychotisch. Der Narzißt kann die Welt außerhalb zwar intellektuell, aber nicht emotional als eigenständige Welt wahrnehmen.«[159]

Das hilflose Kind verkörpert diese Verjüngung und die emotionale Abgetrenntheit von der Welt. Diese Loslösung von dem Bestehenden, dem Alten, macht es möglich, sich auf etwas Neues einzulassen und Neues zu gestalten. Der Infantilismus, sagt Freud, »ist dazu bestimmt, überwunden zu werden. Der Mensch kann nicht ewig Kind blieben.«[160]

Viertens.

Der Historiker wird gefordert zu erforschen, was Wahrheit und was Geschichte ist. Wie kam es zu dem Abwurf der Fallschirme?

Wer gab die Order dazu? Warum wurden die Fallschirme abgeworfen? Snow wird später – als Verwalter von Biomasse – sagen, dass er kein Verschwender sei. Kam die Order von Coin? War das Ziel, die Zahl an Bürgern im Kapitol auf viele Jahre zu reduzieren, sodass die demokratischen Machtverhältnisse nach dem Sieg der Rebellen günstiger für die Distrikte stehen? Welche Bedeutung hat es, Snow für dieses Verbrechen als Verantwortlichen zu markieren? Goethe verstand

»Geschichte als [geballten] Unsinn, in dem sich irrationale Energie zusammenbraut. (.) Das entspricht ganz seiner Geschichtsauffassung, wie er sie immer wieder zum Ausdruck gebracht hat, seit ihm die Französische Revolution Geschichte als Chaos erscheinen ließ. Und je älter er wurde, desto entschiedener vertrat er sie: ‹[Die Weltgeschichte] ist eigentlich nur ein Gewebe von Unsinn für den höheren Denker, wenig aus ihr zu lernen›. (.) ‹[...] denn [die Geschichte] enthält ja nur eine Masse von Torheiten und Schlechtigkeiten›, (.) ‹Ich bin nicht so alt geworden, um mich um die Weltgeschichte zu kümmern, die das Absurdeste ist, was es gibt›. Geschichte ist für Goethe der Inbegriff des Zufälligen, Chaotischen und daher Irrational-Absurden – insofern sieht er sie als Gegensphäre zur gesetzmäßig strukturierten Natur. Die Geschichte im allgemeinen und die Revolution im besonderen komplettieren als Manifestationen des Unsinns die große Nonsens-Revue der Hexenküche.«[161]

Fünftens.

Die Friedenswächter demaskieren sich und werden wieder Mensch. Sie legen ihre Maske ab. Sie sind nicht mehr deindividualisierte Kampfmaschinen, sondern Menschen, die einander helfen und brauchen, die Mitgefühl und Empathie empfinden. Die Mauern sind gefallen. Es ist gleich, ob man ein Rebell, Zivilist oder Kapitolist ist – alle sind Menschen, die unter ihrer äußeren Hülle alle gleich sind, alle wertvoll sind und alle aufeinander angewiesen sind.

Sechstens.

Das ohnmächtige Verbrennen von Katniss symbolisiert Bereinigung. Das Feuer ist erloschen. Das Alte ist zerstört. Das Leben ist immer ein Zusammenspiel von Wiedergeburt und Tod. Etwas Neues kann entstehen. Auch das findet sich bei Goethes Faust:

»In einer umfassenden Harmonie kommt wie allem Tragischen und Zerstörerischen so auch allem Bösen nur untergeordnete Bedeutung zu. Goethe kennt nur ein sogenanntes ‹Böses›, es besitzt für ihn keine eigene moralische

Qualität, vielmehr sieht er darin eine spezielle Form des Negativen und Zerstörerischen. In der allumfassenden Harmonie kann das Teufelswerk keine prinzipielle Eigenwertigkeit behaupten. Das ‹Böse› sinkt geradezu zu einer Unterfunktion des ‹Guten› herab. Mephisto wirkt denn auch nicht frei aus eigener Machtvollkommenheit – er agiert nur mit der Lizenz des ‹Herrn›, den Goethe nicht zufällig so nennt. Wider Willen ist Mephisto dem höheren Prinzip sogar zu Diensten. (.) das ‹Böse› [ist] kein Prinzip an sich.

Das versteht sich nicht von selbst, denn das Christentum ist entschieden dualistisch geprägt, die Orthodoxie hat immer auf dem Teufel und dem Bösen als einem eigenwertigen negativen Prinzip beharrt. Der Dualismus der christlichen Orthodoxie und der noch radikaler dualistische Manichäismus ergeben die Kontrastfolie zu Goethes Anschauung. Allerdings stand er mit seiner Anschauung auch in einer Kontinuität. In platonischer Tradition billigen eine Reihe von Kirchenvätern und christlichen Philosophen dem Bösen ebenfalls keine Eigenexistenz zu. Für Origenes, für Gregor von Nyssa und vor allem für Augustinus ist das sogenannte Böse nur ein Mangel des Guten (.) und insofern nicht fundamental bedrohlich. Auch dem Begründer der abendländischen Mystik, Pseudo-Dionysius Areopagita, und Thomas von Aquin gilt das Böse lediglich als ein Defizit und nicht als ein An-sich-Seiendes. Diese zur Theodizee gehörende Anschauung (.) führt schließlich zu der noch weiter gehenden These, das Böse sei geradezu die Bedingung des Guten. Aus einem statischen Verhältnis wird prozessuale Dynamik. (.)[162]

Das ‹Böse›, von dem das ‹Rätselwort› sagt, daß die Kraft, die es stets will, doch ‹stets das Gute schafft›, ist demnach das Negieren und Zerstören. Daraus folgt, daß das ‹Gute› ebenfalls nicht im engeren Sinn moralisch, vielmehr als das Gegenteil des Zerstörens und Verneinens zu verstehen ist: als Werdeprozeß und existentielles Bejahen. Die Kraft, ‹die stets das Böse will und stets das Gute schafft›, ist also die Kraft, die als zerstörerische neues Werden und Entstehen bewirkt, weil das Werden das Vergehen, das ‹Entstehen› das ‹Zugrundegehen› voraussetzt. Ganz dem entsprechend sagt schon der ‹Herr› im Prolog im Himmel [von Goethes Faust I], daß Mephisto, ‹als Teufel›, als Zerstörer, ‹schaffen› muß.«[163]

Man kann sich also überlegen, dass es ein synthetisches Zusammenspiel von Kreativität und Destruktivität gibt. Das kreative Destruktive etwa zerstört, um etwas anschließend neu aufzubauen, was dem Leben dient; etwa bei der Ernte oder bei der Vorbereitung eines Feldes für die nächste Saison. Das destruktive Kreative hingegen erschafft so viel, dass die Dinge unter ihrem eigenen Gewicht zusammenfallen; das zeigt sich zum Beispiel beim künstlerischen Schaffensdrang bis zur Erschöpfung und darüber hinaus.

Dieser Zusammenhang wird auch beim *Wissen* deutlich, wie Fromm erarbeitet hat: »Wissen beginnt (.) mit der Erkenntnis der Täuschungen der Wahrnehmungen unseres sogenannten gesunden

Menschenverstandes (.) Wissen beginnt demnach mit dem Zerstören von Täuschungen, mit der ‹Ent-täuschung›.«[164]

Auch Hannah Arendt glaubte fest daran, dass es Menschen möglich ist, als Gemeinwesen Neues zu beginnen. Der Akt des »Verzeihens« gehörte für sie zum *Handeln*. *Jemandem zu verzeihen* hat einen doppelten Charakter. Arendt, deren politische Theorie durch die Historizität des Nationalsozialismus und der faschistischen Diktatur in einem drei Jahrzehnte langen Auseinandersetzungsprozess geprägt war, erklärte, dass durch das Verzeihen der Täter nicht von seiner Schuld freigesprochen werde, aber dass es ihm dennoch möglich ist, einen Neubeginn gestalten zu können. Dabei ist das »Versprechen« von besonderer Bedeutung, da es die Grundlage für die Sicherheit in der Zukunft darstellt.

Das Verzeihen entlastet – anders als den Täter – so denn das Opfer, welches den Täter nicht von seiner Schuld *entlastet* oder *freispricht*, aber ihm *verzeiht*, sodass es dem Betroffenen seinerseits möglich ist, einen Neubeginn gestalten zu können, ohne verbittert an seinem Hass festzuhalten und sich so selbst blockiert; oder wie James Baldwin einmal trefflich erklärte:

»Dass sich Menschen so verbissen an ihren Hass klammern, ist nicht zuletzt darauf zurückzuführen, dass sie spüren, dass wenn der Hass vergangen ist, sie sich mit dem Schmerz auseinandersetzen müssen.«

Siebtens.
Die Überlegungen eins bis sechs sind innerer Natur. Sie befassen sich mit den thematischen Gegenständen dieser Szene. Es gibt jedoch auch eine äußere Form, nämlich die Art und Weise, wie Themen zum Gegenstand gemacht werden, um einer Szene Ausdruck zu verleihen. Offenbar haben Collins&Co. es sich zum Ziel gesetzt, den kritischen und denkenden Leser/Zuschauer vollständig zu irritieren, ja ihn sogar zur Aufgabe zu zwingen, sich dem Werk denkend gegenüberzustellen. Sie wollen ihn zur Resignation zwingen. Dies ist in gewisser Weise eine äußere Metapher für die Implosion der Macht selbst. Alles und jeder steht still, weil alles und jeder quer durcheinander läuft. In diesem absoluten, unendlich schnellen Chaos herrscht absolute, unendlich lähmende Bewegungslosigkeit. Was zum Ende des zweiten Films an Irritationen ausgetestet wurde, wird nun in die Tat umgesetzt. Es ist *Goethes große Hexenküche*. Über diese schreibt Schmidt:

»Die Hexenküche gehört zu den vertracktesten Szenen des ganzen Dramas, und dies schon in der Form der Darstellung. Sie ist ganz auf Diskontinuität, auf ein betäubendes Durcheinander hin konzipiert. (.) Im genaueren Sinn hat Goethe seine Unternehmung an einer satirischen Spezies orientiert, die in der Frühmoderne beliebt und weitverbreitet war, an der sogenannten ‹Narrenliteratur›. (.) Das Grundschema dieser satirischen Narrenliteratur ist eine alle Bereiche erfassende Moral- und Zeitkritik durch die karikierende Darstellung des Widersinnigen als des herrschenden Normalzustands. Alles, was Faust in der Hexenküche erlebt, ist widersinnig, ist Narrenwesen. (.) Das alles versetzt den Leser wie Faust selbst in ein Gefühl der Hilflosigkeit und Desorientierung. (.)

Nachdrücklich und leitmotivisch also hat Goethe den Unsinn des Geschehens hervorgehoben. Der programmatische Nonsens erhält eine präzise Doppelfunktion. Einerseits gehört die Zerstörung der Vernunft als psychologisches Korrelativ zur Entfesselung der Sinnlichkeit (.) Andererseits diagnostiziert Goethe ein ganzes Spektrum von irrationalen Möglichkeiten des Menschengeistes. Er entwirft ein Panorama von Figurationen der Vernunftabdankung. (.)[165] Mit den Figurationen der Vernunftabdankung in der Hexenküche leistet Goethe eine kritische Aufarbeitung des Irrationalismus, die ihn nun als Erben der Aufklärung zeigt. (.) Ein erster Bereich, in dem die Vernunft zur Abdankung gelangt, ist die Sphäre des Aberglaubens. (.) Dem Aberglauben eng benachbart ist, zweitens, der Glücksglaube. Auch er zeigt die Zerstörung der Vernunft an. Denn der Glaube an Fortuna bedeutet Verzicht auf Eigenverantwortung und rationale Lebensbewältigung. (.)[166] Aberglaube, Glücksglaube, eine dubiose Politik und eine alberne Poesie – all das ist Narrenwesen.«[167]

Das Irrationale triumphiert über alles und jeden. Alle sind Kind: Die Menschen im Kapitol, die Rebellen, die Anführer, die Leser und Zuschauer. Von diesem Stadium aus kann es gelingen, Neues zu gestalten: *Es lebe die Revolution!*

6.5 Es lebe die Revolution!

6.5.1 Das Nachspiel

Canetti: *Die Umkehrmasse*

»Die Umkehrung setzt eine geschichtete Gesellschaft voraus. Die Abgren-
zung bestimmter Klassen gegeneinander, von denen eine mehr Rechte als
die andere hat, muß eine Weile bestanden, sie muß sich im täglichen Leben
der Menschen lange fühlbar gemacht haben, bevor ein Bedürfnis nach einer
Umkehrung entstehen kann. Die höhere Gruppe hatte das Recht, der tiefe-
ren Befehle zu erteilen, sei es, daß sie durch Eroberung ins Land kam und
sich über die Einwohner setzte, sei es, daß die Schichtung durch Vorgänge
im Inneren zustande kam. Jeder Befehl hinterläßt in dem, der gezwungen
ist, ihn auszuführen, einen peinlichen Stachel zurück. (.) Menschen, denen
viel befohlen wird und die von solchen Stacheln ganz erfüllt sind, verspüren
einen starken Drang, sich ihrer zu entledigen. Auf zweierlei Weise läßt sich
eine Befreiung von ihnen erlangen.

Sie können Befehle, die sie von oben empfangen haben, nach unten wei-
tergeben; dazu müssen Tieferstehende da sein, die bereit sind, Befehle von
ihnen entgegenzunehmen. Sie können aber auch, was sie lange von ihren
Oberen erlitten und gespeichert haben, diesen selber heimzahlen. Ein einzelner, schwach und hilflos wie er ist, wird nur selten das Glück dieser Gelegenheit haben. Wenn aber viele sich in einer Masse zusammenfinden, mag
ihnen gelingen, was ihnen einzeln versagt war. Zusammen können sie sich
gegen die wenden, die ihnen bisher befohlen haben. Die revolutionäre Situation läßt sich als der Zustand einer solchen Umkehrung ansehen. Die
Masse aber, deren Entladung hauptsächlich aus einer gemeinsamen Befreiung von Befehlsstacheln besteht, ist als Umkehrungsmasse zu bezeichnen.
(.)

Viel von dem, was man an der Oberfläche von Revolutionen gewahrt,
spielt sich allerdings in Hetzmassen ab. Es wird Jagd auf einzelne Menschen
gemacht, wenn man sie fängt, werden sie von allen zusammen getötet, in
Form eines Gerichts oder auch ohne Urteil. Aber es ist keineswegs so, daß
die Revolution daraus besteht. (.) Die Umkehrung, die einmal begonnen hat,
geht immer weiter. Jeder sucht in eine Lage zu kommen, wo er sich seiner
Stacheln entledigen kann, und jeder hat viele von ihnen. Die Umkehrungsmasse ist ein Prozeß, der eine ganze Gesellschaft erfaßt, und hat er vielleicht
auch gleich zu Anfang Erfolg, so geht er doch nur langsam und schwer zu
Ende. So rasch die Hetzmasse abläuft, die an der Oberfläche liegt, so langsam, in vielen aufeinanderfolgenden Rucken, ereignet sich die Umkehrung
aus der Tiefe.«[168]

Als Katniss wieder zu sich kommt, ist ihre Mutter und Haymitch
bei ihr auf einer Versorgungsstation. Haymitch erklärt ihr, dass der
Kampf bereits vorbei war, als das Kapitol die Bomben abgeworfen
habe, um den Palast zu verteidigen. Die Rebellen sind einfach rein-

marschiert. Jeder habe es gespürt, Friedenswächter und Palastwachen hatten ihre Kinder vor dem Tor. »Danach war es vorbei.« Katniss realisiert, dass ihre Schwester tatsächlich tot ist.

Der Einmarsch in den Präsidentenpalast erinnert an die Erstürmung der Bastille 1789. Als in einem ersten Anlauf Tollkühne versuchten, die Mauern hochzuklettern, schoss die Wachmannschaft auf diese und 90 Menschen fanden den Tod. Schließlich gelang es einigen, sich mit Munition zu bewaffnen und die Zugbrücke herunterzulassen. Daraufhin ergaben sich die Wächter und die Bastille konnte widerstandslos eingenommen werden. Die Erzählung von einem Sturm auf die Bastille, der gewaltsam und brutal, wurde als Mythos erhoben und versorgte die Revolution mit weitreichendem Selbstbewusstsein. Tatsächlich aber kam die Kapitulation der Einnahme zuvor.[169]

Nachdem Katniss sich auf der Station erholt hat, bringt Effie sie zum Palast. Sie erinnert sich noch genau, wie sie Katniss das erste Mal dorthin begleitet hat. Im Palast kann Katniss sich frei bewegen. Menschenleer erscheint alles fast gespenstig, die Kulisse ist dunkel geworden. Durch die Fenster erblickt sie Snows Wintergarten. Commander Paylor gewährt ihr Zutritt.

Katniss pflückt eine weiße Rose, als sich Snow zu ihr gesellt. Nach der Entmachtung durch die Rebellen ist er in seinem Rosengarten isoliert worden. Dort hat er ein angenehmes Verlies. Coin will möglicherweise dadurch einen Präzedenzfall schaffen, für den Fall, dass auch sie eines Tages entmachtet und festgenommen wird.

Snow: »Die ist wirklich hübsch. Die Farbigen sind natürlich wunderschön, aber nichts drückt solche Perfektion aus wie weiß. (»nothing says perfection like white«) Ich hatte gehofft, dass du den Weg hierher findest. Es gibt so vieles, worüber wir reden sollten. *(Beide blicken zu den Wachen, die sie argwöhnisch beobachten.)*
Aber ich habe das Gefühl, dass dies bloß ein kurzer Besuch wird, daher das Wichtigste zuerst: Ich wollte dir sagen, wie fürchterlich leid mir das mit deiner Schwester tut. So eine Verschwendung, so ein unnötiger Verlust. Jeder konnte sehen, dass das Spiel doch schon vorbei war. Als die die Fallschirme abgeworfen haben, war ich im Begriff offiziell unsere Kapitulation zu verkünden.«

Katniss: »Sie haben die Fallschirm abgeworfen.«

Snow: »Glaubst du tatsächlich, ich hätte das befohlen? Wie du weißt, ist es mir nicht fremd, Kinder zu töten. Aber ich bin kein Verschwender. (»I am not wastefull«) Wenn ich töte (»take life«), dann bloß aus ganz bestimmten Gründen. Und es gab keinen Grund für mich, einen Haufen zusammengepferchter Kinder aus dem Kapitol umzubringen. Überhaupt keinen. Ich gebe zu, dass es ein wahrlich meisterhafter Schachzug von Coin war. Die Vorstellung, dass ich unsere eigenen hilflosen Kinder bombardiere, um die Rebellen zurückzuhalten… Da hatte ich dann auch meine letzte Wache gegen mich. Es gab keinerlei Widerstand mehr, weder im Kapitol noch im Palast. Hast du gewusst, dass es live übertragen wurde? Also, was das angeht, hat sie wirklich ein Händchen, nicht?… Ich bin sicher, sie hat nicht vorsätzlich auf deine Schwester gezielt, aber sowas kann im Krieg schon vorkommen.
Mein Versagen bestand darin, dass ich Coins Plan solange nicht durchschaut habe. Sie hat das Kapitol und die Distrikte einander vernichten lassen, dann ist sie auf den Plan getreten, um mit den Waffen aus 13 an die Macht zu kommen. *Du darfst dich nicht blenden lassen.* (»I made no mistake.«) Ihr Ziel ist es, sich auf meinem Platz einzurichten. Tja, ich hatte bloß dich im Auge, genauso wie du mich. (»I have been watching you, and you watching me.«) Ich habe das Gefühl, wir wurden beide an der Nase herumgeführt.«

Katniss: »Ich glaube ihnen kein Wort.«

Snow: »Meine liebe Miss Everdeen, ich dachte, wir hätten uns darauf geeinigt, dass wir einander niemals anlügen.«

Folgt man Collins Büchern, so betont Snow noch deutlicher, dass er nicht *tötet*, sondern *Leben nimmt*, und das aus bestimmten Gründen.[*] Auch äußert er gegenüber Katniss die Vermutung, dass sich in den Fallschirmen und der *live* geschalteten Übertragung »Plutarchs Handschrift« zeige. Auch spricht er davon, dass Plutarch sicher nicht absichtlich auf ihre Schwester gezielt habe.[170]

Es ist eine interessante Frage, woher die Rebellen ihre Waffen bezogen haben. Es ist anzunehmen, dass neben einer Ausrüstung durch Distrikt 13 vor allem Waffen- und Munitionslager des Kapitols in Besitz genommen wurden. Die eigenen Waffen wenden sich nun gegen jene, welche sie hergestellt haben – eine Mahnung an die westliche Welt, welche mit Waffenexporten in den Nahen Osten und andere Teile der Welt Milliarden verdient, deren Soldaten aber nicht lange danach dem Geschützfeuer eben derselben Waffen ausgesetzt sind, nachdem diese Terroristen und anderen militanten Gruppen in die Hände gefallen sind.

Snow lächelt leicht sardonisch, wirkt zugleich aber auch ernst und nachdenklich, einerseits bestimmt, andererseits völlig aufgelöst. Der Selbstmord scheidet für ihn aus, er weiß um seine bevorstehende Hinrichtung als Medienspektakel. Er lebte als Symbol und er stirbt als Symbol. Erwähnenswert ist auch, dass Snow in dieser Szene nicht nur unbelebten, toten Dingen, sondern sogar *No-things* menschliches Handlungsvermögen, nämlich das Sprechen zuspricht. In gewisser Weise ist er selbst bereits ein Toter und nach

---

[*] Relevant dürfte an dieser Stelle auch eine Betrachtung des englischen Originals sein, als Snow erklärt: »I made no mistake.« Einerseits lässt es sich so verstehen, dass er »keinen Fehler« im eigentlichen Sinne machte, sondern geblendet wurde und nun Katniss davor warnt, sich ebenfalls blenden zu lassen. Andererseits könnte man hier auch feststellen, dass Snow weder Reue noch Einsicht im Hinblick auf seine begangenen Verbrechen zeigt. Vielmehr sei er von Coin getäuscht worden. Auch Eichmann oder Frank, der »Schlächter von Polen«, zeigten keine Reue. Insbesondere Hitler glaubte fest daran, verraten worden zu sein, nicht nur von der jüdisch-bolschewistischen Weltverschwörung, sondern ganz besonders von eigenen Leuten, zu denen auch Göring und Himmler zählten, die er in den letzten Stunden noch aus ihren Ämtern entließ.

seinem Machtverfall ein *Niemand,* oder – da er sein ganzes Leben als Präsident als ein Symbol lebte – ein *No-thing.*

Trotz seiner Entmachtung strahlt er eine ungeheure Autorität aus: »Autorität, die im Sein gründet, basiert nicht nur auf der Fähigkeit, bestimmte gesellschaftliche Funktionen zu erfüllen, sondern gleichermaßen auf der Persönlichkeit eines Menschen, der ein hohes Maß an Selbstverwirklichung und Integration erreicht hat. Ein solcher Mensch strahlt Autorität aus, ohne drohen, bestechen oder Befehle erteilen zu müssen; es handelt sich einfach um ein hochentwickeltes Individuum, das durch das, was es ist – und nicht nur, was es tut oder sagt –, demonstriert, was der Mensch sein kann.«[171] Er ist furchtlos wie Johanna und Boggs, und doch auf seine ganz eigene Weise:

»Die dritte Art der Furchtlosigkeit findet man bei vollentwickelten Menschen, die in sich selber ruhen und das Leben lieben. Wer seine Gier überwunden hat, klammert sich weder an ein Idol noch an irgendeine Sache und hat deshalb nichts zu verlieren: Er ist reich, weil er leer ist; er ist stark, weil er nicht der Sklave seiner Begierden ist. Er kann Idole, irrationale Wünsche und Phantasien loslassen, weil er mit der Wirklichkeit in sich selbst und außerhalb seiner selbst in vollem Kontakt steht. Wenn ein solcher Mensch zur vollen ‹Erleuchtung› gelangt ist, ist er vollkommen furchtlos. Wenn er sich auf dieses Ziel erst zubewegt, ohne es noch erreicht zu haben, ist auch seine Furchtlosigkeit noch nicht vollkommen. Aber jeder, der versucht, sich dem Zustand, ganz er selbst zu sein, zu nähern, weiß, daß jeder neue Schritt auf die Furchtlosigkeit zu unverkennbar ein Gefühl der Stärke und Freude in ihm erweckt. Er hat dann das Gefühl. Ein neuer Lebensabschnitt habe für ihn begonnen.«[172]

Nach dem Gespräch mit Snow ist Katniss sehr nachdenklich. Als Gale sie besucht, will sie von ihm wissen, ob die verzögerte Bombe von ihnen war. Ob er es war? Gale meint, er wisse es nicht. Er wisse nur, dass er nicht auf ihre Familie aufpassen konnte. Auch wenn Gale nicht am Abwurf beteiligt war, so ist es anzunehmen, dass er von einem solchen Vorhaben Kenntnis hatte und offenkundig nicht einmal versucht hat, dagegen auch nur Einspruch einzulegen. Katniss verabschiedet ihn: »Man kann in der Arena nun mal niemanden beschützen... Leb wohl Gale.«

Katniss wird in den Konferenzraum gerufen, in dem Präsidentin Coin ein Meeting mit den überlebenden Siegern einberufen hat. Neben Katniss, Peeta, Haymitch und Johanna haben nur Annie, Beetee und Enobaria überlebt. Alle anderen Sieger wurden von den Rebellen oder dem Kapitol in vorauseilendem Gehorsam getötet, weil man sie für mögliche Verräter hielt, vergleichbar mit der Tötung von vermeintlichen Revolutionsfeinden nach der Französischen Revolution während der *Herrschaft des Terrors*.[173]

Coin verkündet, dass sie die Herausforderung und die Ehre annehmen werde und sich zu Übergangspräsidentin von Panem erklärt. Haymitch ist irritiert und will wissen, wie lange dieser Übergang andauern soll. Coin erklärt, dass die Menschen viel zu »emotional sind für eine rationale Entscheidung« und man dies unmöglich voraussagen könne. Man kann eigentlich nicht sagen, dass Coin das mächtige Präsidialamt usurpiert, da nichts »widerrechtlich« angestrebt werden kann, wenn gegenwärtig kein Konsens über die bestehende Rechtsordnung besteht.

Weiterhin gibt Coin bekannt, dass noch am gleichen Nachmittag Snow und hunderte seiner Regierungsmitarbeiter hingerichtet werden sollen, darunter Amtsträger des Kapitols, Friedenswächter, Folterer und Spielmacher. »Nur wenn wir einmal damit anfangen, besteht die Gefahr, dass die Rebellen immer weiter Vergeltung fordern. Der Durst nach Blut ist ein äußerst schwierig zu stillendes Verlangen.«

Coin, die sich selbst als »Anführerin der Rebellion« bezeichnete, zählt sich nun nicht mehr länger zu derselben und bietet eine Alternative zu diesen »barbarischen Hinrichtungen« an, nämlich »symbolische Hungerspiele« mit Kapitol-Kindern, um das Dürsten nach Rache mit dem »geringstmöglichen Verlust an Leben« zu befriedigen.

Peeta hält diesen Vorschlag für einen »Witz«, Johanna lacht teuflisch, Katniss Blick ist erstarrt und Haymitch will wissen, ob es Plutarchs Idee war. Coin erwidert, dass es allein ihre Idee gewesen sei. Beetee ist strikt dagegen, man müsste aufhören, einander als Feinde zu betrachten. Er denkt klar und rational. Als beim Dritten Jubel-Jubiläum seine Frau Wiress getötet wurde, nahm er dies fast unberührt hin. Wohlmöglich hat er sich in der Vorbereitung auf die Spiele auf eine solche Situation vorbereitet. Am Ende aber zu versuchen, den Pfeil in ein Kraftfeld zu rammen, könnte auch als Selbstmordversuch gedeutet werden.

Peeta spricht sich ebenso gegen Coins Vorschlag aus, den er für »Wahnsinn« hält. Johanna aber freut sich darauf, Snows Enkelin in den Spielen zu sehen. Enobaria stimmt ebenfalls dafür, um ihnen zu zeigen, »wie sich das anfühlt«. Beide sind durch die Spiele so zerstört, dass sie nun Gleiches mit Gleichem vergelten. Peeta erhebt vehement Einspruch: »Genau diesem Denken verdanken wir die Aufstände.« Annie stimmt als Dritte mit dagegen, denn Finnick würde das auch nicht wollen.

Die Entscheidung steht und fällt mit der Wahl von Katniss und Haymitch. Katniss besteht darauf, Snow töten zu dürfen. Sie projiziert alles Böse auf Snow. Sie *muss* ihn töten, um sich *lebendig* zu fühlen. Nicht weniger hat Coin von ihr erwartet. Für Prim stimmt sie dafür. Haymitch schließt sich »dem Spotttölpel« an, sodass eine Stimmenmehrheit mit vier zu drei für die Annahme Coins Vorschlag erreicht ist. Erwähnenswert ist, dass sich Haymitch dem *Spotttölpel*, nicht jedoch Katniss angeschlossen hat. Zwar stimmte diese »für Prim« zu, doch es ist denkbar, dass Prim wie auch Finnick eine Fortsetzung der Spiele strikt abgelehnt hätte. Bei Collins ist überliefert, dass Katniss tatsächlich Zweifel an der Richtigkeit dieses Vorschlages hatte:

»Ob es damals genauso war? Vor fünfundsiebzig Jahren? Hat da auch eine Gruppe von Leuten zusammengesessen und darüber abgestimmt, Hungerspiele zu veranstalten? Gab es unterschiedliche Meinungen? Haben manche an das Mitgefühl der anderen appelliert und wurden von denen überstimmt, die den Tod der Kinder aus den Distrikten forderten? Der Duft von Snows Rose windet sich durch meine Nase in meine Kehle und schnürt sie zusammen. Es ist hoffnungslos. So viele Menschen, die ich geliebt habe, sind tot, und wir diskutieren über die nächsten Hungerspiele als Maßnahme, nicht noch mehr Leben zu verschwenden. Nichts hat sich geändert. Nichts wird sich je ändern. (.) Snow hielt die Hungerspiele für ein wirksames Kontrollinstrument. Coin dachte, die Fallschirme würden den

Krieg verkürzen. Und wem hat es letztendlich genützt? Keinem. Die Wahrheit ist, dass es keinem nützt, in einer Welt zu leben, wo so etwas passiert.«[174]

Eine interessante Frage ist es, weshalb trotz der moralischen Grundüberzeugung, dass schlechte Taten generell schlecht sind, dennoch Menschen sich an diesen erfreuen können, wenn bestimmte Bedingungen gegeben sind. Wenn jemandem etwas Schlechtes widerfährt, von dem wir glauben, dass er es verdient hat, oder den wir für sein Glück im Leben beneiden, können wir *Schadenfreude* empfinden.

»Wissenschaftliche Untersuchungen deuten auf eine chemische Herkunft des ‹teuflischen› Gefühls hin: In einer Studie aus dem Jahr 2009 wurde das Hormon Oxytocin als Schlüsselkomponente für das Ausmaß der Schadenfreude ermittelt, das wir empfinden. Bei 56 Teilnehmern konnten die Forscher dieses Gefühl intensivieren, indem sie Oxytocin in einem Nasenspray verabreichten. Obwohl Hormone wie Oxytocin auf eine biologische Grundlage für die unterschiedlichen Abstufungen der Schadenfreude hindeuten, lässt sie sich auf psychologischer und philosophischer Ebene leichter analysieren.

Der deutsche Philosoph Friedrich Nietzsche hielt Schadenfreude für ein unvermeidliches Ergebnis der menschlichen Gesellschaft. Im sozialen Kontext sind wir darauf konditioniert, den Statusvergleich als Messlatte für unser eigenes Wohl anzulegen. In einer Welt, in der viele Menschen nach unserer Auffassung unverdiente Vorteile genießen, stellt Schadenfreude soziale Gerechtigkeit her. ‹Der Schaden, den ein anderer erleidet, macht ihn zu unserem Gleichgestellten›, schrieb Nietzsche. ‹Er beschwichtigt unseren Neid.› Wenn wir andere auf Normalmaß zurechtstutzen, verbessert sich unser Selbstwertgefühl und unser sozialer Status. Nichts scheint den Menschen mehr über einen anderen zu erheben als zuzuschauen, wie er stirbt.«[175]

Über die *Rache* schreibt Fromm:

»Weshalb ist die Rache eine so tief verankerte und intensive Leidenschaft? (.) Zunächst wollen wir bedenken, dass es sich bei der Rache in gewissem Sinn um einen magischen Akt handelt. Wenn man denjenigen vernichtet, der die Untat vollbracht hat, so wird seine Tat damit auf magische Weise ungeschehen gemacht. Dies kommt noch heute in der Redensart zum Ausdruck, ‹der Verbrecher hat seine Schuld bezahlt›. Wenigstens theoretisch ist er nach der Verbüßung der Strafe jemand gleich, der nie ein Verbrechen begangen hat. Man kann in der Rache eine magische Wiedergutmachung sehen. Aber selbst wenn dies zutrifft, stellt sich die Frage, warum dieses Verlangen nach Wiedergutmachung so intensiv ist. Vielleicht besitzt der

Mensch ein elementares Gerechtigkeitsgefühl, das aus einem tief eingewurzelten Gefühl für die existenzielle Gleichheit aller Menschen stammt: Wir alle sind ja von Müttern geboren, wir alle waren einmal machtlose Kinder, und wir alle werden sterben. Wenn der Mensch sich auch oft nicht gegen das Leid wehren kann, das andere ihm antun, so versucht er doch in seinem Rachedurst reinen Tisch zu machen, indem er auf magische Weise leugnet, dass ihm jemals ein Schaden zugefügt wurde. (Offenbar hat der Neid die gleiche Wurzel. Kain konnte es nicht ertragen, dass er verworfen wurde, während sein Bruder angenommen wurde. Die Ablehnung geschah willkürlich, und es lag nicht in seiner Macht, daran etwas zu ändern. Diese fundamentale Ungerechtigkeit erweckte in ihm einen solchen Neid, dass er die Rechnung nur dadurch begleichen konnte, dass er Abel tötete.) Aber die Rache muss noch andere Ursachen haben. Offenbar nimmt der Mensch die Gerechtigkeit selbst in die Hand, wenn Gott oder die menschlichen Autoritäten versagen. In seinem leidenschaftlichen Verlangen nach Rache erhebt er sich gleichsam selbst zur Rolle Gottes und der Racheengel. Aufgrund eben dieser Selbsterhöhung kann der Akt der Rache seine größte Stunde sein.«[176]

Die Spiele sollen am Abend nach den Hinrichtungen angekündigt werden. Es gibt keine ausführlichen Prozesse der Aufarbeitung. Coin möchte auch keine Aufarbeitung, bei der die Täter selbst zu Objekten der Untersuchungen werden. Sie will nicht, dass es gelingt zu verstehen, wie das Regime auf grausame Weise so lange herrschen konnte. Sie will nicht, dass verstanden wird, wie Menschen Kinder in Arenen ermorden oder Eltern ihre Kinder bereitwillig in den Tod schicken. Coin will die alten Strukturen erhalten. Während die Alliierten Hitlers Berghof als Machtzentrale zerstörten, blieb Snows Palast unangetastet.

6.5.2 Coriolanus letzter Sieg

Elias Canetti: *Der Überlebende*

»Der Augenblick des Überlebens ist der Augenblick der Macht. Der Schrecken über den Anblick des Todes löst sich in Befriedigung auf, denn man ist nicht selbst der Tote. Dieser liegt, der Überlebende steht. Es ist so, als wäre ein Kampf vorausgegangen und als hätte man den Toten selbst gefällt. (.) Es ist aber wichtig, daß der Überlebende allein einem oder mehreren Toten gegenübertritt. Er sieht sich allein, er fühlt sich allein, und wenn von der Macht die Rede ist, die dieser Augenblick ihm verleiht, so darf nie vergessen werden, daß sie sich aus seiner *Einzigkeit* und aus ihr allein herleitet. Alle Absichten des Menschen auf Unsterblichkeit enthalten etwas von der Sucht, zu überleben. Man will nicht nur immer da sein, man will da sein, wenn andere nicht mehr da sind. Jeder will der Älteste werden und es wissen, und wenn er selbst nicht mehr da ist, soll man es von seinem Namen wissen. Die niedrigste Form des Überlebens ist die des Tötens. So wie man das Tier getötet hat, von dem man sich nährt, so wie es vor einem wehrlos daliegt, und man kann es in Stücke schneiden und verteilen, als Beute, die man sich und den Seinen einverleibt, so will man auch den Menschen töten, der einem im Wege ist, der sich einem entgegenstellt, der aufrecht als Feind vor einem dasteht. Man will ihn fällen, um zu fühlen, daß man noch da ist und er nicht mehr. Er soll aber nicht ganz verschwunden sein, seine leibliche Anwesenheit als Leiche ist für dieses Gefühl des Triumphes unerläßlich. Nun kann man mit ihm tun, was man will, und er kann einem gar nichts anhaben. Er liegt, er wird immer liegen bleiben; nie wird er sich wieder erheben. (.)

Denn der Überlebende weiß von vielen Toten. War er in der Schlacht, so hat er mitangesehen, wie die anderen um ihn gefallen sind. In der wohlbewußten Absicht, sich gegen die Feinde zu behaupten, ist er in die Schlacht gezogen. Es war sein erklärtes Ziel, möglichst viele von ihnen zu erlegen, und siegen kann er nur, wenn ihm das gelingt. Sieg und Überleben fallen für ihn zusammen. Aber auch die Sieger haben ihren Preis zu zahlen. Unter den Toten liegen viele ihrer eigenen Leute. Freund und Feind vermischt machen das Blachfeld aus, der Haufen der Toten ist ein gemeinsamer. Manchmal geht es in Schlachten derart zu, daß die Toten beider Seiten voneinander nicht mehr zu trennen sind: Ein Massengrab mag dann ihre Überreste vereinigen. (.) Hilflos liegen die Toten, unter ihnen steht aufgerichtet er, und es ist, als wäre die Schlacht geschlagen worden, damit er überlebt. Der Tod ist von ihm auf die anderen abgelenkt worden. Nicht daß er die Gefahr gemieden hätte. Mitten unter seinen Freunden hat er sich dem Tod gestellt. Sie sind gefallen. Er steht und prahlt.«[177]

Vieles erinnert an Katniss Auftritt bei den früheren Hungerspielen: Die Trommeln, das Ritual, die Unterwerfung unter einen übermächtigen Diktator. Die Menge ist still. Der Diktator ist gefesselt auf Augenhöhe. Die Rednerkanzel ist entfernt, ebenso die meisten Insignien des Kapitols. An ihre Stelle tritt eine Diktatorin und die Abzeichen von Distrikt 13. Der vorgegebene Weg für den Spotttölpel weist in die gleiche Richtung. *Alles ist neu, nichts hat sich verändert.*

»Der Königsmord dient den Radikalen dazu, die Revolutionäre durch eine gemeinsame Bluttat zusammenzuschweißen und die Brücken hinter sich abzubrechen. Wer da mitgemacht hat, kann später nicht mehr zum Feind überlaufen und verteidigt mit der Revolution sich selbst. Königsmord ist Symbolpolitik.«

– Dietrich Schwanitz [178]

»Kein Fürst ist seiner Herrschaft sicher, solange die am Leben sind, denen sie genommen wurde.«

– Niccolo Machiavelli[179]

Präsidentin Coin:

»Willkommen im neuen Panem. Heute, hier auf der Allee der Tribute ist ganz Panem, ein freies Panem, Zeuge bei wesentlich mehr als einem reinen Spektakel. Wir sind hier versammelt, um einen historischen Augenblick der Gerechtigkeit beizuwohnen. Denn gleich wird die größte Freundin der Revolution den Pfeil abschießen, der alle Kriege beendet. Möge dieser Pfeil für das Ende von Tyrannei und Unterdrückung stehen, für den Beginn einer neuen Ära. Spotttölpel möge dein Schuss so treffsicher und gerecht sein, wie dein Herz rein und mutig ist.«

Canetti: *Die Hetzmasse*

»Die Hetzmasse bildet sich im Hinblick auf ein rasch erreichbares Ziel. Es ist ihr bekannt und genau bezeichnet, es ist auch nah. Sie ist aufs Töten aus, und sie weiß, wen sie töten will. Mit einer Entschlossenheit ohnegleichen geht sie auf dieses Ziel los (.) Es genügt, dieses Ziel bekanntzugeben, es genügt zu verbreiten, wer umkommen soll, damit eine Masse sich bildet. Die Konzentration aufs Töten ist eine besonderer Art und an Intensität durch keine andere zu übertreffen. Jeder will daran teilhaben, jeder schlägt zu. Um seinen Schlag führen zu können, drängt sich jeder in die nächste Nähe des Opfers. Wenn er nicht treffen kann, will er sehen, wie es von anderen getroffen wird. Alle Arme kommen wie aus ein und demselben Geschöpf. Doch die Arme, die treffen, haben mehr Wert und Gewicht. Das Ziel ist alles. Das Opfer ist das Ziel, doch es ist auch der Punkt der größten Dichte: es vereinigt die Handlungen aller in sich. Ziel und Dichte fallen zusammen. Ein wichtiger Grund für das rapide Anwachsen der Hetzmasse ist die Gefahrlosigkeit des Unternehmens. Es ist gefahrlos, denn die Überlegenheit auf seiten der Masse ist enorm. Das Opfer kann ihnen nichts anhaben. Es flieht oder es ist gefesselt. Es kann nicht zuschlagen, in seiner Wehrlosigkeit ist es nur noch Opfer. Es ist aber auch für seinen Untergang freigegeben worden. Es ist zu seinem Schicksal bestimmt, für seinen Tod hat niemand eine Sanktion zu befürchten. Der freigegebene Mord springt für alle Morde ein, die man sich versagen muß, für deren Ausführung man schwere Strafen zu befürchten hätte. Ein gefahrloser, erlaubter, empfohlener und mit vielen anderen geteilter Mord ist für den weitaus größten Teil der Menschen unwiderstehlich. (.)

Die Masse geht auf Opfer und Hinrichtung zu, um den Tod all derer, aus denen sie besteht, plötzlich und wie für immer loszuwerden. Was ihr dann wirklich geschieht, ist das Gegenteil davon. Durch die Hinrichtung, aber erst nach ihr, fühlt sie sich mehr als je vom Tode bedroht. Sie zerfällt und zerstreut sich in einer Art von Flucht. Je gehobener das Opfer war, um so größer ist ihre Angst. Sie kann sich nur beisammenhalten, wenn eine Serie gleicher Ereignisse rasch aufeinanderfolgt. (.) Unter den Todesarten, die von einer Horde oder von einem Volk gegen den einzelnen verhängt werden, kann man zwei Hauptformen unterscheiden: die eine ist die des *Ausstoßens*. Der einzelne wird ausgesetzt, wo er wehrlos wilden Tieren ausgeliefert ist oder wo er verhungert. (.) Jede Gemeinschaft mit ihm verunreinigt sie und macht sie selber schuldig. Einsamkeit in ihrer rigorosesten Form ist hier die äußerste Strafe; die Trennung von der eigenen Gruppe eine Qual, die besonders in primitiven Verhältnissen nur ganz wenige zu überleben vermögen. Eine Abart dieser Isolierung ist die Auslieferung an die Feinde. Sie wird, wenn es sich um Männer handelt und sie ohne Kampf erfolgt, als besonders grausam und demütigend empfunden, wie ein zwiefacher Tod. Die andere Form ist die des Zusammen-Tötens. Man führt den Verurteilten aufs Feld hinaus und steinigt ihn. Jeder hat am Töten teil; von den Steinen aller getroffen, bricht der Schuldige zusammen. Es ist niemand zum Hinrichter delegiert, die ganze Gemeinde tötet. (.)

Alle Formen der öffentlichen Hinrichtung hängen an der alten Übung des *Zusammen-Tötens*. Der wahre Henker ist die Masse, die sich um das Blutgerüst versammelt. Sie billigt das Schauspiel; in leidenschaftlicher Bewegung strömt sie von weither zusammen, um es von Anfang bis zum Ende mitanzusehen. (.) Das Todesurteil, das, im Namen des Rechtes abgegeben, abstrakt und unwirklich klingt, wird wahr, wenn es vor der Menge ausgeführt wird. Denn für sie wird eigentlich Recht gesprochen, und mit der Öffentlichkeit des Rechtes meint man die Masse. (.) Der Zerfall der Hetzmasse, die ihr Opfer gekriegt hat, ist ein besonders rascher. Diese Tatsache ist gefährdeten Machthabern wohl bewußt. Sie werfen der Masse ein Opfer hin, um ihr Wachstum aufzuhalten. Viele politische Hinrichtungen sind zu diesem Zwecke allein angeordnet worden. Andererseits sind sich die Wortführer radikaler Parteien oft gar nicht klar darüber, daß sie sich selber mit der Erreichung ihres Zieles, der öffentlichen Hinrichtung eines gefährlichen Feindes, tiefer ins Fleisch schneiden als der feindlichen Partei. Es kann ihnen geschehen, daß nach einer solchen Hinrichtung die Masse ihrer Anhänger sich verläuft und daß sie lange nicht oder nie wieder ihre alte Stärke erlangen.«[180]

Nicht alle Insignien des Kapitols wurden entfernt (links im Bild zu erkennen).

Die folgende Szene ist eine der ausdrucksstärksten über die ganze Filmreihe hinweg. Nicht zuletzt deswegen, weil hier in monumentaler Weise die Gegensätze aus zwei Welten ungehindert aufeinanderprallen. Das Junge ist frei und impulsiv; das Alte ist gefesselt und selbstbeherrscht. Doch plötzlich verwässern diese Pole. Das Junge wird reif, es ist selbstbeherrscht und wird gefangengenommen; das Alte wird impulsiv und gelangt durch seine Verjüngung zur Freiheit. Ein Pol verschwindet, bleibt aber zugleich im anderen Pol erhalten.

»Dieser Gedanke der Vereinigung beider Pole kommt am eindrucksvollsten in dem Mythos zum Ausdruck, daß Mann und Frau ursprünglich eins waren, daß sie aneinandergestellt wurden und daß seitdem jeder Mann seine verlorene weibliche Hälfte sucht, um sich aufs neue mit ihr zu vereinigen.«[181]

Katniss und Snow blicken einander lange an. Sein selbstbewusster Blick sagt: »Hallo, Miss Everdeen.« Katniss Zögern verunsichert ihn. Es ist nicht so sehr die Furcht vor dem Tod, als vielmehr vor der letzten Niederlage. Es ist die Angst der Ungewissheit, die ihm ins Gesicht geschrieben steht. Erst im letzten Moment zielt Katniss auf Coin und schießt ihren Pfeil ab.

Mit einem Schuss ins Herz tötet sie Coin. Amtsträger eilen ihr zu Hilfe, außer Plutarch, der die Geschehnisse mit einem Lächeln zur Kenntnis nimmt. Die Menge ist nicht mehr zu halten. Wütend stürmt sie los. Snow lacht haltlos. Blut quillt aus seinem Inneren hervor und läuft aus seinem Mund, sodass er wohlmöglich erstickt ist, noch ehe ihn die Menge lynchen konnte.

Der Tod durch das Lachen – der Lachtod – wurde bis zum 19. Jahrhundert als seltene Todesart beschrieben. Tatsächlich kann Lachen Auslöser für Todesfälle sein, die allerdings durch bereits vorliegende Erkrankungen bedingt sind. Für gewöhnlich tritt Herzstillstand ein oder der Betreffende erstickt. Schon aus der Antike sind Legenden über den plötzlichen Tod durch heftiges oder andauerndes Lachen überliefert.[182]

Canetti: *Das Lachen*

»Das Lachen ist als vulgär beanstandet worden, weil man dabei den Mund weit öffnet und die Zähne entblößt. Gewiß enthält das Lachen in seinem Ursprung die Freude an einer Beute oder Speise, die einem als sicher erscheint. Ein Mensch, der fällt, erinnert an ein Tier, auf das man aus war und das man selber zu Fall gebracht hat. Jeder Sturz, der Lachen erregt, erinnert an die Hilflosigkeit des Gestürzten; man könnte es, wenn man wollte, als Beute behandeln. Man würde *nicht* lachen, wenn man in der Reihe der geschilderten Vorgänge weitergehen und sich's wirklich einverleiben würde. Man lacht, anstatt es zu essen. Die entgangene Speise ist es, die zum Lachen reizt; das plötzliche Gefühl der Überlegenheit, wie schon Hobbes gesagt hat. Doch hat er nicht hinzugefügt, daß sich dieses Gefühl nur dann zum Lachen steigert, wenn die Folge dieser Überlegenheit ausbleibt. Hobbes Auffassung des Lachens kommt der Wahrheit auf halbem Wege entgegen; zu ihrem eigentlich animalischen Ursprung ist er aber nicht vorgedrungen, vielleicht weil Tiere nicht lachen. Aber Tiere versagen sich auch keine Speise, die ihnen erreichbar ist, wenn sie wirklich Lust auf sie haben. Der Mensch allein hat es gelernt, den vollkommenen Prozeß der Einverleibung durch einen symbolischen Akt zu ersetzen. Es scheint, daß die Bewegungen, die vom Zwerchfell ausgehen und fürs Lachen charakteristisch sind, eine Reihe von inneren Schlingbewegungen des Leibes zusammenfassend ersetzen.«[183]

Snow bediente sich in der Szene mit Katniss im Rosengarten eines *Dispositivs*: Das Gesagte impliziert das Ungesagte; beides steht gleichermaßen nebeneinander. Immer hat er Katniss vorgeschrieben, was sie tun soll: »Überzeuge mich.« Seine Vorgaben scheiterten nicht zuletzt an ihrem kindlichen Trotz. Sie fühlte sich zwar als Schachfigur von ihm hin und her geschoben, doch wich sie immer aus und entglitt Snows Kontrolle. Als Reaktion auf den Notstand, nämlich der fehlenden Kontrolle über sie, wählt er hier das Gesagte: »Du darfst dich nicht blenden lassen«, und impliziert das Ungesagte: »Stelle dich gegen Coin.« Damit pflanzt er zum letzten Mal ein Einleben in jemanden ein und zum ersten Male gelingt es ihm, Katniss dazu zu bewegen, genau das zu tun, was er möchte.

Die unsichtbare, die anonyme Autorität hingegen, achtet sie nicht. In der Arena sagte sie zu Finnick, Haymitch sei nicht hier, obschon sie genau weiß, dass er sie im Fernsehen sehen kann und als ihr Mentor die ganze Zeit genau beobachtet. Als sie den Kontrollraum in Distrikt 13 verlässt, lässt sie ihr Versprechen bei Coin und Plutarch ebenso zurück. Hier zeigt sich ihr kindlicher Trotz. Verschwindet die Autorität aus ihrer Sichtbarkeit, verschwindet für Katniss auch ein Verbot oder eine Anordnung. Nur dann, wenn man ihr etwas sehr gut verständlich erklärt, gelingt es, sie durch Überzeugung zur Achtung vor Autoritäten zu bewegen.

Es war Coriolanus letzter Sieg, sein Sieg über Coin. Er ist machtlos und gefesselt. Sein Lachen simuliert die Macht, die er selbst nicht hat, sondern die bei Katniss liegt. Er braucht kein Symbol mehr zu sein, er kann alle Hemmungen fallen lassen. Er lacht und es lacht ihn. Das Lachen ist Triumph und Kapitulation zu gleich.[184] Entscheidend ist aber, dass Katniss nicht lacht und insbesondere nicht über Snow lacht. Das macht dieses Lachen so ehrfürchtig. So schreibt Arendt über das Lachen des Herrschers und des Beherrschten:

»Autorität (.) kann sowohl eine Eigenschaft einzelner Personen sein (.) als einem Amt zugehören (.). Ihr Kennzeichen ist die fraglose Anerkennung seitens derer, denen Gehorsam abverlangt wird (.). Autorität bedarf zu ihrer Erhaltung und Sicherung des Respekts entweder vor der Person oder dem Amt. Ihr gefährlichster Gegner ist nicht Feindschaft sondern Verachtung, und was sie am sichersten unterminiert, ist das Lachen.«[185]

Coin wollte durch die Hinrichtung Snows diesen für alle sichtbar entmachten und Katniss als Kriegerin politisch beseitigen. Um ein Auseinanderfallen der Hetzmasse nach dem Tod Snows und den

Erhalt ihrer Macht nicht zu gefährden, ernannte sie sich strategisch durchdacht bereits zuvor als Präsidentin Panems. Jedoch beging Coin drei entscheidende Fehler.

Der erste war nicht sicherzustellen, dass Katniss von Snow getrennt würde. So fand sie den Weg zu ihm, vom Erzfeind wie magisch angezogen. Snow hingegen setzte eben genau darauf.

Der zweite Fehler war, dass sich Coin der Kontrolle über Katniss zu sicher war. Sie wollte, dass Katniss durch diesen symbolischen Akt als Kriegerin gebrandmarkt und damit für die friedliche Zeit danach diplomatisch und politisch tot ist. Ein Krieger kann kein Diplomat sein. Sich in Katniss Schusslinie zu stellen, war eine fahrlässige Unachtsamkeit. Auch machte Coin keinen Gebrauch von einem Schutzschild, etwa aus Glas. (Der US-Präsident wird so bei Reden geschützt, nachdem bei einer Rede George W. Bush mit einem Schuh beworfen wurde.)

Der dritte Fehler waren ihre Worte, die eine Überschlagsreaktion in Katniss auslösten. Cinna täuschte Snow und er rächte sich auf hinterlistige Weise. Auch Katniss rächt sich auf dieselbe Weise an Coin für den Tod ihrer Schwester. Sie lässt sie sich in Sicherheit wiegen, dann tötet sie sie. Dies ist auch Teil einer Überschlagsreaktion. Sie war nicht Katniss, nicht Mensch, sie war der Spotttölpel, ein Tier, eine Tötungsmaschine, die auf Anweisung tötet. So wie einst Snow ihr Befehle erteilte, so führte auch der Befehl Coins zu dieser Reaktion. Sie lehnte sich auf gegen den, der ihr den Befehl gab, statt sich der Anordnung zu unterwerfen. Sie tötete aus der Angst, erneut Sklavin zu sein.

»Es muss Impulse im Menschen geben, die der Macht der Konditionierung Grenzen setzen; vom Standpunkt der Wissenschaft aus dürfte es genauso wichtig sein, das Versagen der Konditionierung zu untersuchen wie ihren Erfolg. Natürlich ist der Mensch auf nahezu jede gewünschte Weise zu konditionieren, aber eben nur ‹nahezu›. Er reagiert auf diese Konditionierung, die mit grundlegenden menschlichen Erfordernissen in Konflikt steht, auf verschiedene und feststellbare Weise. Er kann dazu konditioniert werden, ein Sklave zu sein, aber er wird mit Aggression darauf reagieren oder eine Einbuße seiner Vitalität erleiden; oder er kann konditioniert werden, sich als Teil einer Maschine zu fühlen, und er wird darauf mit Überdruss, Aggression und Unglücklichsein reagieren.«[186]

Es war das erste Mal, dass Katniss nicht aus biologischen Gründen tötete, um ihren Lebenserhalt zu sichern, etwa für Nahrung oder

240

zur Selbstverteidigung. Es war eine Mischung aus Rache und Reflex, aber auch Verteidigung der eigenen Freiheit. Diese Szene lässt sich aber auch auf eine andere, eine religiöse Weise deuten; nämlich als Anspielung auf den babylonischen Schöpfungsmythos.

»Der babylonische Schöpfungsmythos berichtet von einer siegreichen Rebellion der männlichen Gottheit gegen Tiamat, die Große Mutter, die das Weltall regierte. Sie schließen ein Bündnis gegen sie und wählen Marduk zu ihrem Führer in diesem Kampf. Nach einem erbitterten Krieg wird Tiamat getötet, aus ihrem Körper werden Himmel und Erde gebildet, und Marduk herrscht als oberster Gott. Bevor er jedoch zum obersten Herrscher erwählt wird, muß Marduk eine Prüfung bestehen, die im Kontext der gesamten Geschichte unwichtig und rätselhaft erscheint, die aber – wie ich zu zeigen versuche – der Schlüssel zum Verständnis des Mythos ist. Die Prüfung wird folgendermaßen geschildert:

> Dann legten sie ein Kleid in ihre Mitte; Zu Marduk, ihrem Erstgeborenen, sagten sie: ‹Fürwahr, o Herr, dein Schicksal ist das erhabenste unter den Göttern, Befiehl, zu vernichten und zu erschaffen, und es soll geschehen! Durch deines Mundes Wort lasse das Kleid vernichten; Befiehl noch einmal und laß das Kleid wieder ganz werden!› Mit seinem Munde gab er den Befehl, und das Kleid ward zerstört. Und wieder befahl er, und das Kleid ward wiederhergestellt. Als die Götter, seine Väter, die Macht seines Wortes sahen, Da freuten sie sich, erwiesen ihm die Ehre und sagten: ‹Marduk ist König!›

Was bedeutet diese Prüfung? Klingt der Text nicht eher wie ein nichtssagender Zauber als wie eine entscheidende Prüfung, die darüber bestimmen soll, ob Marduk in der Lage sein wird, Tiamat zu besiegen? Um die Bedeutung der Prüfung zu verstehen, müssen wir uns ins Gedächtnis zurückrufen, was bei der Erörterung des Ödipus-Mythos über das Problem des Matriarchats gesagt wurde. Zweifellos geht es in dem babylonischen Mythos um den Konflikt zwischen dem patriarchalischen und dem matriarchalischen Prinzip der gesellschaftlichen Ordnung und der Religion. Die männlichen Söhne wollen der Großen einer Mutter die Herrschaft entreißen. Aber wie können sie sie besiegen, wenn sie ihr in einem wesentlichen Aspekt unterlegen sind? Frauen besitzen die natürliche Schöpferkraft, sie können Kinder gebären.*
(.)[187]

---

* Fromm erläutert die Bedeutung des *Gebärens*: »Die Männer sind in dieser Beziehung unfruchtbar. Daß der männliche Samen für die Entstehung des Kindes ebenso unentbehrlich ist wie das weibliche Ei, ist zwar unbestreitbar, aber diese Erkenntnis ist mehr eine wissenschaftliche Feststellung als eine offen vor Augen liegende Tatsache, wie es die Schwangerschaft oder die Geburt eines Kindes ist. Außerdem ist die Rolle des Vaters bei der Entstehung des Kindes mit dem Zeugungsakt beendet, während die Rolle der Mutter

Das also ist der Sinn der Prüfung: Marduk kann Tiamat nur besiegen, wenn er beweist, daß auch er etwas erschaffen kann, wenn auch auf andere Weise. Die Prüfung führt uns den tiefen Antagonismus zwischen Mann und Frau vor Augen, auf dem der Kampf zwischen Tiamat und Marduk und der Kampf zwischen den beiden Geschlechtern im allgemeinen beruht. Marduk begründet mit seinem Sieg die Vorherrschaft der Männer, die natürliche Produktivität der Frauen wird damit entwertet, und der Mann tritt seine Herrschaft an, die auf seiner Fähigkeit beruht, durch die Macht seines Denkens etwas hervorzubringen, jene Erzeugungsform, welche der Entwicklung der menschlichen Kultur zugrunde liegt.

Der biblische Mythos beginnt dort, wo der babylonische endet. Die Oberherrschaft eines männlichen Gottes ist errichtet, und von der früheren matriarchalischen Stufe ist kaum noch eine Spur geblieben. Marduks ‹Prüfung› ist zum Hauptthema der biblischen Schöpfungsgeschichte geworden. Gott erschafft die Welt durch sein Wort; die Frau und ihre schöpferischen Kräfte sind dazu nicht mehr notwendig. Selbst der natürliche Verlauf der Dinge, daß die Frau Männer gebiert, ist umgekehrt. Eva wird aus Adams Rippe erschaffen (so wie Athene aus dem Haupt des Zeus entspringt). Aber ganz ist die Erinnerung an die matriarchalische Herrschaft noch nicht erloschen. In der Gestalt der Eva sehen wir die dem Mann überlegene Frau. Sie ergreift die Initiative und ißt von der verbotenen Frucht.

Sie berät sich nicht zuvor mit Adam, sondern gibt ihm einfach die Frucht zu essen, und als sie entdeckt werden, weiß er nur ziemlich ungeschickte und ungeeignete Entschuldigungen vorzubringen. Erst nach dem Sündenfall ist seine dominierende Stellung fest begründet. Gott sagt zu Eva: ‹Dennoch verlangt dich nach dem Mann, doch er wird über dich herrschen› (Gen 3,16). Diese Errichtung der Oberherrschaft des Mannes weist auf eine frühere Situation hin, in der er noch nicht herrschte. Nur hierin und in der völligen Negierung der produktiven Rolle der Frau können wir Spuren einer darunter verborgenen dominierenden Rolle der Mutter erkennen, welche noch ein Bestandteil des manifesten Textes des babylonischen Mythos ist.«[188]

In dieser Szene ist der Mythos abgewandelt. Das Matriarchat soll nicht von einem Patriarchat abgelöst werden, sondern umgekehrt. Es soll nicht geteilt werden in zwei Pole (Himmel und Erde), sondern Panem soll als ein Ganzes vereinigt werden. Der Schöpfungsmythos des neuen Panem besteht in Wort und Tat zugleich: Das

---

mit dem Austragen des Kindes, seiner Geburt und Ernährung erst beginnt. (.) Um seine Mutter zu besiegen, muß der Mann den Beweis erbringen, daß er ihr nicht unterlegen ist, daß auch er etwas hervorbringen kann. Da er mit seinem Leib nichts erzeugen kann, muß er es auf andere Weise tun: Er produziert etwas mit seinem Mund, seinem Wort, seinem Denken. (Fromm, Märchen, Mythen, Träume: 156)

Wort Coins und die Tat des Spotttölpels. Entscheidend für den Königsanspruch ist hierbei aber das Wort Coins. Sie fordert den Spotttölpel auf, Snow zu töten. Ihr Wort bringt das Tote.

Nach einer Weile wird klar, dass Coins Wort aber nicht das Leben bringen kann. Wann immer Coin versuchte, das Leben zu gebären, ist sie gescheitert. Ihre Tochter starb bei einer Epidemie, das Land liegt in Schutt und Asche, die Kinder im Kapitol hat sie umgebracht. Der Spotttölpel versagt ihr die Gefolgschaft:

>>Coin ist nicht Königin.<<

Die Revolution lebt, solange Katniss lebt. Katniss blieb am Leben und mit ihr die Revolution, die sich nun in genau diesem Moment ereignet, in dem sie Coin tötet. Destruktive Jugendfantasien verbinden sich mit der Unausweichlichkeit der Realität und öffnen den Weg zur Selbstbestimmung. Der Mythos, der hieraus erschaffen wird, ist nicht selbstverständlich. Der kybernetische Mensch war dem naturverbundenen Menschen immer überlegen. Eine Revolution mit Steinschleudern, Speeren oder mit Pfeil und Bogen wie in *Avatar* ist eigentlich nicht zu erwarten. Eben das aber macht den Reiz dieser Revolution aus. *Es lebe die Revolution!* Es lebe die *Revolution?*

6.5.3 Eine schöne neue Welt?

>>Zwischen dem Tode eines Königs und der Einsetzung eines neuen herrschte ein Zustand der *Gesetzlosigkeit*. (.) Morden und Plündern war erlaubt, und jeder tat, was ihm beliebte. (.) Mit dem neuen König kehrte die Ordnung wieder. (.) Die *Nachfolge* war keineswegs immer klar geregelt.<<
– Elias Canetti[189]

Peeta kann nicht verstehen, was vor sich geht, besonders in Katniss. Sie steht verdutzt da und blickt ihn an wie ein dreijähriges Kind, das nicht recht weiß, ob es sich schämen soll für das, was passiert ist, oder ob das, was gerade passiert, überhaupt wirklich geschehen ist. Wachen führen Katniss ab und bringen sie weg. Die permanente Überwachung schließt einen Selbstmordversuch aus.

>>Das Privileg, mein Leben zu nehmen, gebührt dem Kapitol. Wieder einmal<<, stellt Katniss fest.[190] Eine ganze Weile vergeht, bis schließlich Haymitch zu ihr gelassen wird: >>Eins muss ich dir lassen, Katniss. Du machst keine halben Sachen.<< Beide Diktatoren

sind beseitigt. Katniss Pfeil beendet alle Kriege, da der Krieg der Hungerspiele nun wirklich nicht mehr fortgeführt zu werden droht.

Haymitch überbringt Katniss eine Botschaft von Plutarch, die sie nicht hören will. »Du machst es einem nie leicht, oder «, und er liest vor:

»Katniss, vielleicht war das Land schockiert von deinem Pfeil heute, aber ich war es wieder einmal nicht. Du warst genau die, die ich immer in dir gesehen habe. Ich hätte mich gern angemessen von dir verabschiedet, aber nachdem Coin und Snow tot sind, wird heute das Schicksal des Landes entschieden und da darf man mich nicht an deiner Seite sehen. Heute werden die Anführer der zwölf Distrikte eine freie Wahl fordern und ich gehe davon aus, dass Paylor sie gewinnt. Sie ist zur Stimme der Vernunft geworden. Es tut mir leid, was für eine Bürde dir aufgeladen wurde. Du wirst sie wohl nie wieder loswerden, aber wenn ich dir das für dieses Ergebnis noch einmal antun müsste: Ich würde es tun.

Der Krieg ist nun vorbei. Es beginnt die friedvolle Phase, wo alle finden, das überwundene Grauen dürfen sich nicht wiederholen. Nur leider sind wir unstete, dumme Wesen mit miserablem Gedächtnis und großem Talent zur Selbstzerstörung.* Obwohl, wer weiß... Vielleicht lernen wir ja diesmal dazu.

Ich habe sichergestellt, dass du weggebracht wirst. Verschwinde erstmal von der Bildfläche und wenn die Zeit gekommen ist, wird Commander Paylor dich begnadigen.

Das Land wird seinen Frieden finden. Ich hoffe, du findest deinen auch.

Plutarch.«

»Von kleineren Kriegen abgesehen, hatten wir 1870, 1914 und 1939 drei große Kriege. Während dieser Kriege glaubte jeder Kriegsteilnehmer fest, daß er zu seiner eigenen Verteidigung und um seine Ehre kämpfe, oder daß Gott auf seiner Seite stehe. Die Gruppen, mit denen man sich im Krieg befindet, sieht man oft von einem Tag zum anderen als grausame, unvernünftige, schlimme Feinde, die man vernichten müsse, um die Welt von allem Bösen zu erretten. Aber wenn dann ein paar Jahre nach dem gegenseitigen Gemetzel verstrichen sind, sind aus den Feinden von gestern Freunde geworden, und die Freunde von gestern sind unsere Feinde, und wir fangen wieder allen Ernstes an, sie in den entsprechenden Schwarz-Weiß-Farben zu malen.«

– Erich Fromm[191]

---

* »Wir sind wankelmütig, dumme Wesen mit schwacher Erinnerung und einem großen Drang zur Selbstzerstörung.« (Collins, Flammender Zorn: 414)

Welche zwölf Distrikte gemeint sind – ob 1 bis 12 oder 13 statt 12 –, bleibt offen. Auch bleibt die Frage offen, wie »frei« Wahlen wirklich sind, wenn ein wahrscheinlicher Sieger schon feststeht. Schließlich und endlich sind es die Militärs, die in Panem die Macht übernehmen. Wie einst Snow, so ist auch Paylor mit Anfang 30 sehr jung, als sie an die Macht kam.

Sehr interessant ist in dieser Hinsicht, dass ausgerechnet Paylor Katniss den Zutritt zu Snows Rosenverlies gewährte, höchst wahrscheinlich wohlwissend, dass Coin dies niemals gebilligt hätte. Es scheint fast so, als wüsste Paylor ganz genau, was sie in diesem Moment tat, als sie den Wachen befahl, Katniss habe ein Recht auf alles, was hinter jener Türe sei, hinter der der einst so mächtige Schnee mit den ersten Sonnenstrahlen des Frühlings zu zerfließen beginnt, bis nichts weiter übrig bleibt als die letzten Tropfen als stille Zeugen einer untergegangenen Ära.

Der Weg in eine freie und demokratische Gesellschaft ist noch weit. Katniss hat aber in dem Sinne »keine halben Sachen« gemacht, als dass sie sowohl Snow, den *Mann*, als auch Coin, die *Frau*, beseitigt hat. Machiavelli widmete in seinem Buch über den Staate ein eigenes Kapitel der Beobachtung, »Wie durch Frauen ein Staat zugrunde gerichtet werden kann«, aber scheint dabei vergessen zu haben, dass es oft Männer waren, die für ihre Gewaltherrschaft berühmt und berüchtigt wurden.[192] Weder soll das Männliche das Weibliche, noch das Weibliche das Männliche *beherrschen*. Vielmehr sollen beide Geschlechter als gleichwertige Pole, als »Plus und Minus« wie Beetee und Wiress, nebeneinander existieren.

Die grundlegenden Prinzipien in einer Mutter zentrierten Kultur sind Freiheit und Gleichheit, Glück und die bedingungslose Bejahung des Lebens. Im Unterschied zum mütterlichen ist das väterliche Prinzip durch Gesetz, Ordnung, Vernunft und Hierarchie bestimmt. So hat der Vater einen Lieblingssohn – nämlich den, der ihm am meisten ähnelt und der geeignet erscheint, als Erbe und Nachfolger seinen Besitz und die weltlichen Aufgaben zu übernehmen.

Positive Züge des Matriarchats sind das Gespür für Gleichheit, Universalität und bedingungslose Bejahung des Lebens. Negative Aspekte sind seine Bindung an Blut und Boden, Mangel an Rationalität und Fortschrittlichkeit. Positiv am Patriarchat ist seine grundsätzliche Orientierung an Vernunft, Recht, Wissenschaft, Zivilisation, spirituelle Entwicklung. Negativ an ihm sind Hierarchie, Unterdrückung, Ungleichheit, Unmenschlichkeit.[193]

»Die Frage, ob ein matriarchalisches oder ein patriarchalisches System besser sei, ist schwer zu entscheiden. Tatsächlich halte ich die Frage in dieser Form für falsch gestellt. Man kann sagen, das matriarchalische System betont mehr die natürlichen Bindungen, die natürliche Gleichberechtigung und die Liebe, und das patriarchalische System legt – verglichen mit der alten matriarchalischen Kultur größeren Wert auf die Zivilisation, das Denken, den Staat, auf Erfindungen, auf die Industrie und alles, was dem Fortschritt dient. Das Ziel der Menschheit muß es sein, keinerlei Hierarchie zu haben, weder eine matriarchalische noch eine patriarchalische. Wir müssen eine Situation erreichen, in der die Geschlechter in ihrer Beziehung zueinander nicht den Versuch machen, sich zu beherrschen. Nur so können wir ihre wirklichen Unterschiede, ihre wirkliche Polarität entwickeln.

[Erich Fromm glaubt], die einzige Lösung für dieses Problem ist darin zu suchen, daß man auf eine gewisse Polarität in der Beziehung zwischen den Geschlechtern hinarbeitet. Man würde ja auch vom positiven und negativen Pol eines elektrischen Stromkreises nicht behaupten, daß der eine weniger wert sei als der andere. Man würde vielmehr sagen, daß das Potential zwischen ihnen durch ihre Polarität erzeugt wird und daß eben diese Polarität die Basis produktiver Kräfte ist. Im gleichen Sinn sind die beiden Geschlechter und das, was sie symbolisieren – das männliche und das weibliche Prinzip in der Welt, im Universum und in jedem von uns – zwei Pole, die ihren Unterschied, ihre Polarität behalten müssen, um die fruchtbare Dynamik, die produktive Kraft zu erzeugen, die eben dieser Polarität entspringt.«[194]

Katniss wird nach Distrikt 12 nach Hause in das Dorf der Sieger gebracht. Effi verabschiedet sie und Haymitch. Es ist Winter und Effie simuliert das Einswerden mit der Natur durch ihr Kostüm. Katniss Aufgabe ist es nun, sich um sich selbst zu kümmern, sagt Effie: »Versprich mir, dass du es findest … das Leben eines Siegers.« Haymitch und Effie wollen einander nicht aus den Augen verlieren. Sie verabschieden sich mit einem Kuss. Er verspricht ihr, gut auf Katniss zu achten.

Zu Hause in Distrikt 12, dem Siegerdorf, wird Katniss vom Kater wieder angefaucht. Sie will Butterblume vertreiben, aber dieser rührt sich nicht von der Stelle. Sie wirft mit allerlei Sachen nach ihm und schreit ihn an, Prim ist tot und er solle verschwinden, aber er bleibt weiter vor dem Küchenfenster sitzen. Katniss nimmt ihn in den Arm und weint. Es braucht einen Moment der Entladung, ehe Katniss erkennt, dass Butterblume das letzte Lebendige ist, was ihr von Prim geblieben ist, zu dem sie noch eine echte Nähe verspüren kann.

6.5.4 Die Revolution der Hoffnung

»Man sollte dabei nicht übersehen, daß die Entwicklung von Hoffnung oder Hoffnungslosigkeit beim einzelnen weitgehend davon abhängt, ob es in seiner Gesellschaft oder Klasse Hoffnung oder Hoffnungslosigkeit gibt. Denn wie stark auch immer die Hoffnung eines Menschen in seiner Kindheit erschüttert worden sein mag, wenn er in einer Periode der Hoffnung und des Glaubens lebt, wird sich auch seine eigene Hoffnung daran entzünden. Andererseits neigt jemand, dessen Erfahrungen hoffnungsvoll sind, oft zu Depression und Hoffnungslosigkeit, wenn seine Gesellschaft oder Klasse den Geist der Hoffnung verloren hat.«

– Erich Fromm[195]

Es wird Frühling. Als Katniss von der Jagd zurückkommt, trifft sie auf Peeta im Dorf der Sieger, der gerade ein paar Blumen in ein kleines Beet pflanzt. Es sind Prims Lieblingsblumen, die er unten am Waldrand gefunden hat: Primel. Für Katniss ist dies ein emotionaler Moment, wie bei Collins beschrieben wird. Bei ihrer Rückkehr findet sie eine von Snows Rosen, was im Film zu einem anderen Zeitpunkt beschrieben wurde. Sie wird den Gestank von Snow nicht los, der Geruch hängt immer noch in der Luft: »Das Schlimme kommt von innen, nicht von außen.«

Aus dem Kapitol erhalten sie einen Brief von Annie: Katniss Mutter bildet Sanitäter aus, Gale ist Kapitän in Distrikt 2. Annie ist Mutter und sieht den Vater ihres Kindes in ihm, und meint damit vermutlich Finnick. Paylor wird als Präsidentin vereidigt. Sie schwört nach besten Kräften für die Ausübung von Rechten eines jeden Bürgers in Panem einzutreten.

Als Haymitch Plutarch im Hintergrund sieht, korrigiert er seine frühere Aussage: »Von wegen niemand gewinnt je die Spiele...«

und meint damit, dass in allen Irrungen und Wirrungen, gesellschaftlichen und politischen Umwälzungen Plutarch als ranghoher Amtsträger immer überlebt hat. Als Minister wird ihm das Kommunikationswesen anvertraut. Er begreift die Macht der Bilder wie kein Zweiter. Für den Liberalismus scheint die Richtung zu stimmen.

Dass Philip Seymour Hoffman während der Dreharbeiten zu *Mockingjay 1* tragisch verstorben ist, hat etwas verdeckt. Plutarch Heavensbee verschwindet erneut vollständig von der Bühne und tritt in den Hintergrund, bei Paylors Vereidigung wortwörtlich. So ist Hoffmann weiterhin ein Teil des Filmes, ohne dabei länger aktiv mitzuwirken. Hoffmanns Tod ist ein unendlicher Verlust für uns, nicht nur für die Theater und Filmkultur.

Während Katniss aus dem Tod an die Front zurückkehrt, geht Heavensbee in den Hintergrund des Todes. Hoffmann wurde vollständig eins mit seiner Figur und lebt durch diese weiter. Er ist nicht weiter unter den Lebenden, aber nur weil jemand tot ist, ist er nicht weg. Er lebt in unseren Erinnerungen, Gefühle und in unseren Gedanken durch sein Wirken zu Lebzeiten weiter fort. Katniss war eine Tote unter Lebenden, Plutarch ist ein Lebender unter Toten. Niemand hatte Plutarch Heavensbee mehr im Blick, weder Snow noch Katniss, und auch nicht Coin. Kann man ihm trauen? Ich glaube, er ist im Inneren ein guter Mensch. Und dennoch würde ich ihm keine Sekunde *blind* vertrauen.

Die Diktatur darf sich nicht mehr wiederholen. Dennoch ist die Frage, ob sich die Revolution und der Krieg gelohnt haben, nur sehr schwer zu beantworten. Man darf nicht übersehen, dass Paylors Unterstützung besonders aus Kreisen der Militärs kam und sie vermutlich daher die einzige ernstzunehmende Kandidatin für dieses Amt war. Im *neuen* Panem besteht zudem weiterhin eine Zentralregierung fort, die Macht ist also weiterhin zentralisiert.

Für mich steht ohne Zweifel fest, dass Panem keine liberale Demokratie geworden ist. »Alles, was alt ist, kann man wieder in etwas Neues verwandeln«, und so hat man in Panem die Demokratie in etwas Neues geformt; in etwas, was man als totalitäre Demokratie verstehen kann, als eine totalitäre Herrschaft des Volkes, vergleichbar einer »Diktatur des Volkes«, wie sie im heutigen China herrscht. Es herrscht eine zentrale Macht, die trotz aller Legitimation durch das Volk selbst absolut ist.

War das alles den Krieg wert? Die Lebensverhältnisse sind für viele Menschen besser geworden, für viele aber auch schlechter und viele sind tot. Das Ergebnis wird stehen und fallen mit der Frage, was die Menschen in Panem nun daraus machen und ob es ihnen gelingt, etwas Neues zu gestalten. Fromm erklärt:

»Nach Auffassung des Alten Testaments besitzt der Mensch beide Fähigkeiten – die zum Guten und die zum Bösen – und er muss zwischen Gut und Böse, Segen und Fluch, Leben und Tod wählen. Gott greift nicht einmal in diese Entscheidung ein; er hilft, indem er seine Boten, die Propheten, schickt, um die Menschen zu lehren, wie sie das Gute verwirklichen und das Böse erkennen können, und um zu warnen und zu protestieren. Aber nachdem dies geschehen ist, bleibt der Mensch mit seinen ‹beiden Trieben› sich selbst überlassen, dem Trieb zum Guten und dem zum Bösen, und er allein muss sich entscheiden.«[196]

Auch Arendt glaubte fest daran, dass der Mensch die Fähigkeit besitzt, immer wieder neu zu beginnen:

»Ein Wesenszug menschlichen Handelns ist, daß ist immer etwas Neues anfängt; das bedeutet jedoch nicht, daß es ihm jeweils möglich ist, *ab ovo* [vom Ei] anzufangen oder *ex nihilo* [aus dem Nichts] etwas zu erschaffen. Um Raum für neues Handeln zu gewinnen, muß etwas, das vorher da war, beseitigt oder zerstört werden; der vorherige Zustand der Dinge wird verändert. Diese Veränderung wäre unmöglich, wenn wir nicht imstande wären, uns geistig von unserem physischen Standort zu entfernen und uns vorzustellen, daß die Dinge auch anders sein könnten, als sie tatsächlich sind. Anders ausgedrückt: Die bewußte Leugnung der Tatsachen – die Fähigkeit zu lügen – und das Vermögen, die Wirklichkeit zu verändern – die Fähigkeit zu handeln – hängen zusammen; sie verdanken ihr Dasein derselben Quelle: Der Einbildungskraft. (.) Es steht uns frei, die Welt zu verändern und in ihr etwas Neues anzufangen. Ohne die geistige Freiheit, das Wirkliche zu akzeptieren oder zu verwerfen, ja oder nein zu sagen – nicht nur zu Aussagen oder Vorschlägen, um unsere Zustimmung oder Ablehnung zu bekunden, sondern zu Dingen, wie sie sich jenseits von Zustimmung oder Ablehnung unseren Sinnes- und Erkenntnisorganen darbieten -; ohne diese geistige Freiheit wäre Handeln unmöglich. Aber ist das eigentliche Werk der Politik.«[197]

»Was den Menschen zu einem politischen Wesen macht, ist seine Fähigkeit zu handeln; sie befähigt ihn, sich mit seinesgleichen zusammenzutun, gemeinsame Sache mit ihnen zu machen, sich Ziele zu setzen und Unternehmungen zuzuwenden, die ihm nie in den Sinn hätten kommen können, wäre ihn nicht diese Gabe zuteil geworden: etwas Neues zu beginnen. Gesprochen ist Handeln die Antwort des Menschen auf das Geborenwerden als eine der Grundbedingungen seiner Existenz: da wir alle durch Geburt, als Neuankömmlinge und als Neu-Anfänge auf die Welt kommen, sind wir fähig, etwas Neues zu beginnen; ohne die Tatsache der Geburt müssten wir nicht einmal, was das ist: etwas Neues; tune wäre entweder bloßes Sichverhalten oder Bewahren.

Keine andere Fähigkeit außer der Sprache, aber weder Verstand noch Bewusstsein komme unterscheidet und so radikal von jeder Tierart. Etwas tun und etwas beginnen ist nicht das gleiche, aber beides ist eng miteinander verknüpft. Alle dem Leben zugeschriebenen schöpferischen Qualitäten, die sich angeblich in Macht und Gewalt manifestieren, sind in Wahrheit einzig der Fähigkeit zu handeln geschuldet. Zeugen und Gebären sind so wenig schöpferisch wie Sterben eigentlich vernichtend ist. Sie sind nur die verschiedenen Phasen des gleichen, unvergänglichen Kreislaufs, in den alles Lebendige gebannt ist. Macht und Gewalt sind keine Naturphänomene mit Metaphern, die dem Lebensprozess entnommen sind, niemals adäquat erfasst werden.

Ich glaube, es lässt sich nachweisen, dass keine andere menschliche Fähigkeit in solchem Ausmaß unter dem Fortschritt der Neuzeit gelitten hat wie die Fähigkeit zu handeln. Den Fortschritt nennen wir den erbarmungslosen Prozess des Mehr und Mehr, Größer und Größer, Schneller und Schneller, der immer gigantischerer Verwaltungsapparate bedarf, um nicht im Chaos zu enden. Woran Macht heute scheitert, ist nicht so sehr die Gewalt als der prinzipiell anonyme Verwaltungsapparat.«[198]

Katniss und Peeta finden in Liebe zu einander. »Jemanden zu lieben ist nicht nur ein starkes Gefühl, es ist auch eine Entscheidung, ein Urteil, ein Versprechen. (.) Wie kann man behaupten, die Liebe werde ewig dauern, wenn nicht mein Urteilsvermögen und meine Entschlußkraft beteiligt sind?«[199] Ohne Peeta kann Katniss nicht überleben, weil sie nur durch ihn an das Leben glaubt. Sie wollte nie Kinder in eine Welt setzen, der sie allzu oft durch Selbstmord entkommen wollte. So schreibt auch Fromm über Joseph K. in Kafkas *Process*:

»Sein ganzes Leben lang hat K. versucht, eine Antwort auf diese Fragen zu finden, oder – besser gesagt – sie sich von anderen beantworten zu lassen; in diesem Augenblick stellt er Fragen – die richtigen Fragen. Erst die Todesangst verleiht ihm Kraft, die Möglichkeit von Liebe und Freundschaft zu erkennen, und paradoxerweise glaubt er im Augenblick des Sterbens zum ersten Mal an das Leben.«[200]

> *Peeta:* »Du liebst mich. Wahrheit oder nicht Wahrheit?«
> *Katniss:* »Wahrheit.«

»Liebe ist eine Macht, die Liebe erzeugt. Impotenz ist die Unfähigkeit, Liebe zu erzeugen.«[201] »Ohne Liebe könnte die Menschheit nicht einen Tag existieren«,[202] schreibt Fromm und erklärt weiter:

»Liebe ist der einzige Weg zur Erkenntnis, der im Akt der Vereinigung mein Verlangen stillt. Im Akt der Liebe, im Akt der Hingabe meiner selbst, im Akt des Eindringens in den anderen finde ich mich selbst, entdecke ich mich selbst, entdecke ich uns beide, entdecke ich den Menschen.«[203]

»Wenn ich einen Menschen wahrhaft liebe, so liebe ich alle Menschen, so liebe ich die Welt, so liebe ich das Leben.«[204] »Liebe ist nur möglich, wenn sich zwei Menschen aus der Mitte ihrer Existenz heraus miteinander verbinden, wenn also jeder sich selbst aus der Mitte seiner Existenz heraus erlebt. Nur dieses ‹Leben aus der Mitte› ist menschliche Wirklichkeit, nur hier ist Lebendigkeit, nur hier ist die Basis für Liebe. Die so erfahrene Liebe ist eine ständige Herausforderung; sie ist kein Ruheplatz, sondern bedeutet, sich zu bewegen, zu wachsen, zusammenzuarbeiten.«[205]

»Die fundamentalste Art von Liebe, die allen anderen Formen zugrunde liegt, ist die Nächstenliebe. Damit meine ich ein Gespür für Verantwortlichkeit, Fürsorge, Achtung und ‹Erkenntnis›, das jedem anderen Wesen gilt, sowie den Wunsch, dessen Leben zu fördern. Es ist jene Art der Liebe, von der die Bibel spricht, wenn sie sagt: ‹Liebe deinen Nächsten wie dich selbst› (Lev 19,18). Nächstenliebe ist Liebe zu allen menschlichen Wesen. Es ist geradezu kennzeichnend für sie, daß sie niemals exklusiv ist. Wenn sich in mir die Fähigkeit zu lieben entwickelt hat, kann ich gar nicht umhin, meinen Nächsten zu lieben. Die Nächstenliebe enthält die Erfahrung der Einheit mit allen Menschen, der menschlichen Solidarität, des menschlichen Einswerdens.

Die Nächstenliebe gründet sich auf die Erfahrung, daß wir alle eins sind. Die Unterschiede von Begabung, Intelligenz und Wissen sind nebensächlich im Vergleich zur Identität des menschlichen Kerns, der uns allen gemeinsam ist. Um diese Identität zu erleben, muß man von der Oberfläche zum Kern vordringen. Wenn ich bei einem anderen Menschen hauptsächlich das Äußere sehe, dann nehme ich nur die Unterschiede wahr, das, was uns trennt; dringe ich aber bis zum Kern vor, so nehme ich unsere Identität wahr, ich merke dann, daß wir Brüder sind. Diese Bezogenheit von einem Kern zum anderen, anstatt von Oberfläche zu Oberfläche, ist eine Bezogenheit aus der Mitte.«[206]

»Sex ist ein glückliches Verschlingen von warmen Körperteilen und warmer Liebe. Eine physische und psychische Vereinigung, die eine Art Inneres Licht heraufbeschwor, eine bio-emotionale Phosphoreszenz von überwältigender Schönheit.«[207]

»Der Selbstsüchtige liebt sich selbst nicht zu sehr, sondern zu wenig; tatsächlich haßt er sich. Dieser Mangel an Freude über sich selbst und an liebevollem Interesse an der eigenen Person, der nichts anderes ist als Ausdruck einer mangelnden Produktivität, gibt ihm ein Gefühl der Leere und Enttäuschung. Er kann deshalb nur unglücklich und eifrig darauf bedacht sein, dem Leben die Befriedigung gewaltsam zu entreißen, die er sich selbst verbaut hat. Er scheint zu sehr um sich besorgt, aber in Wirklichkeit unternimmt er nur den vergeblichen Versuch, zu vertuschen und zu kompensieren, daß es ihm nicht gelingt, sein wahres Selbst zu lieben.«[208]

Der antike Schriftsteller Plutarch schreibt weiter:

»Aus der Beschränkung auf das Naturnotwendige erwächst die innere Freiheit, die zum Glücklichsein gehört. Wer seinen Leidenschaften und Lastern nachgibt, wie Machtgier, Habsucht, Neid, Zorn, sexuellen Begierden, der ist nicht frei, sondern ein Sklave, nie zufrieden, sondern stets getrieben, noch mehr zu besitzen, noch stärkere Reize zu suchen. Die Spirale der Sucht macht unfrei – eine nüchterne Erfahrungstatsache, ganz ohne übergeordnete Instanzen eines ‹Du sollst› – und daher überzeitlich gültig. Die wahre, beständige Freude des Lebens besteht nur in dem kleinen Glück: zufrieden sein mit dem, was man hat, dankbar den Tag und den Augenblick genießen, freundlich und gelassen sein zu den Mitmenschen und unerschütterlich dem Schicksal gegenüber, das zwar Geld und Gut, nicht aber die Schätze des inneren Menschen rauben kann.«[209]

Katniss entscheidet sich für Peeta, so vermute ich, weil er auch weniger dominant ist als Gale. Er ist nicht bereit gewesen, alles für sie aufzugeben; er ging nicht mit ihr in die Wälder, als sie es wollte. Peeta aber gab alles auf. Außerdem ist Peeta nicht nur einfühlsamer, sondern Katniss beschleicht auch nicht das permanente, ungute Gefühl, mit dem Mörder ihrer Schwester liiert zu sein.[210] Es gilt abermals das geflügelte Wort: »Wahre Liebe zerbricht nicht an einer Krise, sie wächst an ihr.« Ihr größtes Glück sind ihre Kinder und in der Tradition von Plutarch alle kleinen Dinge, die das Leben lebenswert machen.

Auf dieser Wiese unter der Weide,
Ein Bett aus Gras, ein Kissen wie Seide.
Dort schließe die Augen, den Kopf legen nieder,
Wenn du erwachst, scheint die Sonne wieder.
Hier ist es sicher, hier ist es warm,
Hier beschützt dich der Löwenzahn.
Süße Träume hast du hier und morgen erfüllen sie sich.
An diesem Ort, da lieb ich dich.[211]

Jahre später – fünf, zehn, fünfzehn[212] – auf einer Weide sehen wir Katniss bei einem Picknick mit ihrem Mann Peeta und zwei Kindern. Die Arenen sind zerstört und Gedenkstätten errichtet worden. Über die Hungerspiele wird im Schulunterricht gesprochen. Ihre Kinder wissen nicht, »dass sie auf einem Friedhof spielen«.[213] Das eine schon etwas älter, das andere noch ein Baby, das weinend aufwacht. Katniss beruhigt es:

»Hattest du einen Alptraum, Schatz? Ich habe auch Alpträume. Irgendwann erkläre ich es dir mal ganz genau, woher sie kommen und warum sie niemals wieder weggehen. Aber ich verrate dir, wie ich es schaffe, das zu überstehen: Ich führe eine Liste im Herzen von allen guten Taten, die ich miterleben durfte, von jeder Kleinigkeit, die mir einfällt. Es ist wie ein Spiel, ich mache es immer wieder. Es wird nach all den Jahren etwas langweilig, aber es gibt sehr viel schlimmere Spiele.«

Solange das Kind noch klein ist, kann Katniss es auf dem Arm halten und trösten.

»Aber das Kind muß wachsen. Es muß den Mutterleib verlassen, sich von der Mutterbrust lösen; es muß schließlich zu einem völlig unabhängigen menschlichen Wesen werden. Wahre Mutterliebe besteht darin, für das Wachstum des Kindes zu sorgen, und das bedeutet, daß sie selbst wünscht, daß das Kind von ihr loskommt. (.) Die Mutterliebe zum heranwachsenden Kind, jene Liebe, die nichts für sich will, ist vielleicht die schwierigste Form der Liebe; und sie ist sehr trügerisch, weil es für eine Mutter so leicht ist, ihr kleines Kind zu lieben. Aber gerade weil es später so schwer ist, kann eine Frau nur dann eine wahrhaft liebende Mutter sein, wenn sie überhaupt *zu lieben* versteht und wenn sie fähig ist, ihren Mann, andere Kinder, Fremde, kurz alle menschlichen Wesen zu lieben. Eine Frau, die nicht fähig ist, in diesem Sinn zu lieben, kann zwar, solange ihr Kind noch klein ist, eine fürsorgende Mutter sein, aber sie ist keine wahrhaft liebende Mutter. Die Probe darauf ist ihre Bereitschaft, die Trennung zu ertragen und auch nach der Trennung noch weiter zu lieben.«[214]

Das *Spiel des Todes* ist ein Spiel, welches beherrschbar ist. Das schlimmste Spiel von allen Spielen, könnte man fatalistisch meinen – da es gänzlich unbeherrschbar ist und einen besonderen Mut abfordert, sich seinen Risiken zu stellen – ist und bleibt allen Widrigkeiten zum Trotz das wunderbare und herrliche *Spiel des Lebens*.

Die Mockingjay Revolution

Das historische Kolorit von Collins Land, das sich selbst »Panem« nennt, ist das folgende Narrativ: In Nordamerika gab es einst eine liberale Demokratie, die immer mehr zu einer Oligarchie verfiel und somit totalitär wurde. Aus einem blutigen Bürgerkrieg – von den Einflüssen unzähliger Naturkatastrophen getrieben –, erhob sich eine totalitäre Diktatur, die liberal werden wollte, es aber den Machteliten nach einer gescheiterten Rebellion über 76 Jahre gelang, sie absolut totalitär zu halten. Nach einer blutigen Revolution entstand schließlich eine totalitäre Demokratie, die anstrebte, liberal zu werden.

In China herrschten einst feudale Machtverhältnisse in einer totalitären Diktatur. In einer Revolution gelang es, eine totalitäre Demokratie zu etablieren. Diese droht durch die Akzeptanz des Kapitalismus als Wirtschaftsordnung und die sich verbessernden Lebensverhältnisse zunehmend liberal werden zu wollen.

Um die Gesellschaft weiterhin zentral regieren zu können, hat man sich daher ganz neue und subtilere Mechanismen der Unterdrückung zurechtgelegt, welche dezentral wirken *im Einzelnen auf den Einzelnen durch den Einzelnen*. Der Staat bleibt totalitär. Dass die Gesellschaft weiter liberal werden möchte, ist anzunehmen und stellt eine ernste Bedrohung für die Macht der Kommunistischen Partei dar, denn folglich würde eine liberale Demokratie die totalitäre Demokratie mit ihren herrschenden Machteliten und ihrer bestehenden Ordnung vollständig zu stürzen drohen.

Diese fortwährende Unterdrückung erzeugt aufgestauten Druck, der sich in einer blutigen Revolution entladen könnte. Revolutionen jedoch bergen immer auch die Gefahr der Diktatur, entweder eine totalitäre Diktatur oder eine liberale Diktatur könnte die Folge sein. Die liberale Demokratie ist das Ergebnis von nur ganz wenigen Revolutionen, die allermeisten scheiterten oder führten zu Diktaturen und Terrorherrschaften, wie auch einst die Französische Revolution; und noch viel mehr Rebellionen sind sogar gescheitert, ohne damit je zu einer Revolution zu werden.

Aber es ist durch kluges, kritisches und reflektiertes Denken und Handeln möglich, aus diesem Verfassungskreislauf auszubrechen oder ihn sogar ein Stück weit umzukehren. So ist es auch in Bundesrepublik Deutschland gelungen, von einer totalitären Übergangs-Diktatur durch die alliierten Besatzungsmächte nach dem

Niedergang der totalitären NS-Diktatur eine Demokratie zu errichten, in der die Regierung zwar über lange Zeit schlicht in ihrem Amt bestätigt wurde, dies aber auch Stabilität ermöglichte. Da zudem die Gesellschaft sich im Rahmen der Entnazifizierung und des Wiederaufbaus gewiss strengeren und härteren Repressionen ausgesetzt sah als eine liberale Gesellschaft, die später vom »Deutschen Wirtschaftswunder« profitierte, verstehe ich diese frühe Form der Demokratie in der unmittelbaren Nachkriegszeit als totalitär. Die Zielrichtung war der Liberalismus.

Ob es in Panem ebenso gelingen wird, ist eine offene Frage. Im Grunde gibt es zwei wesentliche historische Entwicklungsmöglichkeiten. In der Deutschen Demokratischen Republik wurde ebenfalls eine totalitäre Demokratie errichtet, die Zielrichtung jedoch war der Kommunismus, welcher totalitär ist. So wurde die totalitäre Diktatur immer mehr absolut totalitär, sodass man zurecht von einer juvenilen Form der Diktatur sprechen kann, die adult wurde.[*] Mit einer herausragenden historischen Leistung einer friedlichen Revolution gelang es schließlich jedoch, auch dort eine liberale Demokratie zu etablieren.

Bisher sind wir mit dieser großen Errungenschaft der liberalen Demokratie in Deutschland verantwortungsbewusst und respektvoll umgegangen. Aber wir müssen uns in Acht nehmen vor unserer eigenen Nachlässigkeit, um dem Totalitären Einhalt zu gebieten. Den Schritt zurück, von einer liberalen Demokratie in eine liberale Diktatur zu gehen, ist nicht minder gefährlich, weil eine liberale Diktatur auch leicht zu einer totalitären Diktatur werden kann. Dies geschieht besonders in Krisenzeiten oft fast unbemerkt, denn in eben diesen Zeiten verschieben sich die Grenzen zwischen liberal und totalitär ohnehin, auch in Demokratien.

Anders als Diktaturen sind Demokratien jedoch nicht wehrlos dem Totalitarismus ausgesetzt. Es gibt wehrhafte Demokratien, die zu friedlichen Revolutionen, Wiederherstellungen der alten Ord-

---

[*] Vor 1949 gab es noch Wahlen, bei denen die SED relativ schlecht abgeschnitten hat. In der DDR gab es zwar mehrere Parteien, aber diese wurden alle zusammengefasst in eine Blockpartei: die Nationale Front. Bei der Wahl konnte man nur diesem System zustimmen oder es ablehnen, also weder konnte man spezielle Kandidaten noch bestimmte Parteien wählen. Die SED hat mit der Unterstützung der Sowjets diese Blockpartei von Beginn an kontrolliert.

nung, einer liberalen Ordnung, fähig sind, wohingegen in Diktaturen nur der Ausweg der blutigen Revolution bleibt. Diese kann es gewiss auch in totalitären Demokratien und sogar in liberalen Demokratien geben, man denke so nur an die »konservative Revolution« in der Weimarer Republik, welche schließlich in die Machtübernahme durch die Nationalsozialisten nach allen geltenden Regeln des Rechts stattfand. Revolutionen bergen immer die Gefahr der Diktatur, aber friedliche Revolutionen sind der Menschlichkeit wohlgesonnener als die blutigen.

Die BRD wie auch die DDR sahen sich im Erbe der Weimarer Republik, die **einen** Gegenpol zur Monarchie darstellte. Nach dem Ersten Weltkrieg wäre es in der Rückschau vermutlich klüger gewesen, sich an Machiavellis Empfehlung zu orientieren, bei Übergängen bestimmte Formen des vorigen Systems zu erhalten. Statt einer Republik wäre eine konstitutionelle Monarchie in Deutschland gut möglich eher akzeptiert worden als die Demokratie, der es an Demokraten fehlte.

In diesem Sinne ist es sicherlich klug gewesen, die Staatsarchitektur Panems nicht vollständig umzustoßen, sondern das Präsidialamt mit all seiner Strahlkraft zu erhalten. Aber auch wenn es gelingen sollte, den schwierigen Weg zur Demokratie und zur Freiheit zu gehen, so bedeutet dies eine unendliche Aufgabe mit immer wiederkehrenden Herausforderungen. Schon Machiavelli erkannte:

»Soll ein Staat oder eine Religion lange bestehen, so muß man sie häufig zu ihrem Ursprung zurückführen. (.) so behaupte ich, daß ihnen nur die Veränderungen zum Heil gereichen, die sie zu ihrem Ursprung zurückführen. Darum sind die am besten geordnet und von längster Dauer, die sich vermöge ihrer Einrichtungen häufig erneuern können, oder die ein äußerer Zufall zur Erneuerung führt. Es ist klarer als der Tag, daß diese Körper ohne Erneuerung keine Dauer haben. Das Mittel zu ihrer Erneuerung ist, wie gesagt, ihre Zurückführung auf ihren Ursprung; denn zu Anfang müssen alle Religionen, Republiken und Königreiche notwendig etwas Gutes gehabt haben, kraft dessen sie ihr ursprüngliches Ansehen und ihr erstes Wachstum wiedererlangen. Dies Gute verdirbt mit der Zeit; tritt also nichts ein, wodurch es wiederhergestellt wird, so muß der Körper notwendig sterben. (.)
Die Rückkehr zum Ursprung geschieht bei Republiken durch ein äußeres Unglück oder durch innere Klugheit. (.)[215] darum ist es nötig, dem Übel vorzubeugen, indem man alles zu seinem Ursprung zurückführt. (.) Auch Königreiche bedürfen der Erneuerung und der Zurückführung der Gesetze zu ihrem Ursprung. (.) Ich ziehe also den Schluß, daß für ein Gemeinwesen, sei es eine Religionsgemeinschaft, eine Republik oder ein Königreich, nichts

notwendiger ist, als ihm das Ansehen wiederzugeben, das es ursprünglich hatte. Und zwar muß man dahin streben, daß entweder gute Einrichtungen oder tüchtige Männer dies herbeiführen, nicht eine fremde Macht.«[216]

Das *Kapitol* (Capitol) lässt sich Übersetzen als »Hauptstadt« oder »Hauptstätte«.* Es ist Bezeichnung für viele Machtzentren der antiken, aber auch der heutigen Welt.† Politiktheoretisch verstehe ich unter dem Kapitol all jene unsichtbaren Kräfte, welche Macht und Ohnmacht über den Einzelnen bringen können; es ist die Manifestation der neu erschaffenen Bedrohungen durch die Erfindung der Macht. Dies konnte ältere, natürliche Bedrohungen durch die Umwelt für den Menschen verhindern, beenden oder zumindest abmildern, es bildete sich jedoch auch eine Projektionsfläche für tief verwurzelte Urängste heraus.

Tiefenpsychologisch interpretiert verstehe ich unter dem Kapitol all jene abstrakten Kräfte wie auch reale Gefahren und Bedrohungen, welche auf das Individuum einwirken und sowohl physisches wie auch moralisches Leid verursachen.

Der Spotttölpel ist das Symbol für die Erhebung des Individuums vom Objekt fremdbestimmter Umstände und Interessen zum Subjekt. Er überwindet äußere Umstände, die sein Schicksal, so einmal Büchner, determinieren, und gestaltet seine Zukunft selbst in einem kreativen Sinne.

Das ist zumindest die von den Rebellen propagierte Symbolik. Tatsächlich jedoch steht der Spotttölpel für etwas ganz anderes. Er ist das Produkt der menschlichen Nachlässigkeit, sei es aus Überheblichkeit oder Bequemlichkeit. Das, was der Mensch erschaffen und nur halbherzig verstanden und verfolgt hat, wird sich selbst überlassen sich gegen den Menschen stellen. Ohne menschliches Eingreifen rollt es ab nach seinen eigenen deterministischen Gesetzen.

---

* Etymologisch leitet sich das Wort von lat. *Capitolium* ab, nach dem Haupttempel des Jupiter, dem höchsten Gott im alten Rom. Die Römer leiteten das Wort Capitolium etymologisch von der Schädelstätte des Etruskerkönigs Olus ab: caput Oli, »Schädel des Olus«. Dieser soll einst auf dem Hügel begraben und dessen Schädel später dort gefunden worden sein.
† Auch in der Populärkultur hat der Begriff Eingang gefunden, so etwa in der deutschen Büroserie »Stromberg«, in der das Machtzentrum sich in der Hierarchie der Kapitol-Versicherung manifestiert.

Der Mensch ist gefangen in seiner Gewohnheit zur Bequemlichkeit, die er sich selbst geschaffen hat; er fällt einer *Zweck-Mittel-Verdrehung* zum Opfer, die die seine eigene ist. Man sagt, A muss gesichert sein, das ist der Zweck; diesen kann man durch das Mittel B erreichen.* Nun liegt der Trugschluss darin, zu glauben, dass es genüge, B einfach nur zu erfüllen, sodass das Mittel zum eigentlichen Zweck wird und den ursprünglichen Zweck verdrängt, welcher nur noch als Mittel zu verstehen ist. Das Mittel, welches man nutzt, um den Zweck zu bedienen, richtet sich dann gegen einen selbst, da es als neuer etablierter Zweck sich Selbstzweck geworden ist und den Menschen selbst geißelt. In dieser Eigendynamik kommt alles auf einen zurück, was man selbst einst losgetreten hat.

Nicht Legionen und Schwerter waren Roms schärfste Waffen. Was Rom für unterworfene Völker attraktiv machte, waren Wohlstand, Rechtssicherheit und Frieden.

Panem zerbrach als Staat nicht an der Hungerspielen. Diese forderten nur wenige Opfer und einige Tribute sahen sich in der Tradition großer und glorreicher Gladiatoren. Die Spiele »bedeuten gar nichts«. Erst Plutarch gelingt es, den »Spielen Bedeutung zu verleihen«, da die Spiele als TV-Event das einzige Medium waren, durch welches alle Distrikte zeitgleich erreicht werden konnten. Erst dadurch war es möglich, ein Bündnis zwischen den Distrikten zu formen.

Woran Panem schließlich zerbrach, waren die ökonomischen Verhältnisse, die bekanntermaßen ungleich waren. Im Mittelalter kannte man nichts anderes und akzeptierte das, was man hatte. Erst mit der Kunde von einer neuen Welt, die Elend und Armut nicht kannte, führte zum Ausbruch aus einem ewigen Kreislauf von *Brot und Tod*. Dies führte auch in Panem zur Revolution, denn in den Distrikten wusste man sehr wohl um die Möglichkeit besserer Lebensverhältnisse.

Und in diesem Sinne kann die Revolution in Panem zurecht als *Zweite Amerikanische Revolution* bezeichnet werden. Die *Idee der Revolution* mag darin bestehen, sich aus der eigenen Bequemlichkeit

---

* Ein alltägliches Beispiel stellen Klausuren dar. Der ursprüngliche Zweck war das Lernen, das Mittel die Prüfungen, um den Lernstand zu überprüfen. Die Klausuren und Prüfungen im Bildungssystem werden zum neuen Zweck, das Lernen nur noch zum Mittel, um die Klausuren erfüllen zu können. Der Begriff der *Zweck-Mittel-Verdrehung* ist in der Organisationssoziologie gut bekannt.

gegen das zu richten, was sich der eigenen Nachlässigkeit wegen gegen einen selbst gerichtet hat. So schreibt Fromm:

»Der gierige Mensch ist schlau; der vernünftige Mensch ist klug; der abhängige Mensch verdummt, der freie Mensch wird weiser. Letzten Endes geht der Unterschied zwischen der Vernunft und dem manipulierenden Verstand auf ein moralisches Problem zurück. Je mehr der Mensch haben will, je mehr er sich abhängig macht von den Dingen und ihnen verhaftet ist, desto mehr wird er ein Gefangener der Dinge. Dummheit ist nicht eine Folge mangelnder angeborener Intelligenz, sondern mangelnder Freiheit. Vernunft entwickelt sich nur in der Freiheit, nicht nur von äußeren Zwängen, sondern auch von den inneren Zwängen des Verhaftetseins in seinen vielen Ausdrucksformen. In der Industriegesellschaft, in der der manipulierende Verstand die herrschende Form des Denkens ist, wird der Unterschied leicht vergessen. Wenn wir ihn ernstnehmen, wäre man ja mit der unangenehmen Einsicht konfrontiert, daß wir unser Denken meistens noch so wie das Tier benutzen (besonders deutlich bei den Primaten), und eine kleine Minderheit erst zur menschlichen Stufe des Denkens aufgestiegen ist. Der Verstand macht uns nur zum schlauesten Tier, im biblischen Mythos als Schlange symbolisiert, die ‹schlauer war als alle andere Tiere›. Der manipulierende Verstand kann nützlich sein, er kann zur Verbesserung des Lebens führen, aber er kann auch der Weg zur Hölle sein; die erkennende Vernunft ist ein Kind der Freiheit, und ihr Sicht-Entfalten führt zu immer wachsender Freiheit.«[217]

»Die Existenzweise des Habens, die auf Eigentum und Profit ausgerichtete Orientierung, gebiert zwangsläufig das Verlangen nach Macht, ja die Abhängigkeit von Macht. Es ist Gewaltanwendung nötig, um den Widerstand eines Lebewesens zu brechen, das man beherrschen möchte. Der Besitz von Privateigentum erfordert Macht, um es vor jenen zu schützen, die es uns wegnehmen wollen, denn genau wie wir bekommen auch sie nie genug. Der Wunsch, Privateigentum zu haben, erweckt den Wunsch in uns, Gewalt anzuwenden, um andere offen oder heimlich zu berauben. In der Existenzweise des Habens findet der Mensch sein Glück in der Überlegenheit gegenüber anderen, in seinem Machtbewußtsein und in letzter Konsequenz in seiner Fähigkeit, zu erobern, zu rauben und zu töten. In der Existenzweise des Seins liegt es im Lieben, Teilen, Geben.«[218]

Die eigentliche *Revolution* in Panem bestand nun darin, sich aus der selbst verschuldeten Bequemlichkeit, Gewohnheit und stumpfsinnigen Dummheit zu erheben und den ewigen Kreislauf des *Habens* und *Nicht-Habens* zu durchbrechen, und vom *Nicht-Sein* zum *Sein* zu gelangen.

Meine Arbeit an *Panems Geschichte von Brot und Tod* ist nun vorerst abgeschlossen. Die Panem-Forschung jedoch ist nicht vollendet, sie hat einen Anfang bekommen. Der Widerstand gegen die Unterdrückung hat begonnen, aber er darf niemals enden. Das »Reich der Kraft, der Herrlichkeit und der Ewigkeit« ist Eutopia. Es »erscheint am Horizont, aber wir müssen es uns selbst nehmen.«

Es ist der Traum von einem freien Panem, das sich fortan Eutopia nennt, eine Keimzelle der Freiheit und der Demokratie sein, deren Strahlkraft auch die hintersten und von den langen Schatten des Totalitarismus verdunkelten Winkel der Welt erleuchtet, auf dass Freiheit, Demokratie und Humanismus in neuem Glanze erstrahlen.

Es ist die *Mockingjay Revolution.*

Literatur

Aufgelistet habe ich direkt zitierte oder indirekt wiedergegebene Literatur sowie relevante und weiterführende Bücher, die gedanklichen Eingang in das Gesamtwerk meiner Panem-Forschung gefunden haben.

Abraham et al., Martin: Einführung in die Organisationssoziologie. VS, 3. Auflage, Wiesbaden 2004

Acemoglu, Daron; Robinson, James A.: Warum Nationen scheitern. Die Ursprünge von Macht, Wohlstand und Armut. Fischer 4. Auflage, Frankfurt a.M. 2017

Ackerl, Isabella: Die bedeutendsten Staatsmänner. Marix, Wiesbaden 2006

Adorno, Theodor W.: Erziehung zur Mündigkeit. Suhrkamp 26. Auflage, Frankfurt a.M. 2017

Adorno, Theodor W.: Studien zum autoritären Charakter. Suhrkamp 10. Auflage, Frankfurt a.M. 2017

Adorno, Theodor W.; Horkheimer, Max: Dialektik der Aufklärung. Philosophische Fragmente. Fischer 23. Auflage, Frankfurt a.M. 2017

Alt, Franz: Zukunft Erde. Wie wollen wir morgen Leben und Arbeiten? Aufbau, Berlin 2006

Anders, Günther: Die Antiquiertheit des Menschen 1. Über die Seele im Zeitalter der zweiten industriellen Revolution. C.H.Beck 4. Auflage, München 2018

Anders, Günther: Die Antiquiertheit des Menschen 2. Über die Zerstörung des Lebens im Zeitalter der dritten industriellen Revolution. C.H.Beck 4. Auflage, München 2018

Anter, Andreas: Theorien der Macht. Zur Einführung. Junius, Hamburg 2012

APuZ: Essays über Gentechnik, Klonen und Sterbehilfe. 23-24/2004

APuZ: Hitlers »Mein Kampf«. 43-45/2015

APuZ: Holocaust und historisches Lernen. 3-4/2016

APuZ: Hunger. 49/2015

APuZ: Kinderarbeit. 43/2012

APuZ: Klimawandel. 47/2007

APuZ: Medienpolitik. 40-41/2018

APuZ: Sklaverei. 50-51/2015

APuZ: Überwachen. 18-19/2014

APuZ: Wahrheit. 13/2017

APuZ: Wandel des Politischen? 44-45/2017

Arendt, Hannah: Denken ohne Geländer. Texte und Briefe. Piper 9. Auflage, München 2017

Arendt, Hannah: Die Freiheit, frei zu sein. Dtv 5. Auflage, München 2018

Arendt, Hannah: Eichmann in Jerusalem. Ein Bericht von der Banalität des Bösen. Piper, München 2021

262

Arendt, Hannah: Elemente und Ursprünge totaler Herrschaft. Antisemitismus, Imperialismus, totale Herrschaft. Piper 8. Auflage, München 2001

Arendt, Hannah: Macht und Gewalt. Piper 25. Auflage, München 2015

Arendt, Hannah: Über das Böse. Eine Vorlesung zu Fragen der Ethik, Piper 11. Auflage, München/Berlin 2006

Arendt, Hannah: Über die Revolution. Piper 6. Auflage, München/Berlin 2006

Arendt, Hannah: Wahrheit und Lüge in der Politik. Piper, München 2013

Arendt, Hannah: Was heißt persönliche Verantwortung in einer Diktatur? Piper, München 2020

Arendt, Hannah: Was ist Politik? Fragmente aus dem Nachlass. Piper 2. Auflage, München 2005

Arendt, Hannah; Fest, Joachim. Eichmann war von empörender Dummheit. Gespräche und Briefe. Hrsg. Ursula Ludz & Thomas Wild. Piper, München 2011

Aristoteles. Politik. Link: https://ia600208.us.archive.org/25/items/aristotelespoli01berngoog/aristotelespoli01berngoog.pdf, Antike

Aronson, Elliot et al.: Sozialpsychologie. Pearson, München 2004

Aust, Stefan; Geiges, Adrian: XI Jinping. Der mächtigste Mann der Welt. Piper 2. Auflage, München 2021

Bahrdt, Hans-Paul: Schlüsselbegriffe der Soziologie. Eine Einführung mit Lehrbeispielen. 10. Auflage, Beck, München 2014

Baker, Simon: Rom. Aufstieg und Untergang einer Weltmacht. Reclam, Stuttgart 2006

Bareither, Christoph: Gewalt im Computerspiel. Facetten eines Vergnügens. Transcript, Bielefeld 2016

Batscha, Zwi: Eine Philosophie der Demokratie. Thomas G. Masaryks Begründung einer neuzeitlichen Demokratie. Suhrkamp, Frankfurt a.M. 1994

Bauer, Thomas: Die Vereindeutigung der Welt. Über den Verlust an Mehrdeutigkeit und Vielfalt. Reclam, Ditzingen 2018

Bauer, Wolfgang: China und die Hoffnung auf Glück. Paradiese, Utopien, Idealvorstellungen in der Geistesgeschichte Chinas. München 1989

Bauer, Wolfgang: Geschichte der chinesischen Philosophie. C.H.Beck 2. Auflage, München 2009

Bauman, Zygmunt: Flüchtige Moderne. Suhrkamp, Frankfurt a.M. 2003

Beard, Mary: SPQR. Die tausendjährige Geschichte Roms. S.Fischer, Frankfurt a.M. 2016

Beck, Ulrich: Macht und Gegenmacht im globalen Zeitalter. Suhrkamp, Frankfurt a.M. 2009

Beck, Ulrich: Was ist Globalisierung? Suhrkamp, Frankfurt a.M. 2007

Beck, Valentin: Eine Theorie der globalen Verantwortung. Was wir Menschen in extremer Armut schulden. Suhrkamp, Berlin 2016

Becker, Michael et al.: Politische Philosophie. UTB 4. Auflage, Paderborn 2006

Beicken, Peter: Wie interpretiert man einen Film? Reclam, Stuttgart 2004

Bellers, Jürgen (Hrsg.): Klassische Staatenentwürfe. Außenpolitisches Denken von Aristoteles bis heute. Wissenschaftliche Buchgesellschaft, Darmstadt 1996

Berger, Wilhelm: Macht. UTB, Wien 2009

Bernays, Edward: Propaganda. Die Kunst der Public Realtions Orange Press, 2018

Bernholz, Peter; Breyer, Friedrich: Ökonomische Theorie der Politik. Bd.2. Grundlage der politischen Ökonomie. Mohr, Tübingen 1994

Birkenbihl, Vera F. et al.: Positives Denken von A bis Z. So nutzen Sie die Kraft des Wortes, um ihr Leben zu ändern. MVG 8. Auflage, München 2016

Birkenbihl, Vera F.: Humor. An ihrem Lachen soll man Sie erkennen. MVG 7. Auflage, München 2016

Blanke, Tobias: Das Böse in der politischen Theorie. Die Furcht vor der Freiheit bei Kant, Hegel und vielen anderen. Transcript, Bielefeld 2006

Bogner, Alexander: Die Epistemisierung des Politischen. Wie die Macht des Wissens die Demokratie gefährdet. Reclam, Ditzingen 2021

Bosetzky et al., Horst: Mensch und Organisation. Aspekte bürokratischer Sozialisation. Kohlhammer, 6. Auflage, Stuttgart 2002

Bosetzky, Horst: Das »Überleben« in Großorganisationen und der Prinz-von-Homburg-Effekt. Deutsche Verwaltungspraxis, Berlin 1973, 29

Boston Consulting Group, Strategieinstitut: Clausewitz. Strategie denken. Dtv 10. Auflage, München 2016

Bourdieu, Pierre: Die verborgenen Mechanismen der Macht. Schriften zu Politik & Kultur. VSA, Hamburg 2005

Bourdieu, Pierre: Über das Fernsehen. Suhrkamp 11. Auflage, Frankfurt a.M. 2015

Bourdieu, Pierre: Über den Staat. Vorlesungen am College de France 1989-1992. Suhrkamp, Berlin 2017

Bradbury, Ray: Fahrenheit 451. Wilhelm Heyne 14. Auflage, München 2000

Braun, Johann: Einführung in die Rechtsphilosophie. Der Gedanke des Rechts. Mohr Siebeck, Tübingen 2006

Brennan, Jason: Gegen Demokratie. Warum wir Politik nicht den Unvernünftigen überlassen dürfen. Ullstein, Berlin 2017

Brieler, Ulrich: Die Unerbittlichkeit der Historizität. Foucault als Historiker. Böhlau, Köln 1998

Brocker, Manfred (Hrsg.): Geschichte des politischen Denkens. Das 20. Jahrhundert. Suhrkamp, Berlin 2018

Brocker, Manfred (Hrsg.): Geschichte des politischen Denkens. Ein Handbuch. Suhrkamp 5. Auflage, Frankfurt a.M. 2018

Brocker, Manfred: Kant über Rechtsstaat und Demokratie. VS, Wiesbaden 2006

Bröckling, Ulrich et al. (Hrsg.): Gouvernementalität der Gegenwart. Studien zur Ökonomisierung des Sozialen. Suhrkamp, Frankfurt a.M. 2000

Bröckling, Ulrich: Gute Hirten führen sanft. Über Menschenregierungskünste. Suhrkamp, Berlin 2017

Brodocz, Andre; Schaal, Garten S.: Politische Theorien der Gegenwart I. Utb, Opladen/Toronto 2016

Brodocz, Andre; Schaal, Garten S.: Politische Theorien der Gegenwart II. Utb, Opladen/Toronto 2016

Brodocz, Andre; Schaal, Garten S.: Politische Theorien der Gegenwart III. Utb, Opladen/Toronto 2016

Bublitz, Hannelore: Das Archiv des Körpers. Konstruktionsapparte, Materialitäten und Phantasmen. Transcript, Bielefeld 2018

Buchstein, Hubertus; Göhler, Gerhard (Hrsg.): Politische Theorie und Politikwissenschaft. VS, Wiesbaden 2007

Byung-Chul Han: Was ist Macht? Reclam, Stuttgart 2012

Canetti, Elias: Masse und Macht. Fischer TB, 34. Aufl. Frankfurt a.M. 2015

Caparros, Martin: Der Hunger. Wie zum Teufel können wir weiterleben, obwohl wir wissen, dass diese Dinge geschehen? Suhrkamp, Berlin 2015

Cassirer, Ernst: Der Mythus des Staates. In: Barner et al.: Texte zur modernen Mythentheorie. Reclam, Stuttgart 2003

Cathcart, Thomas; Klein, Daniel: Platon und Schnabeltier gehen in eine Bar. Philosophie verstehen durch Witze. Goldmann 10. Auflage, München 2010

Celikates, Robin; Gosepath, Stefan: Grundkurs Philosophie, Bd.6. Reclam, Stuttgart 2013

Chomsky, Noam: Die Verantwortlichkeit der Intellektuellen. Suhrkamp, Frankfurt a.M. 1971

Chomsky, Noam: Eine Anatomie der Macht. Der Chomsky-Reader. Europa, Hamburg 2004

Chomsky, Noam: Hybris. Die endgültige Sicherung der globalen Vormachtstellung der USA. Piper, München 2006

Chomsky, Noam: Media Control. Wie Medien uns manipulieren. Piper 4. Auflage, München 2010

Chomsky, Noam: War Against People. Menschenrechte und Schurkenstaaten. Piper 9. Auflage, München 2017

Chomsky, Noam: Wer beherrscht die Welt? Die globalen Verwerfungen der amerikanischen Politik. Ullstein, Berlin 2016

CIA: Die Welt im Jahr 2035 gesehen von der CIA. Das Paradox des Fortschritts. C.H.Beck, München 2017

Cialdini, Robert B. et al.: Yes! Andere überzeugen – 50 wissenschaftlich gesicherte Geheimrezepte. Huber 1. Nachdruck, Bern 2017

Cicero. De re publica. Link z.B.: http://gutenberg.spiegel.de/buch/vom-staat-1902/1

Claessens, Dieter; Tyradellis, Daniel: Konkrete Soziologie. Verständliche Einführung in soziologisches Denken. Westdt. Verlag, Opladen 1997

Clark, Christopher: Von Zeit und Macht. Herrschaft und Geschichtsbild vom Großen Kurfürsten bis zu den Nationalsozialisten. DVA, München 2018

Clausewitz, Carl von: Vom Kriege. Nikol, Hamburg 2008

Cohen, Martin: 99 moralische Zwickmühlen. Eine unterhaltsame Einführung in die Philosophie des richtigen Handelns. Piper 4. Auflage, München/Berlin 2016

Collins, Suzanne: Das Lied von Vogel und Schlange/Die Tribute von Panem. Oetinger, Hamburg 2020

Collins, Suzanne: Flammender Zorn/Die Tribute von Panem Bd. 3 Oetinger, Hamburg 2016

Collins, Suzanne: Gefährliche Liebe/Die Tribute von Panem Bd. 2 Oetinger, Hamburg 2016

Collins, Suzanne: Tödliche Spiele/Die Tribute von Panem Bd. 1 Oetinger, Hamburg 2016

Corsten, Michael: Grundfragen der Soziologie. UVK Verlagsgesellschaft, Konstanz 2011

Czelinski, Michael; Stenzel, Jürgen: Krieg. Philosophische Texte von der Antike bis zur Gegenwart. Reclam, Stuttgart 2004

Diamond, Jared: Kollaps. Warum Gesellschaften überleben oder untergehen. Fischer 3. Auflage, Frankfurt a.M. 2014

Dick, Philip K.: The Man In The High Castle. Das Orakel vom Berge. Fischer TB, Frankfurt a.M. 2017 (Originalausgabe: 1962)

Dimbath, Oliver: Einführung in die Soziologie. UTB, Paderborn 2011

Dippel, Horst: Die Amerikanische Revolution. Suhrkamp, Frankfurt a.M. 1985

Drewermann, Eugen: Moby Dick oder Vom Ungeheuer, ein Mensch zu sein. Melvilles Roman tiefenpsychologisch gedeutet. Patmos, Düsseldorf/Zürich 2004

Dtv-Atlas zur Philosophie. Dtv, München 1991

Dtv-Atlas: Politische Theorie – Politische Systeme – Internationale Beziehungen. Dtv, München 2009

Duman, Yilmaz: Zur Frage der Macht im Werk Michel Foucaults. Unter besonderer Berücksichtigung der Ethnologie der euopäischen Kultur. WUV, Wien 2013

Dunn, George; Michaud, Nicolas: Die Philosophie bei DIE TRIBUTE VON PANEM. Hunger Games – Liebe, Macht und Überleben. Wiley, Weinheim 2013

Elias, Norbert: Was ist Soziologie?. Juventa, Weinheim 11. Aufl. 2009

Elsaesser, Thomas; Hagener, Malte: Filmtheorie. Zur Einführung. Junius, Hamburg 2007

Endruweit, Günter: Organisationssoziologie. Gruyter, Berlin 1981

Eßbach, Wolfgang: Studium Soziologie. Fink, Paderborn 1996

266

Esser, Hartmut: Soziologie. Allgemeine Grundlagen, Frankfurt am Main und New York, 3. Aufl. 1999

Euchner, Walter: John Locke. Zur Einführung. Junius, Hamburg 1996

Faulstich, Werner: Grundkurs Filmanalyse. UTB 3. Auflage, Paderborn 2002

Fink-Eitel, Hinrich: Michel Foucault. Zur Einführung. Junius, Hamburg 1990

Fisch, Michael: Werke und Freuden. Michel Foucault – eine Biographie. Transcript, Bielefeld 2011

Follath, Erich: Die neuen Großmächte. Wie Brasilien, China und Indien die Welt erobern. Spiegel/Goldmann, München 2015

Forst, Rainer: Normativität und Macht. Zur Analyse sozialer Rechtfertigungsordnungen. Suhrkamp, Berlin 2015

Foucault, Michel: Analytik der Macht. Suhrkamp, Frankfurt a.M. 2005

Foucault, Michel: Der Stil der Geschichte, Dits et Ecrits IV. Suhrkamp, Frankfurt a.M. 2005

Foucault, Michel: Die Geburt der Biopolitik. Geschichte der Gouvernementalität II. Suhrkamp, Frankfurt a.M. 2006

Foucault, Michel: Die Hauptwerke. Suhrkamp 4. Auflage, Frankfurt a.M. 2016

Foucault, Michel: Die Ordnung des Diskurses. Fischer 13. Auflage, Frankfurt a.M. 1991

Foucault, Michel: In Verteidigung der Gesellschaft. Suhrkamp, Frankfurt a.M. 2001

Foucault, Michel: Schriften zur Medientheorie. Suhrkamp, Berlin 2013

Foucault, Michel: Sicherheit, Territorium, Bevölkerung. Geschichte der Gouvernementalität I. Suhrkamp, Frankfurt a.M. 2004

Foucault, Michel: Wahnsinn und Gesellschaft. Eine Geschichte des Wahns im Zeitalter der Vernunft. Suhrkamp 22. Auflage, Frankfurt a.M. 2016

Frech, Selina: Widerstandsutopien in der Jugendliteratur am Beispiel von Suzanne Collins »Tribute von Panem«. Widerstand und Zivilcourage gegen repressive Regierungssysteme. Studienarbeit. Grin, Norderstedt 2015

Frech, Siegfried (Hrsg.): Neue Kriege. Akteure, Gewaltmärkte, Ökonomie.

Freud, Siegmund: Massenpsychologie und Ich-Analyse. Nikol 6. Auflage, Hamburg 2017

Friedman, George: Die nächsten 100 Jahre. Die Weltordnung der Zukunft. Campus, Frankfurt a.M. 2009

Friedrichs, Werner; Lange, Dirk (Hrsg.): Demokratiepolitik. Vermessungen, Anwendungen, Probleme, Perspektiven. Springer VS, Wiesbaden 2016

Fromm, Erich et al.: Zen-Buddhismus und Psychoanalyse. Suhrkamp 28. Auflage, Berlin 2020

Fromm, Erich: Anatomie der menschlichen Destruktivität. Rowohlt 25. Auflage, Reinbek bei Hamburg 2015

Fromm, Erich: Das Christusdogma und andere Essays. Psychosozial, Gießen 2020

Fromm, Erich: Den Menschen verstehen. Psychoanalyse und Ethik. Dtv, München 2017

Fromm, Erich: Die Furcht vor der Freiheit. Dtv 20. Auflage, München 2016

Fromm, Erich: Die Kunst des Lebens. Zwischen Haben und Sein. Herder 4. Auflage, Freiburg im Breisgau 2012

Fromm, Erich: Die Kunst des Liebens. Ullstein 71. Auflage, München 2014

Fromm, Erich: Die Pathologie der Normalität. Zur Wissenschaft vom Menschen. Ullstein 6. Auflage, München 2016

Fromm, Erich: Die Revolution der Hoffnung. Für eine Humanisierung der Technik. Dtv/Klett-Cotta, München 1987

Fromm, Erich: Die Seele des Menschen. Ihre Fähigkeit zum Guten und zum Bösen. Dtv 2. Auflage, München 2017

Fromm, Erich: Es geht um den Menschen: Tatsachen und Illusionen in der Außenpolitik. DVA, Stuttgart 1981

Fromm, Erich: Haben oder Sein. Die seelischen Grundlagen einer neuen Gesellschaft. Dtv 44. Auflage, München 2017

Fromm, Erich: Humanismus als reale Utopie. Der Glaube an den Menschen. Ullstein 3. Auflage, Berlin 2015

Fromm, Erich: Jenseits der Illusionen. Eine intellektuelle Autobiographie. Dtv, München 2020

Fromm, Erich: Liebe, Sexualität und Matriarchat. Beiträge zur Geschlechterfrage. Kindle Edition, 2015

Fromm, Erich: Märchen, Mythen, Träume. Eine Einführung in das Verständnis einer vergessenen Sprache. Rowohlt 21. Auflage, Reinbek bei Hamburg 2017

Fromm, Erich: Über den Ungehorsam. Und andere Essays. Psychosozial, Gießen 2019

Fromm, Erich: Psychoanalyse und Religion. Dtv, München 2018

Fromm, Erich: Über die Liebe zum Leben. Dtv 2. Auflage, München 2014

Fromm, Erich: Vom Haben zum Sein. Wege und Irrwege der Selbsterfahrung. Ullstein 6. Auflage, Ulm 2011

Fromm, Erich: Wege aus einer kranken Gesellschaft. Eine sozialpsychologische Untersuchung. Dtv 9. Auflage, München 2016

Fuchs-Heinritz, Werner et al. (Hrsg.): Lexikon zur Soziologie. 4. Aufl., VS Verlag für Sozialwissenschaften, Wiesbaden 2007

Fukuyama, Francis: Das Ende der Geschichte. Wo stehen wir? Kindler, München 1992

Funk, Rainer et al. (Hrsg.): Erich Fromm heute. Zur Aktualität seines Denkens. Dtv, München 2000

Gädeke, Dorothea: Politik der Beherrschung. Eine kritische Theorie externer Demokratieförderung. Suhrkamp, Berlin 2017

Geldsetzer, Lutz; Hong, Han-ding: Chinesische Philosophie. Eine Einführung. Reclam, Stuttgart 2008

Gesang, Bernward: Eine Verteidigung des Utilitarismus. Reclam, Stuttgart 2003

Gorgoglione, Ruggiero: Paradoxien der Biopolitik. Politische Philosophie und Gesellschaftstheorie in Italien. Transcript, Bielefeld 2016

Graeber, David: Schulden. Die ersten 5000 Jahre. Klett Cotta, Stuttgart 2012

Granet, Marcel: Das chinesische Denken. Inhalt, Form, Charakter. Suhrkamp, München 1985

Greene, Robert: 33 Gesetze der Strategie. dtv, München 2017

Greene, Robert: Die 24 Gesetze der Verführung. dtv, München 2017

Greene, Robert: Power. Die 48 Gesetze der Macht. dtv, München 2016

Hacke, Jens: Existenzkrise der Demokratie. Zur politischen Theorie des Liberalismus in der Zwischenkriegszeit. Suhrkamp, Berlin 2018

Hahlbrock, Klaus: Kann unsere Erde die Menschen noch ernähren? Bevölkerungsexplosion – Umwelt – Gentechnik. Forum für Verantwortung. Fischer, Frankfurt a.M. 2007

Haider, Grabner-Haider: Die wichtigsten Philosophen. Marix 6. Auflage, Wiesbaden 2016

Haig, Matt: Ich und die Menschen. Dtv, München 2015

Hasenbach, Sabine: Aldous Huxley. BRAVE NEW WORLD. Textanalyse und Interpretation. Königs Erläuterungen. Bange, Hollfeld 2015

Hastedt, Heiner: Was ist Bildung? Eine Textanthologie. Reclam, Stuttgart 2012

Hawking, Stephen: Kurze Antworten auf große Fragen. Klett-Cotta, Stuttgart 2018

Heidenreich, Felix; Schaal, Gary S.: Einführung in die Politischen Theorien der Moderne. UTB 3. Auflage, Opladen/Toronto 2016

Heins, Volker: Max Weber. Zur Einführung. Junius, Berlin 1990

Heitmeyer, Wilhelm: Autoritäre Versuchungen. Suhrkamp, Berlin 2018

Helle, Horst Jürgen: Verstehende Soziologie. Lehrbuch, Oldenbourg, München/Wien 1999

Herberer, Thomas: Traditionelle Kultur und Modernisierung. Versuch einer Analyse am Beispiel Chinas. In Springer: Politische Vierteljahresschrift. Juni 1990, Vol. 31 No. 2, pp.214-237

Herberg-Rothe, Andreas: Der Krieg. Geschichte und Gegenwart. Campus, Frankfurt a.M. 2003

Herforth, Maria-Felicitas: George Orwell. 1984. Textanalyse und Interpretation. Königs Erläuterungen. Bange, Hollfeld 2014

Heubel, Fabian: Chinesische Gegenwartsphilosophie. Zur Einführung. Junius, Hamburg 2016

Hickethier, Knut: Film- und Fernsehanalyse. Metzler 5. Auflage, Stuttgart 2012

Hillmann, Karl-Heinz: Wörterbuch der Soziologie. 5., vollst. überarb. u. erw. Aufl., Kröner, Stuttgart 2007

Hirn, Wolfgang: Der nächste Kalte Krieg: China gegen den Westen. S.Fischer, Frankfurt a.M. 2013

Hobbes, Thomas: Leviathan oder Stoff, Form und Gestalt eines kirchlichen und bürgerlichen Staates. Frankfurt a.M. 1989

Hochgeschwender, Michael: Die Amerikanische Revolution. Geburt einer Nation. C.H.Beck, München 2016

Hoeges, Dirk: Niccolò Machiavelli. Die Macht und der Schein. C.H.Beck, München 2000

Höffe, Gerechtigkeit. Eine philosophische Einführung. C.H.Beck 5. Auflage, München 2001

Hoffman, Bruce: Terrorismus. Der unerklärte Krieg. Neue Gefahren politischer Gewalt. Fischer, Frankfurt a.M. 2008

Howard, Dick: Die Grundlegung der amerikanischen Demokratie. Suhrkamp, Frankfurt a.M. 2001

Howe, Neil; William Strauss: The Fourth Turning. An American Prophecy. Three River Press, New York 1997

Hubauer, Anton: Arbeit zur Vorlesung »Interkulturelle Philosophie«: Einführung: http://mailbox.univie.ac.at/Franz.Martin.Wimmer/vo0304.htmlAo. Univ.-Prof. Dr. Franz Martin WimmerWS 2003/04Politische Utopien im alten China und im antiken Griechenland. 2003/2004 Online: https://homepage.univie.ac.at/franz.martin.wimmer/stud-arbeiten/vo0304arbhubauer.pdf

Huntington, Samuel P.: Kampf der Kulturen. Die Neugestaltung der Weltpolitik im 21. Jahrhundert. Goldmann 10. Auflage, München 2002

Hürlimann, Gabriel: Analytik der Revolte. Über agonistische Konstellationen von Macht, Freiheit und Subjekt im Anschluss an Michel Foucault. Turia+Kant, Wien 2015

Hurrelmann et al., Klaus (Hrsg.): Handbuch Sozialisationsforschung. Weinheim: Beltz 2015.

Huxley, Aldous: Eiland. Piper 20. Auflage, München 2016

Huxley, Aldous: Essays. Band III. Seele und Gesellschaft. Piper, München 2018

Huxley, Aldous: Schöne neue Welt. Fischer, Frankfurt a.M. 1991

Huxley, Aldous: Wiedersehen mit der schönen neuen Welt. Piper, München 1987

Ihlau, Olaf: Weltmacht Indien. Die neuen Herausforderungen des Westens. Pantheon, München 2006

Jäger, Jill: Was verträgt unsere Erde noch? Wege in die Nachhaltigkeit. Forum für Verantwortung. Fischer, Frankfurt a.M. 2007

Jäger, Marc-Christian. Michel Foucaults Machtbegriff. Link: http://www.die-grenze.com/downloads/foucaula.pdf, 2000

Jäger, Thomas; Beckmann, Rasmus (Hrsg.): Handbuch Kriegstheorien. VS, Wiesbaden 2011

Jannidis, Fotis et al.: Texte zur Theorie der Autorschaft. Reclam, Stuttgart 2000

Jaster, Romy; Lanius, David: Die Wahrheit schafft sich ab. Wie Fake News Politik machen. Reclam, Ditzingen 2019

Joas, Hans (Hrsg.): Lehrbuch der Soziologie. 3., überarb. und erw. Aufl. Campus, Frankfurt am Main/New York 2003

Jung, C. G.; Kerényi, Karl: Das göttliche Kind. Führung in das Wesen der Mythologie. Edition CG Jung 3. Auflage, Ostfildern 2013

Kaesler, Dirk (Hrsg.): Aktuelle Theorien der Soziologie. Beck, München 2005

Kaesler, Dirk; Vogt, Ludgera (Hrsg.): Hauptwerke der Soziologie. Kröner, Stuttgart 2007

Kaku, Michio: Die Physik der Zukunft. Unser Leben in 100 Jahren. Rowohlt 8. Auflage, Reinbek bei Hamburg 2017

Kaldor, Mary: Neue und alte Kriege. Organisierte Gewalt im Zeitalter der Globalisierung. Suhrkamp, Frankfurt a.M. 2000

Kant, Immanuel: Vom ewigen Frieden. Ein philosophischer Entwurf. Holzinger 4. Auflage, Berlin 2016

Karlfriedrich Herb, Bernd Ludwig. Kants kritisches Staatsrecht. Link: http://epub.uni-regensburg.de/25584/1/ubr12785_ocr.pdf, kein Datum

Kelsen, Hans: Was ist Gerechtigkeit? Reclam, Ditzingen 2016

Kemper, Peter et al.: Wirklichkeit 2.0. Medienkultur im digitalen Zeitalter. Reclam, Stuttgart 2012

Kemper, Peter; Sonnenschein, Ulrich (Hrsg.): Globalisierung im Alltag. Suhrkamp, Frankfurt a.M. 2002

Kersting, Wolfgang: Thomas Hobbes. Zur Einführung. Junius, Hamburg 2002

Kiesewetter, Hubert: Kritik der modernen Demokratie. Georg Olms, Hildesheim 2011

Kilcher, Andreas B.: Franz Kafka. Leben, Werk, Wirkung. Suhrkamp, Frankfurt a.M. 2008

Kinnert, Diana: Die neue Einsamkeit. Und wie wir sie als Gesellschaft überwinden können. Hoffmann und Campe 3. Auflage, Hamburg 2021

Kissinger, Henry et al.: Wird China das 21. Jahrhundert beherrschen? Eine Debatte. Pantheon, München 2012

Kissinger, Henry: China. Zwischen Tradition und Herausforderung. Pantheon, München 2011

Kissinger, Henry: Weltordnung. Pantheon, München 2014

König, Siegfried: Die Welt des Kinos. Amazon, Leipzig 2015

König, Siegfried: Klassiker der politischen Philosophie. Hobbes, Locke, Rousseau. Amazon, Leipzig 2017

König, Siegfried: Michel Foucault. Einführung und Werküberblick. Amazon, Leipzig 2017

Kornblicher, Thomas: Die Sucht, ganz oben zu sein. Psychohistorische Dimensionen von Macht und Herrschaft. Kreuz, Stuttgart 2007

Korte, Hermann: Einführung in die Geschichte der Soziologie. 8. Aufl., VS, Wiesbaden 2006

Kostolany, André: Die Kunst, über Geld nachzudenken. Ullstein, Berlin 2015

Krasmann, Susanne: Die Kriminalität der Gesellschaft. Zur Gouvernementalität der Gegenwart. UVK, Konstanz 2003

Krasmann, Susanne; Volkmer, Michael (Hrsg.): Michel Foucaults »Geschichte der Gouvernementalität« in den Sozialwissenschaften. Internationale Beiträge. Transcript, Bielefeld 2007

Krause, Ralf; Rölli, Marc (Hrsg.): Macht. Begriff und Wirkung in der politischen Philosophie der Gegenwart. Transcript, Bielefeld 2008

Kröll, Friedhelm: Soziologie. Im Labyrinth der Modelle. Eine Orientierung, new academic press, Wien 2014

Krönig, Franz K.: Die Ökonomisierung der Gesellschaft. Systemtheoretische Perspektiven. Transcript, Bielefeld 2007

Kruchem, Thomas: Am Tropf von Big Food. Wie die Lebensmittelkonzerne den Süden erobern und arme Menschen krank machen. Transcript, Bielefeld 2017

Kühl, Stefan: Organisationen. Eine sehr kurze Einführung. VS, Wiesbaden 2011

Kuhn, Axel: Die Französische Revolution. Reclam, Stuttgart 2012

Lamla, Jörn et al. (Hrsg.): Handbuch der Soziologie, UVK, Konstanz 2014

Latif, Mojib: Bringen wir das Klima aus dem Takt? Hintergründe und Prognosen. Forum für Verantwortung. Fischer, Frankfurt a.M. 2007

Lauth, Hans-Joachim et al.: Vergleich politischer Systeme. Utb, Paderborn 2014

Leitner, Ulrich: Imperium. Geschichte und Theorie eines politischen Systems. Campus, Frankfurt/New York 2011

Lemke, Thomas: Biopolitik. Zur Einführung. Junius, Hamburg 2007

Lemke, Thomas: Eine Kritik der politischen Vernunft. Foucaults Analyse der modernen Gouvernementalität. Argument, Hamburg 1997

Lemke, Thomas: Gouvernementalität und Biopolitik. VS, Wiesbaden 2007

Lerg, Charlotte: Die Amerikanische Revolution. UTB, Tübingen 2010

Lettner, Heike: Warum Menschen töten. Steckt in jedem von uns ein Mörder? Goldegg, Wien 2012

Levine, Robert: Die Grosse Verführung. Psychologie der Manipulation. Piper, München/Berlin 2003

Lippmann, Walter: Die öffentliche Meinung. Wie sie entsteht und manipuliert wird. Westend, Frankfurt a.M. 2018

Llanque, Marcus: Geschichte der politischen Ideen. Von der Antike bis zur Gegenwart. C.H.Beck 2. Auflage, München 2016

Locke, John. Zwei Abhandlungen über die Regierung. Link:
http://www.welcker-online.de/Texte/Locke/Locke_einf.pdf;
http://www.welcker-online.de/Texte/Locke/Locke_1.pdf;
http://www.welcker-online.de/Texte/Locke/Locke_2.pdf, 1689

Lorenz, Konrad: Das sogenannte Böse. Zur Naturgeschichte der Aggression. Dtv 22. Auflage, München 2000

Luhmann, Niklas: Die Realität der Massenmedien. Springer 5. Auflage, Wiesbaden 2017

Luhmann, Niklas: Organisation und Entscheidung. VS, 3. Auflage, Wiesbaden 2011

Lusted, Maria Amidon: Suzanne Collins. Words on fire. Lifeline biographies. USA Today, Minneapolis 2013

Maahs, Ina-Maria: Utopie und Politik. Potentiale kreativer Politikgestaltung. Transcript, Bielefeld 2018

Machiavelli, Niccolo: Der Fürst. Kröner 6. Auflage, 1978

Machiavelli, Niccolo: Discorsi. Staat und Politik. Hrsg.: Horst Günther. Insel, Frankfurt a.M. 2000

Machiavelli, Niccolo: Vom Staate. Der Fürst. Kleine Schriften. Nikol 3. Auflage, Hamburg 2017

Mai, Gunther. Die Weimarer Republik. 2014

Marshall, Tim: Die Macht der Geographie. Wie sich Weltpolitik anhand von 10 Karten erklären lässt. dtv, München 2017

Marshall, Tim: Im Namen der Flagge. Die Macht politischer Symbole. dtv, München 2017

Martens, Ekkehard; Steenblock, Volker (Hrsg.): Politik und Utopie. Staatsphilosophie. BSV, München 2004

Mau, Steffen: Das metrische Wir. Über die Quantifizierung des Sozialen. Suhrkamp, Berlin 2017

Mauser, Wolfram: Wie lange reicht die Ressource Wasser? Vom Umgang mit dem blauen Gold. Forum für Verantwortung. Fischer, Frankfurt a.M. 2007

Mayer, Thomas: Die Ordnung der Freiheit und ihre Feinde. Vom Aufstand der Verlassenen gegen die Herrschaft der Eliten. FBV, München 2018

Melville, Herman: Moby Dick. Insel, Frankfurt am Main 2003

Meulemann, Heiner: Soziologie von Anfang an. Eine Einführung in Themen, Ergebnisse und Literatur. 2., überarb. Auflage. VS, Wiesbaden 2006

Meyer, Bernd: Wie muss die Wirtschaft umgebaut werden? Perspektiven einer nachhaltigeren Entwicklung. Forum für Verantwortung. Fischer, Frankfurt a.M. 2007

Meyer, Thomas: Was ist Demokratie? Eine diskursive Einführung. VS, Wiesbaden 2009

Miegel, Meinhard: Hybris. Die überforderte Gesellschaft. List, Berlin 2015

Milgram, Stanley: Das Milgram-Experiment. Zur Gehorsamsbereitschaft gegenüber Autorität. Rowohlt 20. Auflage, Reinbek bei Hamburg 2017

Mill, Stuart: Über die Freiheit. Reclam, Ditzingen 2017

Moestl, Bernhard: Die 13 Siegel der Macht. Von der Kunst der guten Führung. Knaur, München 2013

Monaco, James: Film verstehen. Rowohlt überarbeitet, Reinbek bei Hamburg 2009

Montaigne, Michel de: Von der Macht der Phantasie. Dtv/C.H.Beck 3. Auflage, München 2017

Montesquieu. Vom Geist der Gesetze. 1748

Morris, Ian: Wer regiert die Welt? Warum Zivilisationen herrschen oder beherrscht werden. Campus, Frankfurt a.M. 2012

Morus, Thomas: Utopia. Nikol, Hamburg 2011

Müller, Harald: Weltmacht Indien. Wie uns der rasante Aufstieg herausfordert. Fischer, Frankfurt a.M. 2006

Müller, Harald: Wie kann eine neue Weltordnung aussehen? Wege in eine nachhaltige Politik. Forum für Verantwortung. Fischer, Frankfurt a.M. 2007

Müller, Michael: Vorbemerkung. In: Interpretationen Franz Kafka. Romane und Erzählungen. Michael Müller (Hrsg.) Reclam 2. überarbeitete Auflage, Stuttgart 2003

Müller-Jentsch, Walther: Organisationssoziologie. Eine Einführung. Campus, Frankfurt a.M. 2003

Münch, Richard: Soziologische Theorie. Band 1: Grundlegung durch die Klassiker/Band 2: Handlungstheorie/Band 3: Gesellschaftstheorie. Campus, Frankfurt am Main/New York 2004

Münkler, Herfried: Die neuen Kriege. Rowohlt 6. Auflage, Reinbek bei Hamburg 2015

Münkler, Herfried: Imperien. Die Logik der Weltherrschaft – vom Alten Rom bis zu den Vereinigten Staaten. Rowohlt 3. Auflage, Reinbek bei Hamburg 2014

Münkler, Herfried: Kriegssplitter. Die Evolution der Gewalt im 20. und 21. Jahrhundert. Rowohlt, Berlin 2017

Münkler, Herfried; Straßenberger, Grit: Politische Theorie und Ideengeschichte. Eine Einführung. C.H.Beck, München 2016

Münz, Rainer; Reiteter, Albert F.: Wie schnell wächst die Zahl der Menschen? Weltbevölkerung und weltweite Migration. Forum für Verantwortung. Fischer, Frankfurt a.M. 2007

Narducci, Emanuele: Cicero. Reclam, Stuttgart 2012

Nassehi, Armin: Soziologie. Zehn einführende Vorlesungen. VS, Wiesbaden 2008

Nast, Michael: Generation Beziehungsunfähig. Edel, 3. Auflage, Hamburg 2016

Naumann, Frank: Die Kunst der Diplomatie. Zwanzig Gesetze für sanfte Sieger. Rororo 7. Auflage, Reinbek 2015

Nautz, Jürgen: Die großen Revolutionen der Welt. Marix, Wiesbaden 2008

Neckel, Sighard et al. (Hrsg.): Sternstunden der Soziologie. Wegweisende Theoriemodelle des soziologischen Denkens, Campus Verlag, Frankfurt am Main 2010

Neiman, Susan: Widerstand der Vernunft. Ein Manifest in postfaktischen Zeiten. Ecowin, Wals bei Salzburg 2017

Neuhäuser, Christian: Reichtum als moralisches Problem. Suhrkamp, Berlin 2018

Nida-Rümelin, Julian; Weidenfeld, Nathalie: Die Realität des Risikos. Über den vernünftigen Umgang mit Gefahren. Piper 2. Auflage, München 2021

Noller, Jörg: Theorien des Bösen. Zur Einführung. Junius, Hamburg 2017

Nöllke, Matthias: Psychologie für Führungskräfte. C.H.Beck, 2. Auflage, München 2016

Nordhausen, Frank; Schmid, Thomas (Hrsg.): Die arabische Revolution. Demokratischer Aufbruch von Tunesien bis zum Golf. Berlin 2011

Oberndörfer, Dieter; Rosenzweig, Beate (Hrsg.): Klassische Staatsphilosophie. Texte und Einführungen. Von Platon bis Rousseau. C.H.Beck 3. Auflage, München 2014

Oesterdiekhoff, Georg W. (Hrsg.): Lexikon der soziologischen Werke. Westdeutscher Verlag, Wiesbaden 2001

Oetinger Verlag: The Hunger Games. Die Tribute von Panem. Das offizielle Handbuch zu den Tributen. Hamburg 2012

Oppelt, Martin: Gefährliche Freiheit. Rousseau, Lefort und die Ursprünge der radikalen Demokratie. Nomos, Baden-Baden 2016

Orwell, George: 1984. Ullstein 39. Auflage, Berlin 2016

Osterhammel, Jürgen; Jansen, Jan C.: Dekolonisation. Das Ende der Imperien. C.H.Beck, München 2013

Osterhammel, Jürgen; Jansen, Jan C.: Kolonialismus. Geschichte, Formen, Folgen. C.H.Beck, München 2017

Peglau, Andreas: Rechts Ruck. Wilhelm Reichs Massenpsychologie des Faschismus als Erklärungsansatz. Nora 2. Auflage, Berlin 2017

Perthes, Volker: Der Aufstand. Die arabische Revolution und ihre Folgen. Pantheon, München 2011

Pieper, Annemarie: Gut und Böse. C.H.Beck 3. Auflage, München 2008

Pilling, Iris: Denken und Handeln als Jüdin. Hannah Arendts politische Theorie vor 1950. Peter Lang, Frankfurt a.M. 1996

Platon. Politeia. Link: http://www.alexandria.de/Autoren_und_Werke/Platon/Platon-Der_Staat-Politeia.pdf, Antike

Plutarch: Die Kunst zu leben. Insel 4. Auflage, Frankfurt a.M./Leipzig 2017

Poczka, Irene: Die Regierung der Gesundheit. Fragmente einer Genealogie liberaler Gouvernementalität. Transcript, Bielefeld 2017

Popitz, Heinrich: Prozesse der Machtbildung. Recht und Staat in der Gesellschaft der Gegenwart. Eine Sammlung von Vorträgen und Schriften aus dem Gebiet der gesamten Staatswissenschaft. Mohr Siebeck, Tübingen 1968

Postman, Neil: Das Technopol. Die Macht der Technologien und die Entmündigung der Gesellschaft. S.Fischer, Frankfurt a.M. 1992

Postman, Neil: Das Verschwinden der Kindheit. Fischer, Frankfurt a.M. 1987

Postman, Neil: Wir amüsieren uns zu Tode. Urteilsbildung im Zeitalter der Unterhaltungsindustrie. S.Fischer, Frankfurt a.M. 1985

Precht, Richard David: Von der Pflicht. Eine Betrachtung. Goldmann, München 2021

Preisendörfer, Peter: Organisationssoziologie. Grundlagen, Theorien und Problemstellungen. Springer, 4. Auflage, Wiesbaden 2016

Prisching, Manfred: Soziologie. Themen – Theorien – Perspektiven. 3., erg. und überarb. Auflage. Böhlau, Wien/Köln/Weimar 1995

Prokop, Dieter: Der kulturindustrielle Machtkomplex. Neue kritische Kommunikationsforschung über Medien, Werbung und Politik. Halem, Düsseldorf 2005

Rahmstorf, Stefan; Richardson, Katherine: Wie bedroht sind die Ozeane? Biologische und physikalische Aspekte. Forum für Verantwortung. Fischer, Frankfurt a.M. 2007

Ramge, Thomas: Mensch und Maschine. Wie künstliche Intelligenz und Roboter unser Leben verändern. Reclam, Ditzingen 2018

Rapp, Christoff: Aristoteles. Zur Einführung. Junius, Hamburg 2001

Reckwitz, Andreas: Die Gesellschaft der Singularitäten. Zum Strukturwandel der Moderne. Suhrkamp, Berlin 2017

Reckwitz, Andreas: Die Gesellschaft der Singularitäten. Zum Strukturwandel der Moderne. Suhrkamp, Berlin 2017

Reemtsma, Jan Philipp: Die Gewalt spricht nicht. Drei Reden. Reclam, Stuttgart 2002

Reemtsma, Jan Philipp: Gewalt als Lebensform. Zwei Reden. Reclam, Stuttgart 2016

Reese-Schäfer, Walter: Niklas Luhmann. Zur Einführung. Junius, Berlin 1990

Reich, Wilhelm: Die Massenpsychologie des Faschismus. Kiepenheuer & Witsch 8. Auflage, Köln 2020

Reichardt, Rolf (Hrsg.): Die Französische Revolution. Anaconda, Köln 2012

Reichholf, Josef H.: Die Zukunft der Arten. Neue ökologische Überraschungen. Dtv, München 2009

Reichholf, Josef H.: Ende der Artenvielfalt? Gefährdung und Vernichtung von Biodiversität. Forum für Verantwortung. Fischer, Frankfurt a.M. 2008

Reinhard, Wolfgang: Geschichte der Staatsgewalt. Eine vergleichende Verfassungsgeschichte Europas von den Anfängen bis zur Gegenwart. C.H.Beck 3. Auflage, München 2002

Reinhard, Wolfgang: Geschichte des modernen Staates. Von den Anfängen bis zur Gegenwart. C.H.Beck, München 2007

Reinhold, Gerd (Hrsg.): Soziologie-Lexikon, 3. überarb. und erw. Auflage, Oldenbourg, München/Wien 1997

Rölli, Marc; Nigro, Roberto (Hrsg.): Vierzig Jahre »Überwachen und Strafen«. Zur Aktualität der Foucault´schen Machtanalyse. Transcript, Bielefeld 2017

Rosa, Hartmut: Unverfügbarkeit. Suhrkamp 3. Auflage, Berlin 2021

Rothermund, Dietmar: Indien. Aufstieg einer asiatischen Weltmacht. C.H.Beck, München 2008

Rouoff, Michael: Foucault-Lexikon. UTB 3. Auflage, Paderborn 2013

Rousseau, Jean-Jacques. Der Gesellschaftsvertrag oder die Grundsätze des Staatsrechts. Link: http://www.welcker-online.de/Texte/Rousseau/Contract.pdf, 1880

Sarasin, Philipp: Michel Foucault. Zur Einführung. Junius, Hamburg 2005

Sartre, Jean-Paul: Der Idiot der Familie. Gustave Flaubert. 1821 bis 1857. Rowohlt, Reinbek 1977

Schäfer, Armin; Zürn, Michael: Die demokratische Regression. Suhrkamp, Berlin 2021

Schäfers, Bernhard; Kopp, Johannes (Hrsg.): Grundbegriffe der Soziologie. 9. Aufl., VS, Wiesbaden 2006

Scheidler, Fabian: Das Ende der Megamaschine. Geschichte einer scheiternden Zivilisation. Promedia, Wien 2016

Schieder, Siegfried; Spindler, Manuela (Hrsg.): Theorien der internationalen Beziehungen UTB 3. überarbeitete und aktualisierte Auflage, Opladen und Farmington Hills 2010

Schlüter, Christiane: Die wichtigsten Psychologen im Portät. Marix 5. Auflage, Wiesbaden 2015

Schmid, Bernhard: Die arabische Revolution? Soziale Elemente und Jugendprotest in den nordafrikanischen Revolten. Edition assemblage, Münster 2011

Schmidt, Jochen: Die Geschichte des Genie-Gedankens in der deutschen Literatur, Philosophie und Politik 1750-1945. Band 1. Wissenschaftliche Buchgemeinschaft Darmstadt, Darmstadt 1985

Schmidt, Jochen: Die Geschichte des Genie-Gedankens in der deutschen Literatur, Philosophie und Politik 1750-1945. Band 2. Wissenschaftliche Buchgemeinschaft Darmstadt, Darmstadt 1985

Schmidt, Jochen: Goethes Faust. Erster und Zweiter Teil. Grundlagen – Werk – Wirkung. C.H.Beck 3. Auflage, München 2011

Schmidt, Manfred G.: Demokratietheorien. Eine Einführung. VS 5. Auflage, Wiesbaden 2010

Schmidt-Bleek, Friedrich: Nutzen wir die Erde richtig? Die Leistungen der Natur und die Arbeit des Menschen. Forum für Verantwortung. Fischer, Frankfurt a.M. 2007

Schmitz-Emans, Monika: Aus Politik und Zeitgeschichte 2013, Heft 52. Monika Schmitz-Emans: Monster: Eine Einführung. S.11-17

Schneckener, Ulrich: Transnationaler Terrorismus. Charakter und Hintergründe des »neuen« Terrorismus. Suhrkamp, Frankfurt a.M. 2006

Schopenhauer, Arthur: Die Kunst, Recht zu behalten. Nikol 12. Auflage, Hamburg 2016

Schroth, Jörg (Hrsg.): Texte zum Utilitarismus. Reclam, Stuttgart 2016

Schulin, Ernst: Die Französische Revolution. C.H.Beck, München 1989

Schwaabe, Christian: Politische Theorie 1. Von Platon bis Locke. UTB 2. Auflage, Paderborn 2010

Schwaabe, Christian: Politische Theorie 2. Von Rousseau bis Rawls. UTB 3. Auflage, Paderborn 2007

Schwab, Klaus: Die Vierte Industrielle Revolution. Pantheon, München 2006 Amerikanische Außenpolitik

Schwandt, Michael: Kritische Theorie. Eine Einführung. Schmetterling 2. Auflage, Stuttgart 2010

Schwanitz, Dietrich: Bildung. Alles, was man wissen muß. Goldmann, München 2002

Schweidler, Walter: Der gute Staat. Politische Ethik von Platon bis zur Gegenwart. Reclam, Stuttgart 2004

Sebaldt, Martin; Straßner, Alexander (Hrsg.): Aufstand und Demokratie. Counterinsurgency als normative und praktische Herausforderung. VS, Wiesbaden 2011

Segal, Robert A.: Mythos. Eine kleine Einführung. Reclam, Stuttgart 2007

Shakespeare, William: Coriolanus. Onl. verfüg.: http://www.william-shakespeare.de/coriola1/coriolan.htm

Sheffer, Edith: Aspergers Kinder. Die Geburt des Autismus im Dritten Reich. Campus, Frankfurt a.M. 2018

Shvets, Viktor: The Great Rupture: Three Empires, Four Turning Points, and the Future of Humanity. Boyle&Dalton, 2020

Sieber, Samuel: Macht und Medien. Zur Diskursanalyse des Politischen. Transcript, Bielefeld 2014

Sloterdijk, Peter: Die Verachtung der Massen. Versuch über Kulturkämpfe in der modernen Gesellschaft. Suhrkamp 9. Auflage, Frankfurt a.M. 2016

Smith, Laurence C.: Die Welt im Jahr 2050. Die Zukunft unserer Zivilisation. Pantheon, München 2011

Snyder, Timothy: Über Tyrannei. Zwanzig Lektionen für den Widerstand. C.H.Beck, München 2017

Sofsky, Wolfgang: Zeiten des Schreckens. Amok, Terror, Krieg. Fischer, Frankfurt a.M. 2002

Souchon, Lennart: Carl von Clausewitz. Strategie im 21. Jahrhundert. Mittler, Hamburg 2012

Spilker, Niels: Lebenslanges Lernen als Dispositiv – Bildung, Macht und Staat in der neoliberalen Gesellschaft. München, 2013

Stammen, Theo et al. (Hrsg.): Hauptwerke der politischen Theorie. Kröner, Stuttgart 1997

Straßenberger, Grit: Hannah Arendt. Zur Einführung. Junius, Hamburg 2015

Stroh, Cicero: Redner, Staatsmann, Philosoph. C.H.Beck 3. Auflage, München 2016

Stykow, Petra: Vergleich politischer Systeme. Utb, Paderborn 2007

Sueton: Leben und Taten der römischen Kaiser. Anaconda, Köln 2013

278

Suhrkampverlag: Michel Foucault. Die Hauptwerke. Suhrkamp 4. Auflage, Frankfurt a.M. 2016

Takami, Koushun: Battle Royale. Wilhelm Heyne, München 2006

Thiele, Ulrich: Die politischen Ideen. Von der Antike bis zur Gegenwart. Marix 2. Auflage, Wiesbaden 2014

Tolstoi, Leo: Krieg und Frieden. Anaconda, Köln 2009

Townshend, Charles: Terrorismus. Eine kurze Einführung. Reclam, Stuttgart 2005

Tranquillus, Gaius Suetons: Die zwölf Caesaren. Holzinger, Berlin 2013

Treibel, Annette: Einführung in soziologische Theorien der Gegenwart. 7., aktualisierte Auflage. VS, Wiesbaden 2006

Trump, Donald J.: Make America Great Again. Wie ich Amerika retten werde. Plassen, Kulmbach 2016

Turek, Jürgen: Globalisierung im Zwiespalt. Die postglobale Misere und Wege, sie zu bewältigen. Transcript, Bielefeld 2017

Varwick, Johannes (Hrsg.): Krieg und Frieden. Eine Einführung. ZpB, Schwalbach 2014

Viehöver, Willy; Wehling, Peter (Hrsg.): Entgrenzung der Medizin, Von der Heilkunst zur Verbesserung des Menschen? Transcript, Bielefeld 2011

Voigt, Rüdiger (Hrsg.): Staatsdenken. Zum Stand der Staatstheorie heute. Nomos, Baden-Baden 2016

Vorländer, Hans: Demokratie. Geschichte, Formen, Theorien. C.H.Beck 2. Auflage, München 2010

Wagner, Hermann-Josef: Was sind die Energien des 21. Jahrhunderts? Der Wettlauf um die Lagerstätten. Forum für Verantwortung. Fischer, Frankfurt a.M. 2007

Weber, Max: Politik als Beruf. Anaconda, Köln 2014

Weber, Max: Soziologische Grundbegriffe. UTB 6. Auflage, Tübingen 1984

Weber, Max: Wirtschaft und Gesellschaft. Grundriß der verstehenden Soziologie. Mohr Siebeck 5. Auflage, Tübingen 1972

Wehler, Hans-Ulrich: Die Herausforderung der Kulturgeschichte. C.H. Beck, München 1998

Wehr, Helmut: Erich Fromm. Zur Einführung. Junius, Hamburg 1990

Weiler, Bernd: Die Ordnung des Fortschritts. Zum Aufstieg und Fall der Fortschrittsidee in der »jungen« Anthropologie. Transcript, Bielefeld 2006

Weizenbaum, Joseph: Computermacht und Gesellschaft. Suhrkamp, Frankfurt a.M. 2001

Welzer, Harald: Die smarte Diktatur. Der Angriff auf unsere Freiheit. Fischer, Frankfurt a.M. 2017

Welzer, Harald: Klimakriege. Wofür im 21. Jahrhundert getötet wird. Fischer, Frankfurt a.M. 2010

Welzer, Harald: Selbst Denken. Eine Anleitung zum Widerstand. Fischer TB 7. Auflage, Frankfurt a.M. 2016

Welzer, Harald: Täter. Wie aus ganz normalen Menschen Massenmörder werden. Fischer 7. Auflage, Frankfurt a.M. 2016

Wiegandt, Klaus (Hrsg.): Mut zur Nachhaltigkeit. 12 Wege in die Zukunft. Forum für Verantwortung. Fischer, Frankfurt a.M. 2007

Wiemers, Eva: Dystopien in aktueller Kinder– und Jugendliteratur. Suzanne Collins »Die Tribute von Panem« im Deutschunterricht. Masterarbeit, Grin, Norderstedt 2012

Wildt, Michael: Volk, Volksgemeinschaft, AfD. Hamburger Edition, Hamburg 2017

Wilhelm, Richard: Chinesische Philosophie. Eine Einführung. Marix, Wiesbaden 2007

Winkler, Heinrich August: Zerbricht der Westen? Über die gegenwärtige Krise in Europa und Amerika. C.H.Beck, München 2017

Wolffsohn, Michael: Zum Weltfrieden. Ein politischer Entwurf. Dtv, München 2015

Woolf, Greg: ROM. Die Biographie eines Weltreiches. Klett-Cotta, Stuttgart 2015

Young-Bruehl, Elisabeth: Hannah Arendt. Leben, Werk und Zeit. Fischer Frankfurt a.M. 2004

Zehnpfennig, Barbara: Platon. Zur Einführung. Junius, Hamburg 1997

Zimbardo, Philip: Der Luzifer-Effekt. Die Macht der Umstände und die Psychologie des Bösen. Springer, Heidelberg 2017

Anmerkungen

[1] Schwanitz: 148

[2] Zit.n. Fromm, Anatomie der menschlichen Destruktivität: 15

[3] Fromm, Märchen, Mythen, Träume: 155

[4] Haig: 232

[5] Collins, Gefährliche Liebe: 26

[6] Machiavelli, Der Fürst: 442

[7] Canetti: 460f.

[8] Collins, Gefährliche Liebe: 24f., 26

[9] Machiavelli, Vom Staate: 398

[10] Machiavelli, Der Fürst: 446

[11] Canetti: 257

[12] Bieri, Peter: Wie wollen wir leben? Residenz, Salzburg 2011. Hier: S.10

[13] Machiavelli, Discorsi: 257f.

[14] Collins, Gefährliche Liebe: 67

[15] Vgl. Aronson et al.

[16] Frech: 6f.

[17] Anders, Die Antiquiertheit des Menschen 2: 47

[18] Fromm, Die Pathologie der Normalität: 54ff.

[19] Dunn&Michaud: 78f.

[20] Vgl. Collins, Gefährliche Liebe: 91

[21] Canetti: 70f.

[22] Fromm, Die Kunst des Lebens: 80ff.

[23] Fromm, Haben oder Sein: 43

[24] Schwanitz: 161f.

[25] Fromm, Die Furcht vor der Freiheit: 41f.

[26] Collins, Gefährliche Liebe: 97

[27] Collins, Gefährliche Liebe: 98f.

[28] https://www.jw.org/de/bibliothek/buecher/jesus/dienst-in-gali-laea/bergpredigt/ Zul.abg.: 17.10.2021; 01:15 MEZ

[29] https://www.filmtourismus.de/die-tribute-von-panem/ Zul.abg.: 17.10.2021; 01:15 MEZ

[30] Collins, Gefährliche Liebe: 148

[31] Schwanitz: 194

[32] Canetti: 274

[33] Machiavelli, Discorsi: 207

[34] Collins, Gefährliche Liebe: 116

[35] Fromm, Die Revolution der Hoffnung: 37

[36] https://www.bpb.de/geschichte/nationalsozialismus/gerettete-geschichten/149155/europaeisches-judentum-vor-dem-nationalsozialismus Zul.abg.: 20.05.2021; 14:00 MEZ

[37] Straßenberger: 177, Fußnote 20

[38] Ebd.: 34f.

[39] Young-Bruehl: 465
[40] Grabner-Haider: 239
[41] Snyder: 23
[42] Le Bon, Psychologie der Massen: 131
[43] Fromm, Die Seele des Menschen: 45
[44] Le Bon, Psychologie der Massen: 10
[45] Canetti: 346
[46] Canetti: 532
[47] Ebd.: 267
[48] Canetti: 286
[49] Ebd.: 526
[50] Canetti: 287
[51] Fromm, Die Furcht vor der Freiheit: 203
[52] Fromm, Die Seele des Menschen: 45f.
[53] Haig: 266f.
[54] Postman, Wir amüsieren und zu Tode: 21
[55] Kinnert: 65
[56] Wikipedia: Der Schrei. Zul.abg.: 17.10.2021; 01:15 MEZ
[57] Fromm, Die Revolution der Hoffnung: 30
[58] Kinnert: 50
[59] Canetti: 336
[60] Collins, Gefährliche Liebe: 424
[61] Vgl. Collins, Gefährliche Liebe: 424f.
[62] Ebd.: 426
[63] Ebd.: 425f.
[64] Canetti: 15f.
[65] Ebd.: 20f.
[66] Canetti: 22
[67] Ebd.: 71f.
[68] Ebd.: 77
[69] Collins, Flammender Zorn: 25f.
[70] Collins, Flammender Zorn: 23
[71] Canetti: 495f.
[72] Canetti: 81
[73] Machiavelli, Discorsi: 30, 32
[74] Vgl. Le Bon, Psychologie der Massen: 67
[75] Canetti: 81
[76] Mockingjay I, Trailer 2
[77]
http://static1.1.sqspcdn.com/static/f/1295769/26407613/1437494497157/
19291497-20642421-
thumbnail.jpg?token=oz0mun%2BVWgBdnrcBIbMVY4Ikgwk%3D
Zul.abg.: 17.10.2021; 01:34 MEZ
[78] Trailer 3, Mockingjay I
[79] Collins, Flammender Zorn: 70

[80] Vgl. Collins, Flammender Zorn: 38

[81] Canetti: 324

[82] Collins, Flammender Zorn: 99f.

[83] Collins, Flammender Zorn: 71f.

[84] Vgl. hierzu die ausführlichen Überlegungen von Dunn&Michaud: 175ff.

[85] Fromm, Die Furcht vor der Freiheit: 175-177

[86] Ebd.: 183-185

[87] Fromm, Die Seele des Menschen: 195-198

[88] Canetti: 71f.

[89] Vgl. Gales Bemerkung bei Collins, Flammender Zorn: 115

[90] Canetti: 357ff.

[91] Ebd.: 391f.

[92] Fromm, Anatomie der menschlichen Destruktivität: 373

[93] Fromm, Die Seele des Menschen: 45

[94] Fromm, Humanismus als reale Utopie: 32

[95] Fromm, Haben oder Sein: 226f.

[96] Fromm, Über die Liebe zum Leben: 72

[97] Ebd.

[98] Fromm, Über den Ungehorsam: 17

[99] Fromm, Jenseits der Illusionen: 111

[100] Chomsky, Media Control: 191

[101] Fromm, Humanismus als reale Utopie: 58

[102] Canetti: 59

[103] Frech: 9f.

[104] Collins, Flammender Zorn: 141ff.

[105]
https://dietributevonpanem.fandom.com/wiki/Lied_vom_Henkersbaum
_(The_Hanging_Tree) Zul.abg.: 17.05.2021; 18:25 MEZ

[106] Vgl. Collins, Flammender Zorn: 173

[107]
https://www.instagram.com/p/CQNhd_WHiry/?utm_medium=copy_li
nk Zul.abg.: 05.10.2021; 22:35 MEZ

[108] Collins, Flammender Zorn: 172ff.

[109] Canetti: 333

[110] Collins, Flammender Zorn: 98f.

[111] Vgl. Collins, Flammender Zorn: 191

[112] Cohen: 185

[113] Vgl. Wikipedia: Ballhausschwur. Zul.abg.: 22.10.2021; 19:55 MEZ

[114] Fromm, Wege aus einer kranken Gesellschaft: 84

[115] Fromm, Die Furcht vor der Freiheit: 90f.

[116] Snyder: 54ff. (Churchill zit.n. Snyder)

[117] Foucault, Analytik der Macht: 59

[118] Ebd.: 114f.

[119] Collins, Flammender Zorn: 98f.

[120] Ebd.: 190

121 Ebd.: 246

122 Machiavelli, Discorsi: 207

123 Canetti: 116

124 Machiavelli, Discorsi: 263

125 S. Kreuzer, Art. »Vergeltung«, Bibeltheologisches Wörterbuch, Graz 1994, 551-555; Link: http://www.kreuzer-siegfried.de/texte-zum-at/vergeltung.pdf Zul.abg. August 2016

126 https://chrismon.evangelisch.de/meldungen/rache-und-vergeltung-aus-biblischer-sicht-12003 Zul.abg. August 2016

127 Vgl. http://www.bibelwissenschaft.de/wibilex/das-bibellexikon/lexikon/sachwort/anzeigen/details/blutrache/ch/8cb72fbd627c4fe99c4eaaa5d02758ea/ Zul.abg. August 2016

128 http://www.bibleinfo.com/de/topics/rache Zul.abg. August 2016

129 Vgl. http://www.paranormal.de/yoga/auszug/selig.htm Zul.abg. August 2016

130 https://www.erf.de/service-und-shop/predigten/rache-und-vergeltung-in-der-bibel/117-2183?range=detailDataset Zul.abg. August 2016

131 Vgl. http://www.christliche-autoren.de/mein-ist-die-rache.html Zul.abg. August 2016

132 Machiavelli, Discorsi: 362f.

133 Fromm, Die Furcht vor der Freiheit: 9

134 Clausewitz: 40

135 Ebd.: 32

136 Ebd.: 37

137 Ebd.: 52-54

138 Clausewitz: 44

139 Collins, Flammender Zorn: 395

140 Vgl. Fromm, Über die Liebe zum Leben: 73

141 Fromm, Die Revolution der Hoffnung: 30

142 Le Bon, Psychologie der Massen: 54

143 Machiavelli, Discorsi: 328f.

144 Vgl. Machiavelli, Discorsi: 266

145 Ebd.: 268

146 Wikipedia: Der Schlaf der Vernunft gebiert Ungeheuer

147 Wikipedia: Der Schlaf der Vernunft gebiert Ungeheuer

148 Canetti: 463ff.

149 Canetti: 84

150 Ebd.: 81

151 Fromm, Haben oder Sein: 45

152 Wikipedia: Die Toteninsel. Zul.abg.: 17.10.2021; 01:34 MEZ

153 Wikipedia: Albtraum. Zul.abg.: 17.10.2021; 01:34 MEZ

154 Fromm, Anatomie der menschlichen Destruktivität: 220-223

155 Canetti: 59-61

156 Frech: 20

157 Bröckling, Gute Hirten führen sanft: 263

158 Jochen Schmidt, Goethes Faust: 155f.

159 Fromm, Die Pathologie der Normalität: 114f.

160 Zit.n. Fromm, Jenseits der Illusionen: 121

161 Jochen Schmidt, Goethes Faust: 156f.

162 Ebd.: 64f.

163 Ebd.: 126

164 Fromm, Haben oder Sein: 57

165 Jochen Schmidt, Goethes Faust: 149f.

166 Ebd.: 150f.

167 Ebd.: 152

168 Canetti: 65ff.

169 Vgl. auch Schwanitz: 198

170 Vgl. Collins, Flammender Zorn: 390f.

171 Fromm, Haben oder sein. 54f.

172 Fromm, Die Revolution der Hoffnung: 30f.

173 Vgl. Collins, Flammender Zorn: 402

174 Collins, Flammender Zorn: 405, 413

175 Dunn&Michaud: 75f.

176 Fromm, Anatomie der menschlichen Destruktivität: 308

177 Canetti: 267f.

178 Schwanitz: 203

179 Machiavelli, Discorsi: 300

180 Canetti: 54-58

181 Fromm, Die Kunst des Liebens: 44

182 Vgl. Wikipedia: Tod durch Lachen. Zul.abg.: 24.10.2021; 10:58 MEZ

183 Canetti: 262

184 Vgl. Birkenbihl, Humor: 24ff.

185 Arendt, Macht und Gewalt: 46f.

186 Fromm, Anatomie der menschlichen Destruktivität: 59

187 Fromm, Märchen, Mythen, Träume: 155

188 Ebd.: 156f.

189 Canetti: 496f.

190 Collins, Flammender Zorn: 411

191 Fromm, Wege aus einer kranken Gesellschaft: 11

192 Machiavelli, Discorsi: 378f.

193 Aus Fromm: Liebe, Sexualität und Matriarchat. Beiträge zur Geschlechterfrage

194 Fromm, Die Kunst des Lebens: 48f.

195 Fromm, Die Revolution der Hoffnung: 37f.

196 Fromm, Die Seele des Menschen: 15

197 Arendt, Wahrheit und Lüge in der Politik: 8f.

198 Arendt, Macht und Gewalt: 81f.

199 Fromm, Die Kunst des Liebens: 70

200 Fromm, Märchen, Mythen, Träume: 173

[201] Fromm, Die Kunst des Liebens: 36
[202] Ebd.: 29
[203] Ebd.: 42
[204] Ebd.: 59
[205] Ebd.: 119
[206] Ebd.: 59f.
[207] Haig: 232
[208] Fromm, Die Kunst des Liebens: 74f.
[209] Plutarch, Die Kunst zu leben: 13f.
[210] Vgl. Dunn&Michaud: 140
[211] Collins, Flammender Zorn: 427, Epilog
[212] Ebd.
[213] Ebd.
[214] Fromm, Die Kunst des Liebens: 64f.
[215] Machiavelli, Discorsi: 291
[216] Ebd.: 294f.
[217] Fromm, Die Kunst des Lebens: 30f.
[218] Fromm, Haben oder Sein: 102